# INHALT



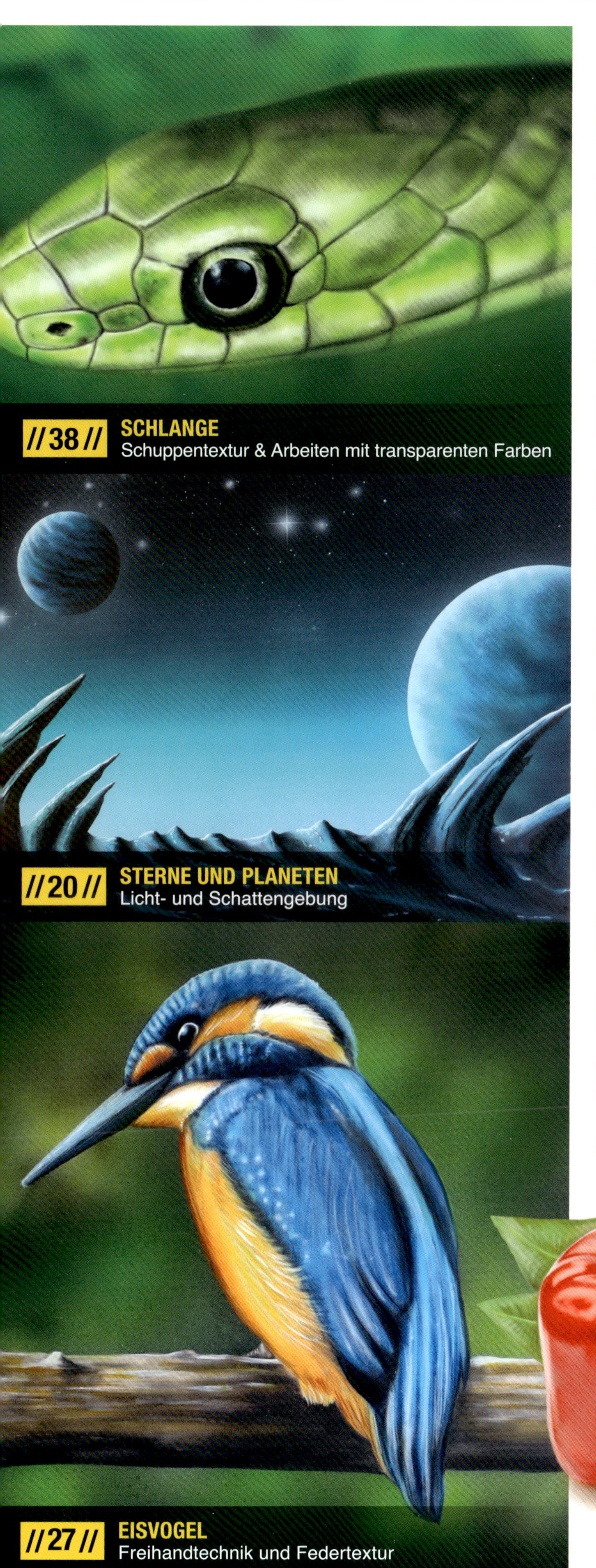


//38// **SCHLANGE**
Schuppentextur & Arbeiten mit transparenten Farben

//20// **STERNE UND PLANETEN**
Licht- und Schattengebung

//27// **EISVOGEL**
Freihandtechnik und Federtextur

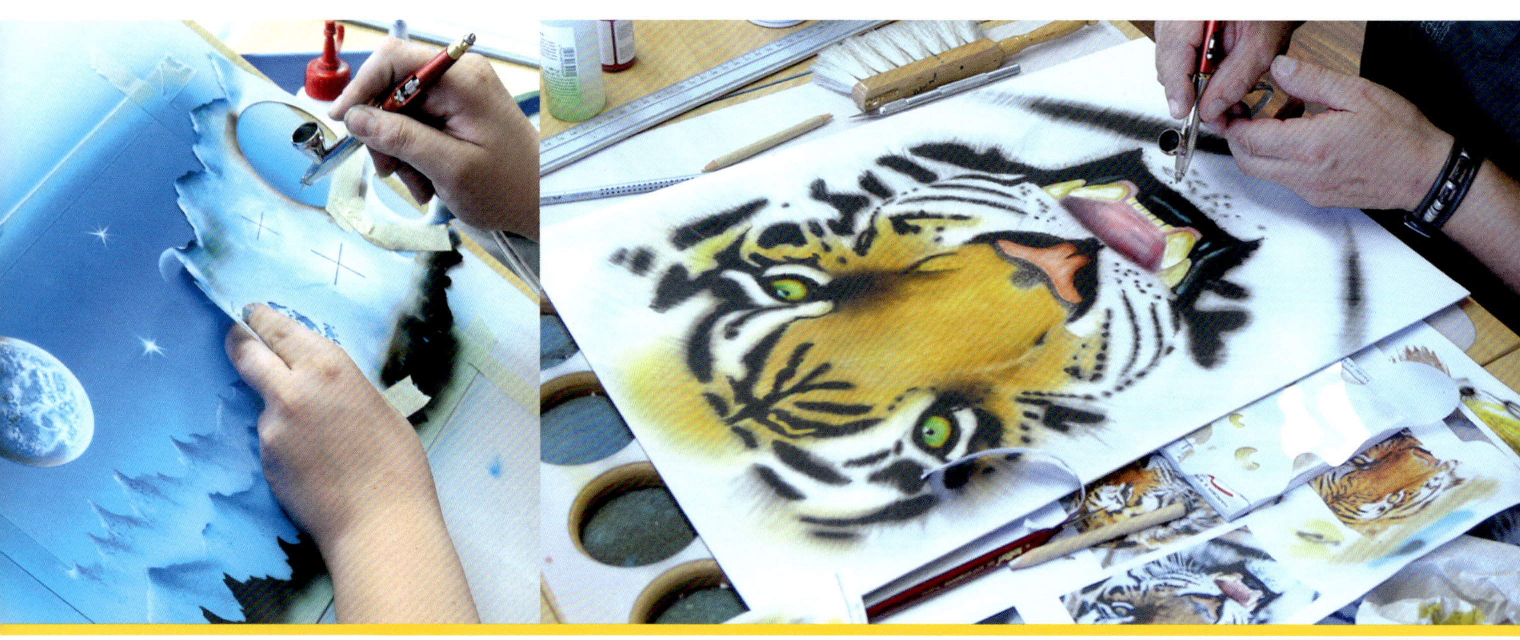

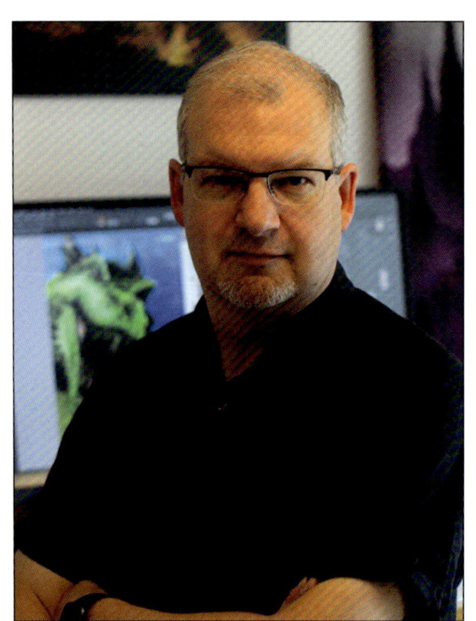

## // Roger Hassler

Roger wurde 1972 in Hameln geboren und arbeitet als Grafik-Designer und kreativer Kopf in seiner eigenen Werbeagentur und Verlag in Hamburg. Im Bereich der Airbrushtechnik greift Roger Hassler auf langjährige Erfahrung zurück. In seiner Jugend begann er mit Computergrafiken und machte sich in dortigen Kreisen mit Veröffentlichungen verschiedener Art bereits einen Namen. Es folgte die Auseinandersetzung mit den herkömmlichen Maltechniken, bis er die Airbrush-Technik entdeckte und sich diese autodidaktisch aneignete. Seine photorealistischen Motive sind größtenteils aus den Bereichen Fantasy, Luftfahrt, Science Fiction sowie der surrealistisch geprägten figürlichen Darstellung. Seit üner 20 Jahren vermittelt er sein Wissen in Kursen, seit 10 Jahren produziert er Anleitungs-DVDs, schreibt und verlegt Airbrush-Bücher sowie das Fachmagazin Airbrush Step by Step. Er engagiert sich im Airbrush-Fachverband e.V. und setzt sich für die Bekanntmachung und Verbreitung der Airbrush-Technik ein, indem er auf Messen und Veranstaltungen Workshops, Vorführungen und Vorträge hält. Darüber hinaus organisiert Roger Hassler die International Airbrush Days in Hamburg, ein Workshop-Großevent mit rund einem Dutzend bekannter Airbrush-Künstler aus Europa und den USA.

*// www.rogerhassler.de* *// www.airbrush-magazin.de*
*// www.airbrush-kurse.de* *// www.newart.de*

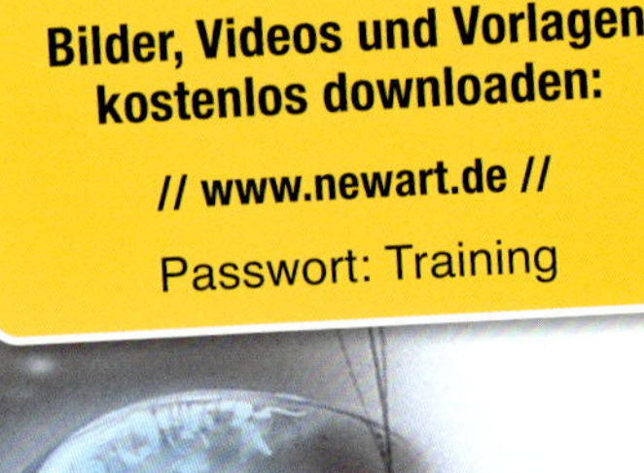

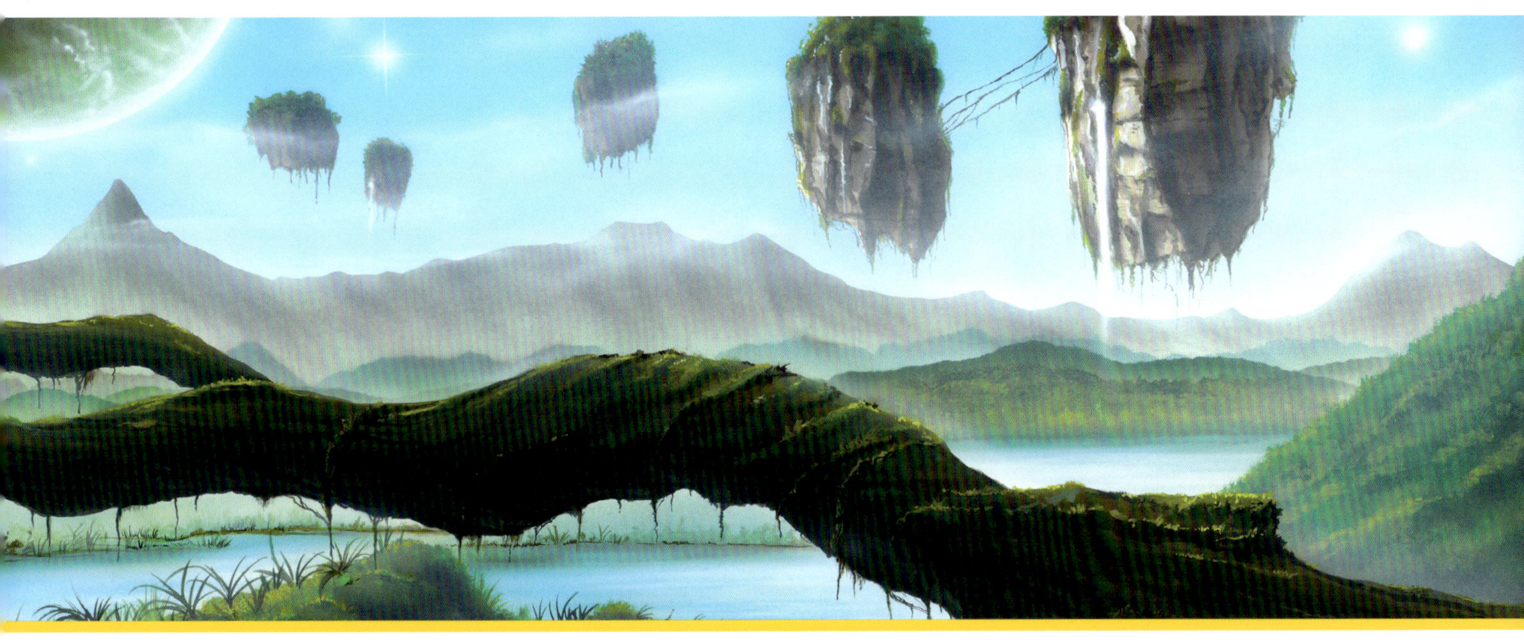

## // Airbrush-Training: Übung macht den Meister

Wer wie ich vor über 20 Jahren mit dem Airbrushen angefangen hat, musste sich die Technik meist noch selbst beibringen. Kurse zu finden, ja sogar Bücher oder die nötige Ausstattung zu erwerben, war zumindest für einen Jungen vom Lande wie mich gar nicht so einfach – schließlich gab es ja noch kein Internet und keine Online-Shops. Nachdem ich also alle Höhen und Tiefen des Airbrushens hinter mich gebracht hatte, wollte ich anderen das gleiche Leid ersparen und begann zuerst im Kunstverein des Nachbarortes, danach bei meinen Eltern zuhause (Mittagessen von Mama inklusive!) Airbrush-Kurse anzubieten. Damit finanzierte ich im Wesentlichen mein Grafik-Design-Studium.

### // Jeder Anfänger ist anders

Das Unterrichten hat mir immer Spaß gemacht, deswegen mache ich es auch heute noch – quasi „nebenbei" am Wochenende oder bei Veranstaltungen oder Messen. In den wohl mittlerweile über 200 Kursen, die ich gegeben habe, habe ich mindestens genauso viel von meinen Schülern gelernt wie ich von ihnen. Jeder hat seine individuellen Probleme und Schwierigkeiten: Dem einen liegt das Airbrush-Gerät anfänglich rein motorisch nicht so gut in der Hand, dem nächsten fehlt es noch am richtigen Sehen und der künstlerischen Ader, wieder einem anderen mangelt es einfach an Geduld und Präzision. Ebenso unterschiedlich sind die Ziele und Ambitionen: Vom gelegentlichen Zeitvertreib neben dem Job, über den beruflichen Einsatz im Lackierbetrieb, Nail Art Studio oder der Konditorei bis hin zur geplanten Existenzgründung als Custom Painter hat jeder seine ganz eigene Motivation, sich mit der Airbrush-Technik auseinanderzusetzen.

### // Hauptsache Spaß

Egal welche Voraussetzungen und Ideen meine Schüler mitbrachten, war mir vor allem immer wichtig, dass ihnen das Brushen Spaß macht. Deswegen gibt's bei mir auch wenig Theorie und nur die nötigsten Grundübungen. Alles andere versuche ich immer in die diversen Motive zu „verpacken", die ich über die Jahre für die Kurse kreiert habe. Meine Schüler sollen etwas Schönes, Fertiges mit nach Hause nehmen, auf das sie stolz sein können. Andere Dozenten mögen das anders sehen, aber gut gebuchte Kurse, positives Feedback und die Tatsache, dass auch einige erfolgreiche professionelle Brusher ihren Weg in meinen Kursen begannen, haben mich in meinem Vorgehen bestätigt.

### // Übungsbuch statt Grundlagenwerk

All diese Erfahrungen und Ansätze sind nun in dieses Buch geflossen: Die hier gezeigten Motive sind z.T. in Dutzenden Workshops erprobt. Da ich weiß, dass viele Airbrush-Anfänger vor allem auf der Suche nach Motiven sind, an denen sie ihre in einem Kurs oder im Selbststudium erworbenen Fähigkeiten weiter trainieren wollen, ist dieses Buch bewusst als Übungsbuch und nicht als Grundlagenbuch konzipiert. Wer hier Infos und Theorie über die Anwendungsgebiete, Geräteausstattung, Bildaufbau, Perspektive o. ä. sucht, sollte sich lieber noch ein anderes, entsprechendes Buch zulegen.

### // Auf zum nächsten Level

Ich habe die Anleitungen in diesem Buch in eine Reihenfolge gebracht, die den Schwierigkeitsgrad meiner Meinung nach ansteigen lässt. Denn oftmals ist es für einen Anfänger schwer einzuschätzen, ob er und seine Airbrush-Kenntnisse dem einen oder anderen Motiv bereits gewachsen sind. Noch dazu habe ich mich bemüht, eine bunt gemischte Motivauswahl zu treffen, die für jeden Geschmack etwas bereithält: Landschaften, Tier- und Fantasy-Motive, Stilleben, Totenköpfe, fotorealistische Illustration, Schriften und Effekte, die sich sowohl als Illustration als auch Custom oder Bodypainting umsetzen lassen.

In diesem Sinne hoffe ich, dass Ihnen „Airbrush-Training" bei Ihrer Weiterentwicklung als Airbrush-Künstler hilfreich ist und Sie viel Spaß beim Nacharbeiten der Motive haben.

Ihr Roger Hassler
Schwarzenbek im November 2020

# Palmenlandschaft

## Ihr erstes Airbrush-Bild in 10 Schritten (Grundlagen)

Auch wenn Sie in Sachen Airbrush bei Null anfangen, sollten Sie schon ab dem ersten Motiv Spaß daran haben. Und den hat man, wenn schon mit wenigen Handgriffen ein tolles Ergebnis dabei heraus kommt. Dieses erste Übungsmotiv in nur 10 Schritten enthält bereits viele Grundübungen und -techniken, die Sie zur richtigen Handhabung des Airbrush-Gerätes benötigen.

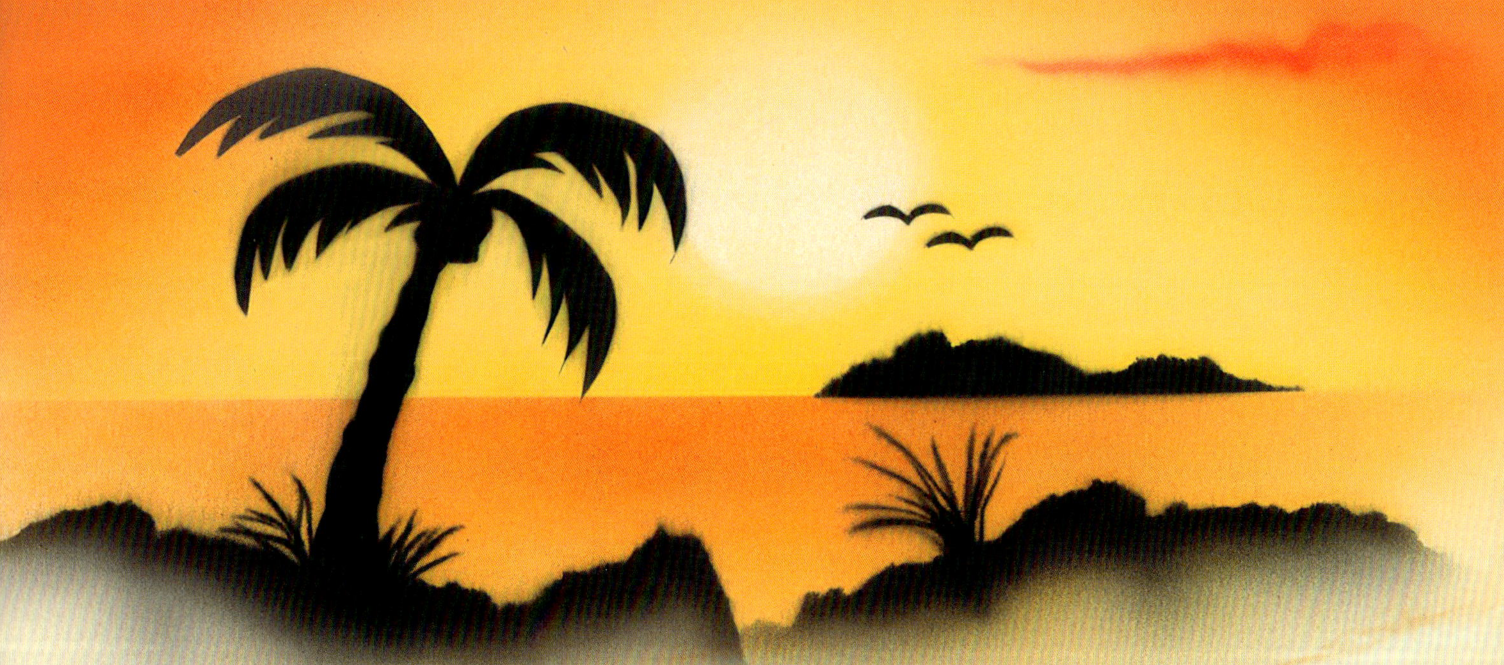

### Vorbereitung

Verwenden Sie für die ersten Übungen und das Motiv einige Bögen weißes Papier, handelsübliche Airbrush-Acryl-Farbe (Blau, Gelb, Magenta und Schwarz) und Ihr Airbrushgerät. Ich gehe dabei von einem Double-Action-Gerät mit 0,2 mm Düse aus, das Ihnen vor allem das Sprühen von feinen Linien erleichtert. Für das Airbrush-Motiv halten Sie außerdem einen Kugelschreiber und ein Skalpell bereit. Damit stellen Sie später eigene Schablonen her, um in Ihrem Motiv scharfe Kanten zu gestalten. Verläufe und weiche Linien werden Sie freihand brushen. Damit lernen Sie schon zwei der wichtigsten Grundtechniken des Airbrushens kennen: Die lose Schablonentechnik und das Freihand-Arbeiten. Mit beiden Techniken lässt es sich schnell arbeiten und es lassen sich erstaunliche Effekte auf einfache Weise erzielen.

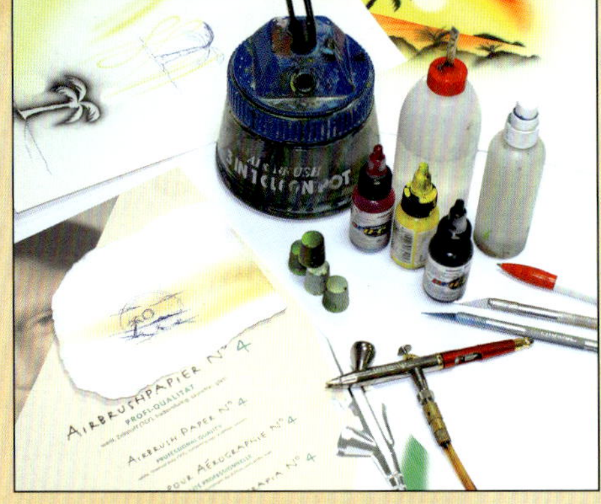

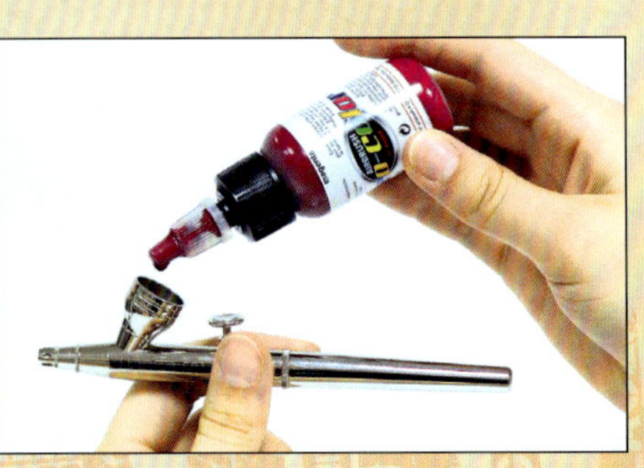

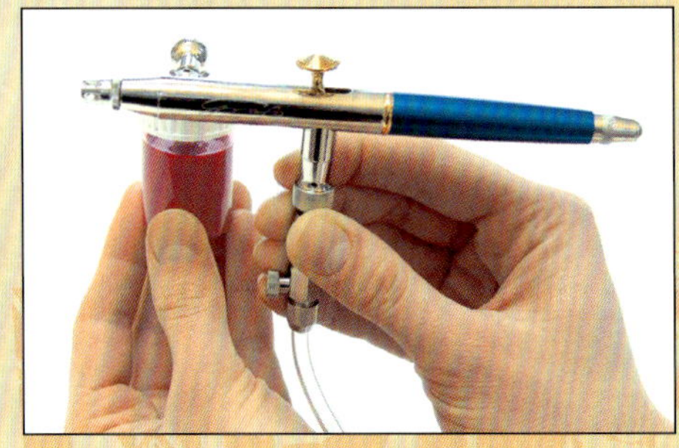

Füllen Sie jetzt etwas Farbe in das Gerät, halten Sie es in der rechten oder linken Hand und bedienen Sie den Hebel mit dem Zeigefinger. Mit dem Druck auf den Hebel schalten Sie das Gerät ein und es strömt Luft aus. Ziehen Sie den Hebel zusätzlich nach hinten, tritt Farbe aus. Und schon kann's los gehen!

### Schritt 1: Dünne Linien

Mit der Linienübung können Sie nicht nur den Umgang mit dem Gerät trainieren, sondern auch überprüfen, ob das Airbrushgerät funktionstüchtig ist. Dünne Linien erzeugen Sie mit geringem Abstand zum Malgrund und indem Sie das Gerät ganz steil halten. Damit Sie keine „Punkte" am Anfang Ihrer Linie erhalten, ist es notwendig, dass Sie den Hebel herunterdrücken und ihn erst in der Bewegung nach hinten schieben. So erhalten Sie ein tolles Ein- und Ausfaden der Linie.

### Schritt 2: Breite Linien und Farbverläufe

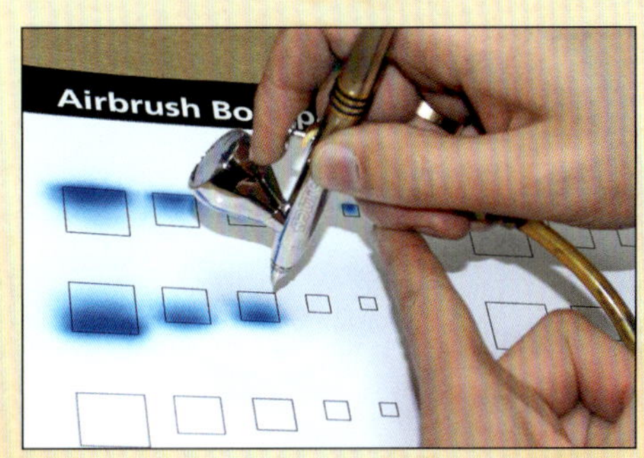


Breite Linien bilden die Grundlage für Farbverläufe. Beides erreichen Sie mit einem höheren Abstand zum Malgrund. Wichtig ist, dass man von links beginnt und das Gerät nach rechts herüber bewegt. Dann wird die Farbzufuhr gestoppt und man fängt wider an, von rechts nach links zu sprühen. Ansonsten erhalten Sie unschöne Farbansammlungen an den Bildrändern. Für Farbverläufe beginnen Sie immer am Rand des Objektes, um einen harmonischen Verlauf zu erzeugen. Bewegen Sie das Airbrushgerät recht zügig mit dem ganzen Arm über den Malgrund, um einen welligen oder klecksigen Farbauftrag zu vermeiden. Farbverläufe beginnen immer mit einer starken Farbsättigung, zum Ende hin sollte der Farbauftrag langsam abnehmen. Durch die Variation des Abstandes gelangt mehr oder weniger Farbe auf den Malgrund. Um mehr Farbe zu versprühen, können Sie zusätzlich den Farbhebel weiter nach hinten ziehen.

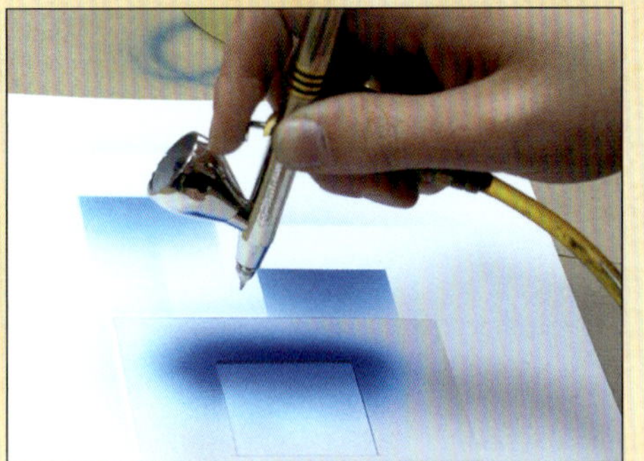

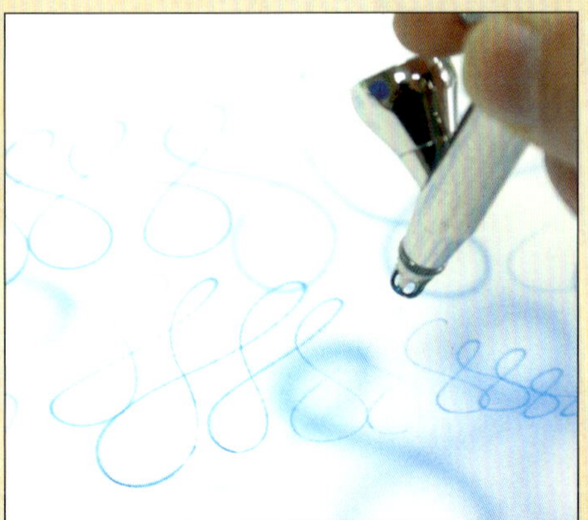

### Schritt 3: Schleifen

Mit dieser Übung trainieren Sie die Koordination des Airbrushgerätes und können testen, welche Bewegungen und Handgriffe zu welchem Ergebnis führen. Beginnen Sie mit einer geringen Farbmenge mit geringem Abstand zum Malgrund und zeichnen Sie eine dünne Schleife. Vergrößern Sie gleichmäßig den Abstand zum Malgrund und ziehen Sie den Hebel ein wenig mehr nach hinten, dann erhalten Sie dickere Schleifen. Sprühen Sie zur Übung einige Schleifen von „dünn nach dick" und direkt wieder von „dick nach dünn".

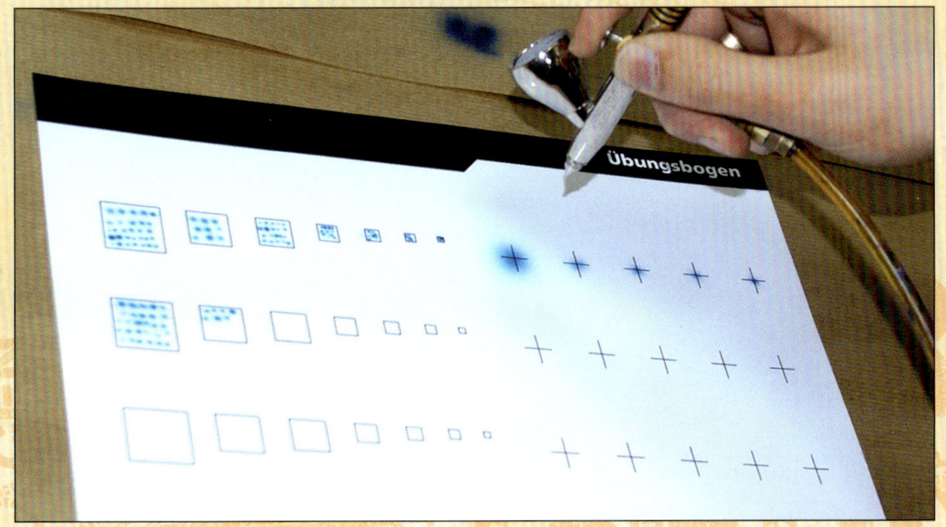


### Schritt 4: Sprühpunkte

Mit dem hier gezeigten Übungsbogen lernen Sie, gezielt Sprühpunkte zu setzen. Ziel dieser Übung ist es, möglichst viele kleine Sprühsterne auf kleinstem Raum unterzubringen. Dies erreichen Sie, wenn Sie das Gerät senkrecht halten, den Hebel zunächst nur herunterdrücken und dann ganz leicht nach hinten ziehen, so dass nur ein wenig Farbe austritt. Benutzen Sie zur Stabilisierung die freie Hand. Halten Sie das Gerät steil mit ca. 5 cm Abstand. Bedenken Sie auch hierbei: Je dichter Sie am Malgrund sind, umso feiner können Sie arbeiten

## Schritt 5: Die Sonne

Jetzt sind Sie bestens gerüstet für Ihr erstes Airbrush-Bild: Nehmen Sie sich ein neues Stück Papier und positionieren Sie darauf eine runde Flasche als Schablone für die Sonne. Füllen Sie dann ein wenig Gelb in den Farbnapf. Sprühen Sie einen bogenförmigen Farbverlauf und umnebeln Sie dabei die Flasche. Im oberen Bereich soll der Bogen kräftig Gelb werden, daher sprühen Sie etwas dichter (ca. 10 cm) am Malgrund. Nach unten hin verläuft die Farbe mehr ins Weiß und Sie sprühen mit einem größeren Abstand (ca. 15-20 cm) und etwas weniger Farbe (also den Hebel nicht ganz so weit nach hinten ziehen). Sprühen Sie jeweils in Bögen von rechts nach links und von links nach rechts, damit es nicht zu Fleckenbildung kommt.

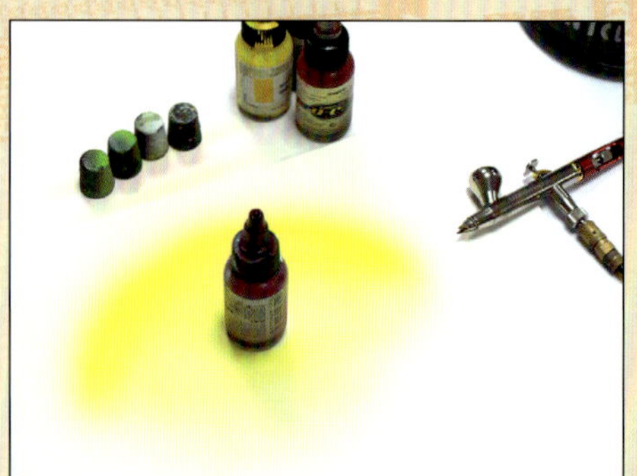

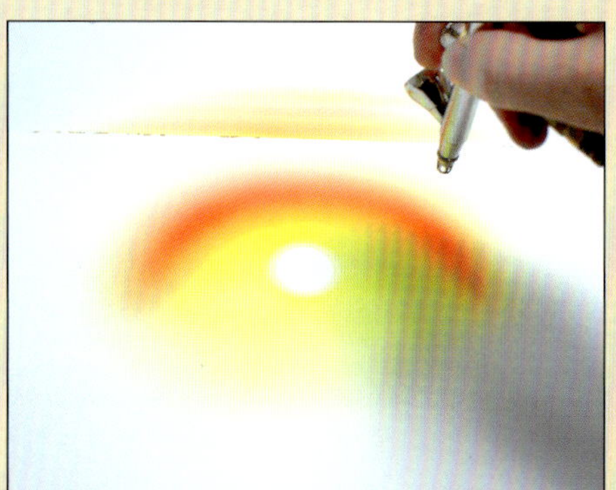

## Schritt 6: Der Himmel

Im nächsten Schritt füllen Sie Magenta ins leere Gerät. Wenn Sie Magenta auf Gelb sprühen, werden Sie merken, dass sich die Farbigkeit durch die Farbüberlagerung ins rötliche wandelt. Sprühen Sie mehrere Schichten Magenta in einem Bogen auf das Gelb – je mehr, desto dunkler wird es. Damit zur Sonne hin ein leichter Farbverlauf ins Gelb entsteht, ziehen Sie den Hebel nicht ganz so weit nach hinten und nehmen wieder einen größeren Abstand.

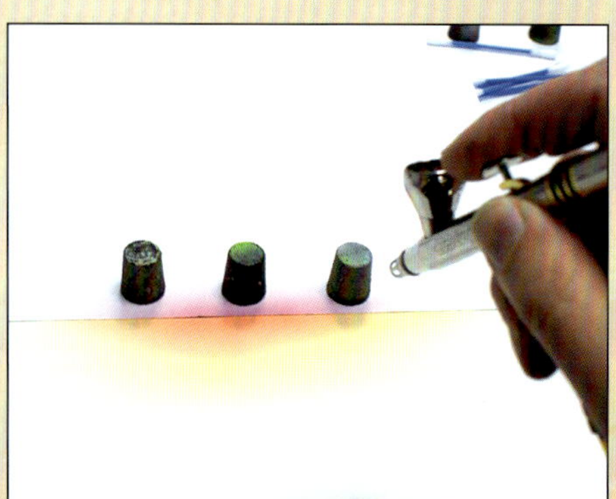

## Schritt 7: Der Horizont

Danach kommt die erste lose Schablone zum Einsatz, ein einfaches Blatt Papier. An der Papierkante entlang wird unterhalb der Sonne ein Farbverlauf für den Horizont gesprüht. Sie können den Bogen mit den Fingern festhalten oder auch auf Gewichte zurückgreifen, damit die Schablone nicht verrutscht. Wenn Sie anschließend den Bogen entfernen, wird der Horizont sichtbar. Sie sehen, wie einfach mit der losen Schablonentechnik Effekte entstehen.

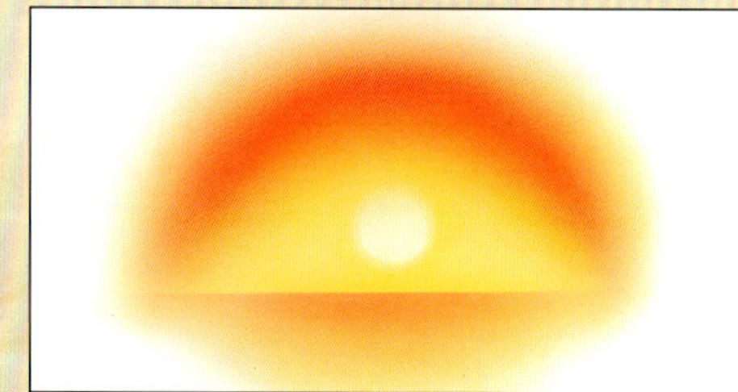

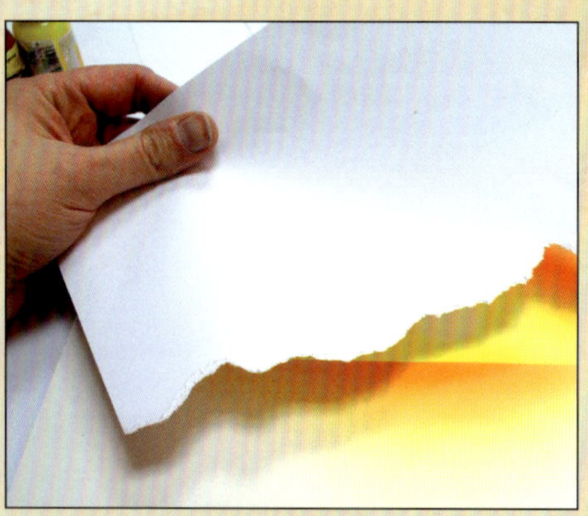

## Schritt 8: Die Berge

Reißen Sie jetzt aus einem weiteren Bogen Papier eine Bergszenerie heraus. Das geht schnell und erzeugt eine interessante und recht realistische Kante. Positionieren Sie Ihre neue Schablone im unteren Bereich des Motivs. Wechsel Sie die Farbe im Gerät von Magenta auf Schwarz. Sprühen Sie die Ränder der Schablone damit an und geben Sie dem Gebilde etwas Volumen. Nach unten hin lassen Sie die Farbe etwas auslaufen. Eine weitere kleinere Bergschablone positionieren Sie direkt auf der Horizontlinie. Decken Sie den unteren Bereich mit einem Bogen Papier komplett ab, so dass nur noch die Bergschablone offen steht. Sprühen Sie diesen Bereich gleichmäßig aus und achten Sie darauf, dass der Farbauftrag nicht zu nass wird und die Farbe ggf. unter die Schablone läuft.

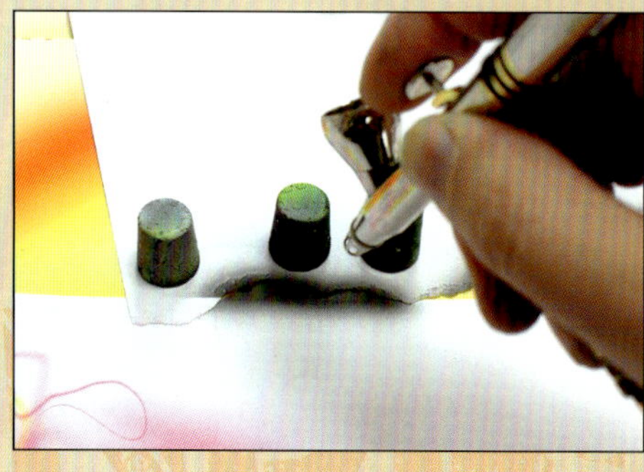

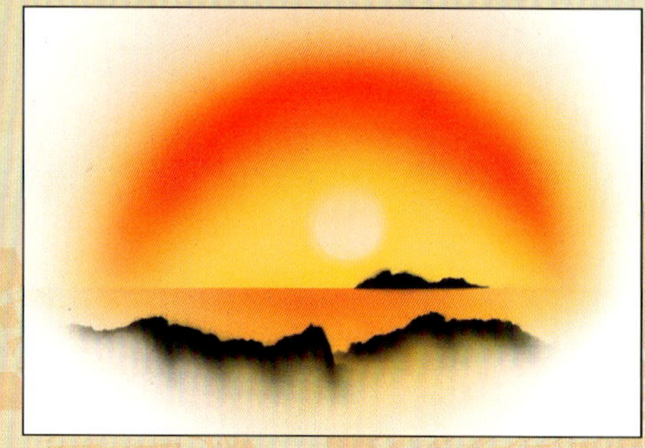

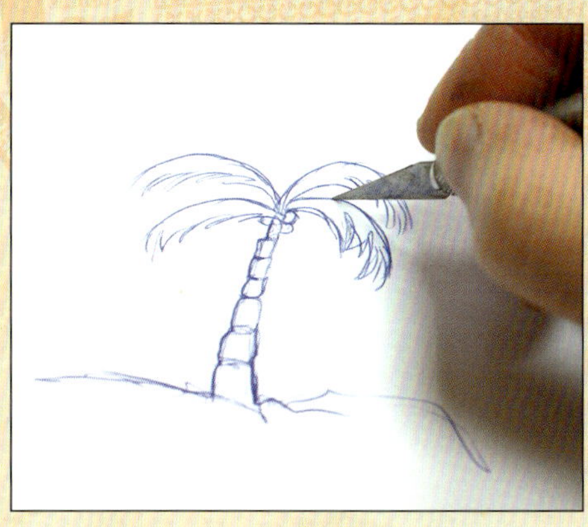

### Schritt 9: Die Palme

Für die nächste Schablone zeichnen Sie eine Palme auf starkem Papier auf und schneiden sie mit einem Skalpell aus. Beachten Sie dabei das Größenverhältnis zum Rest der Landschaft. Dann platzieren Sie die Palmenschablone auf die Berge im Vordergrund und sprühen sie ebenfalls mit Schwarz aus. Benutzen Sie die Finger oder Gewichte, um evtl. Teilbereiche der Schablone festzudrücken. Stellen Sie sicher, dass das Motiv um die Palme herum ausreichend abgedeckt ist, damit kein Farbnebel darauf gelangt. Sprühen Sie zusätzlich freihand einige Grashalme in die Landschaft. Dünne Freihand-Linien sind schwierig, deshalb ist es ratsam, auf einem Stück Papier vorher einige Linien zu üben. Halten Sie das Gerät recht steil am Malgrund und ziehen Sie die dünnen Linien von unten nach oben in das Bild hinein.

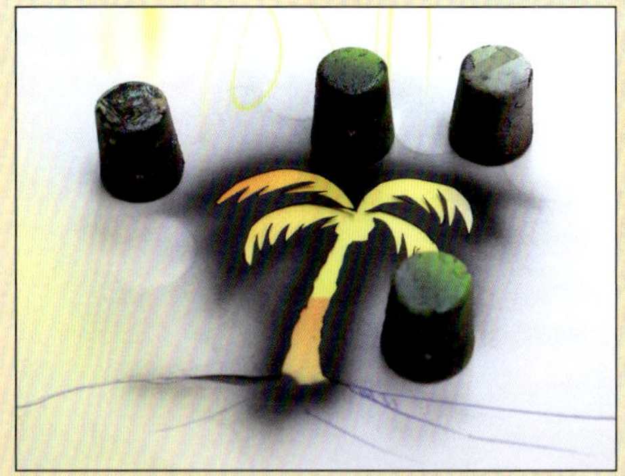

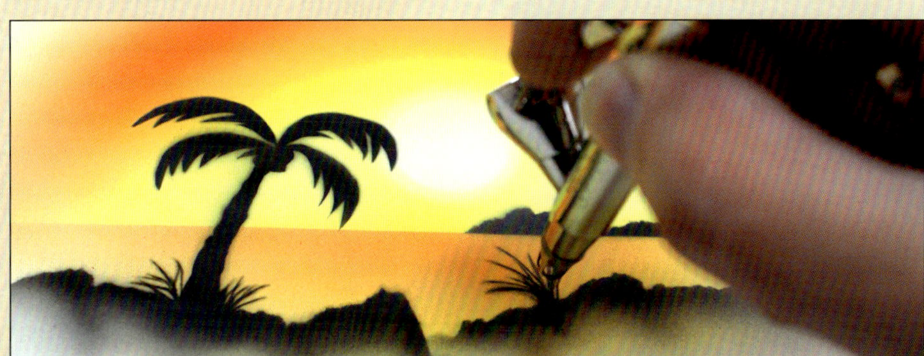

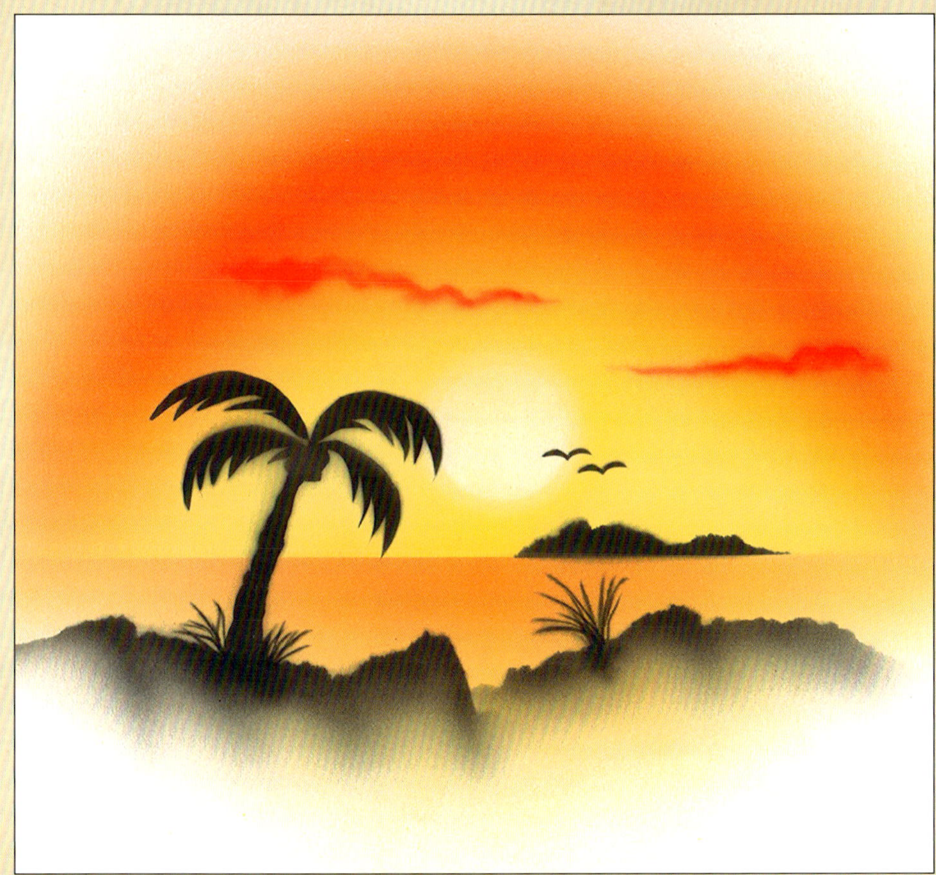

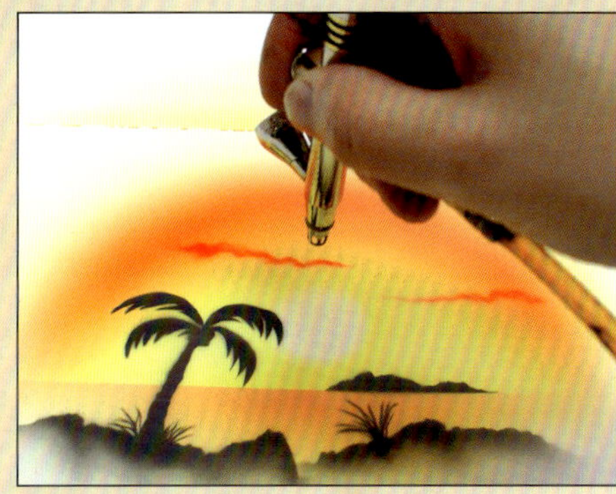

### Schritt 10: Wolken und Vögel

Der Himmel erscheint noch ein wenig leer. Säubern Sie Ihr Airbrushgerät und füllen Sie anschließend noch mal Magenta ein. Formen Sie mit gezitterten Linien Wolkengebilde. Sprühen Sie dabei aus der Bewegung heraus, damit die zittrigen Linien am Ende leicht und fein ausfaden. Mit einer weiteren Mini-Papierschablone können Sie ein paar Vögel ins Bild bringen. Sicherlich haben Sie noch weitere eigene Ideen, die Sie mit Hilfe dieser Grundlagen ausprobieren wollen. Wir wünschen Ihnen viel Spaß dabei.

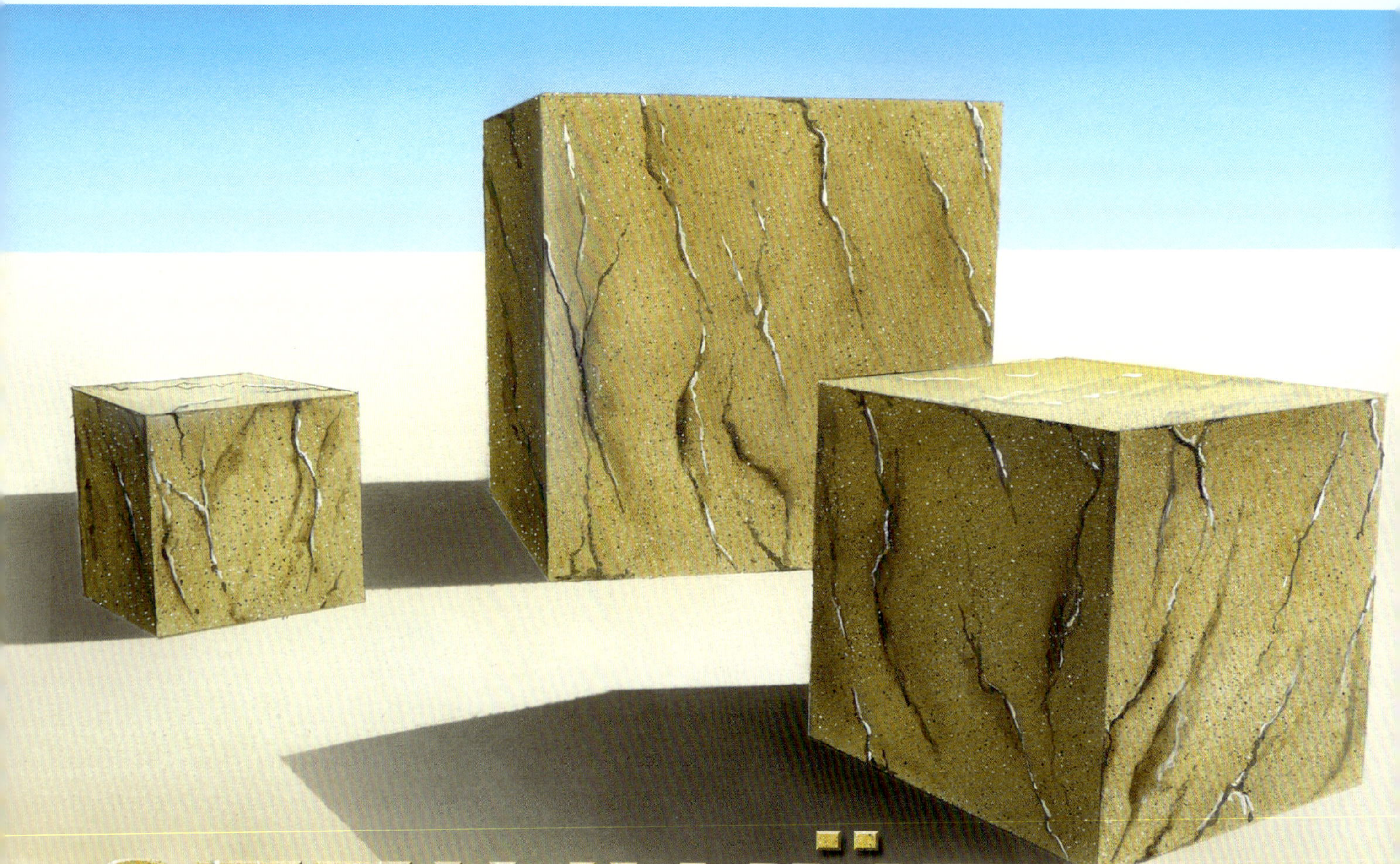

# STEINWÜRFEL

## Steinstruktur und Arbeiten mit klebender Maskierung

Einfache geometrische Objekte sind dankbare Übungsobjekte. An ihnen lassen sich Oberflächentexturen, Licht- und Schattenverhältnisse, Symmetrie und Perspektive einfach trainieren. Die Steinwürfel fordern Sie bei der Arbeit mit klebender Maskierung, der richtigen Schattierung sowie im Umgang mit Airbrush-Gerät, Pinsel und Tupftuch für eine effektvolle Steinstruktur.

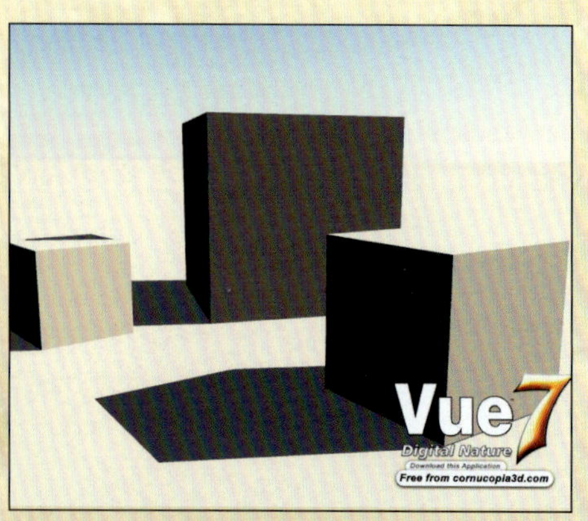


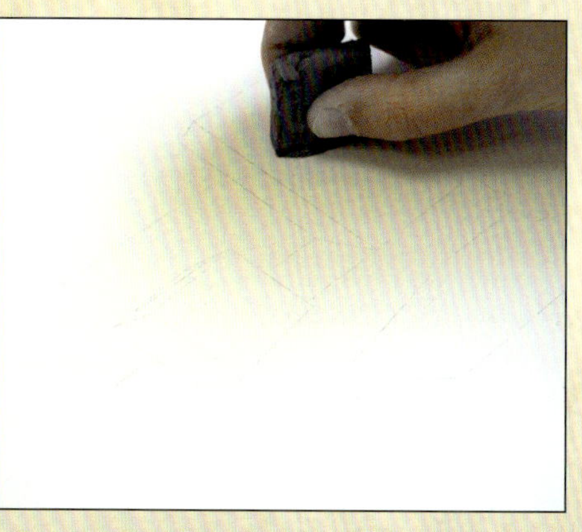

### Schritt 1: Skizzen erstellen

Konstruieren Sie ein Würfelmotiv mit Hilfe von drei Fluchtpunkten oder greifen Sie auf kostenlose 3D-Software wie z. B. Vue7 von Cornucopia3d.com zurück. Übertragen Sie dann die Konturen der Würfel, Schatten und Horizontlinie in der gewünschten Größe auf einen Reinzeichenkarton. Achten Sie darauf, dass die Linien nicht zu stark sichtbar sind. Korrigieren Sie ggf. vorsichtig mit einem Knetradierer.

**// GRUNDAUSSTATTUNG // Steinwürfel**

| | |
|---|---|
| Airbrushpistolen: | Gerät mit 0,2 mm-Düse |
| Farben: | Gelb, Umbra, Schwarz, Weiß, Blau |
| Untergrund: | Reinzeichenkarton |
| Weitere Materialien: | Graphitstift, Bleistift, Radierer, Maskierfilm, Skalpell, Küchentuch, Cleaner |

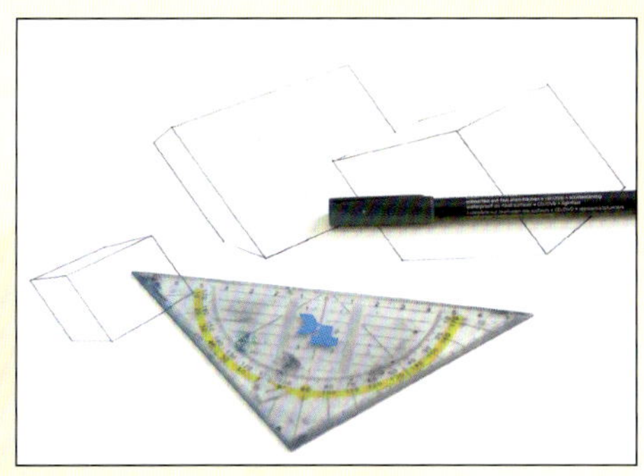

## Schritt 2: Maskieren

Kleben Sie anschließend Maskierfilm über die Skizze und zeichnen Sie mit einem permanenten Filzstift und Lineal noch einmal die Linien auf den Maskierfilm auf. Dann können Sie später die auszuschneidenden Bereiche besser sehen.

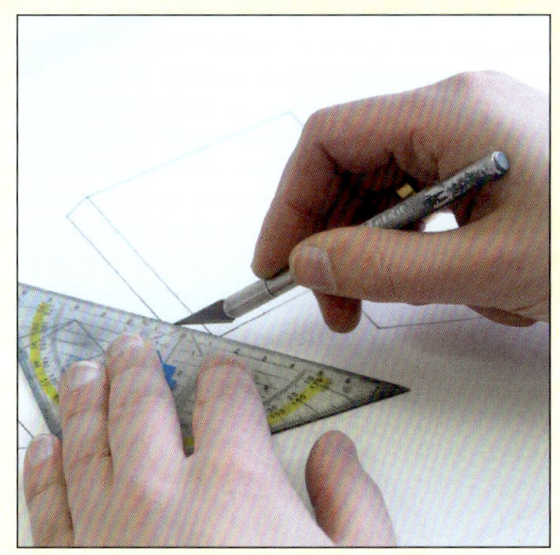

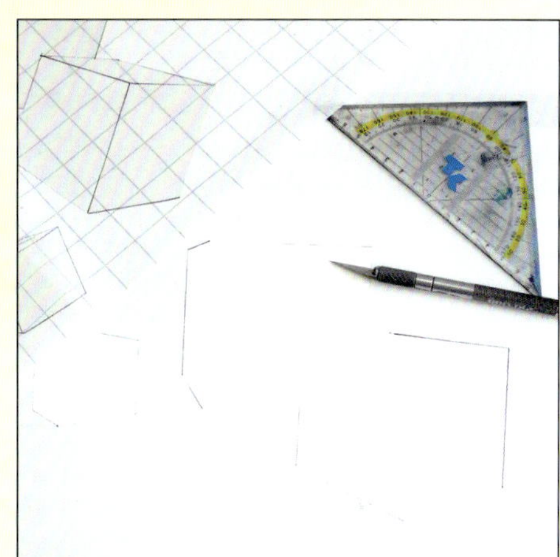

## Schritt 3

Schneiden Sie nun mit Hilfe von Lineal und Skalpell an den Außenlinien der Würfel entlang und demaskieren Sie die Würfelformen komplett. Kleben Sie die Innenteile zurück auf die Trägerfolie Ihres Maskierfilms für die spätere Nutzung.

## Schritt 4: Struktur tupfen

Mischen Sie einen hellen Braunton, z. B. aus Umbra, Gelb und etwas Wasser, an. Probieren Sie auch andere Farbtöne wie Ocker oder Golden Sand. Testen Sie Ihre Mischung auf einem separaten Blatt, um zu überprüfen, ob Ihnen die Konsistenz und Farbe zusagt.

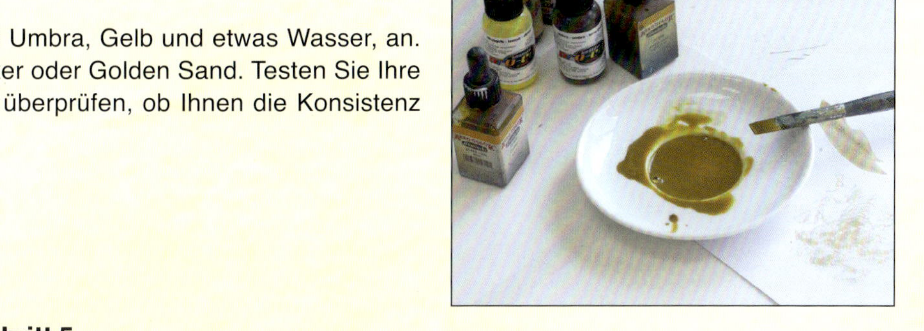

## Schritt 5

Mit einem zerknüllten Küchen- oder Taschentuch saugen Sie die Farbe von Ihrem Mischteller und tupfen vorsichtig Strukturen in die freigelegten Würfelflächen. Achten Sie darauf, dabei das Tuch immer mal wieder zu drehen, damit keine regelmäßigen Abdrücke entstehen.

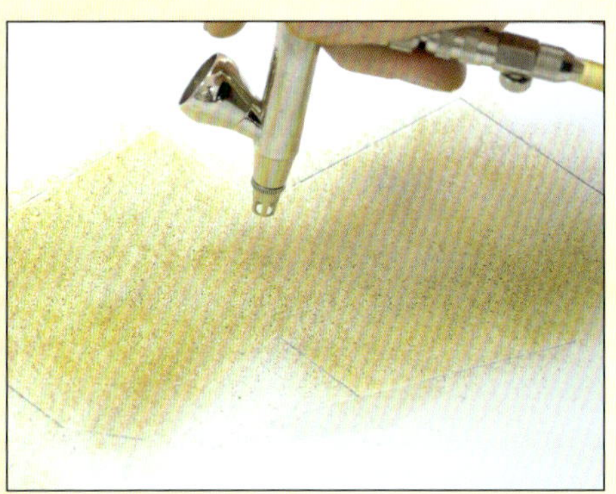

## Schritt 6: Sprenkeln

Damit die Steinwürfel einen sandigen Charakter bekommen, sprenkeln Sie feine Punkte mit Umbra und anschließend mit Weiß über die gesamte Fläche. Benutzen Sie die Schlauch-Abknick-Methode oder reduzieren Sie den Druck am Kompressor, bis das Gerät zu sprenkeln anfängt. Im Bild sehen Sie die Verwendung einer luftregulierbaren Schnellkupplung.

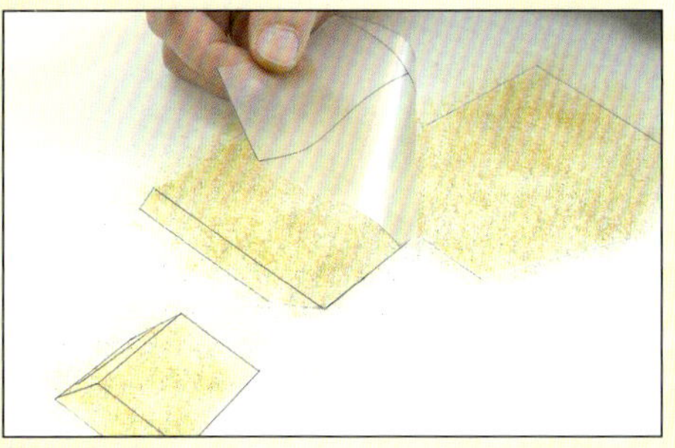

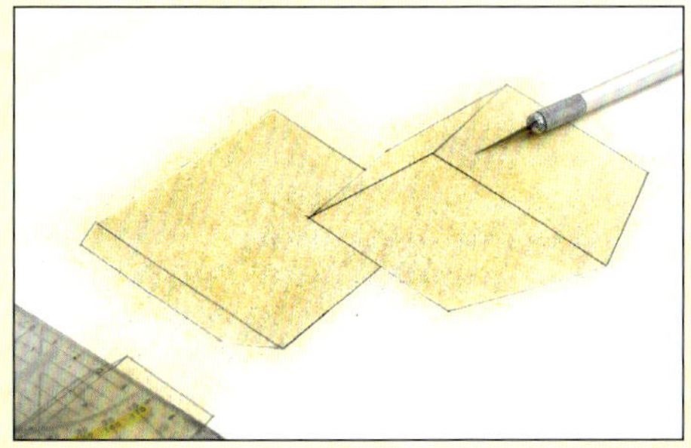

## Schritt 7

Nachdem die Farbe getrocknet ist, kleben Sie die Maskierfolie wieder passgerecht ein. Schneiden Sie dann die Frontflächen der Quader aus und deponieren Sie die Maskierfilmteile vorsichtig zurück auf die Trägerfolie.

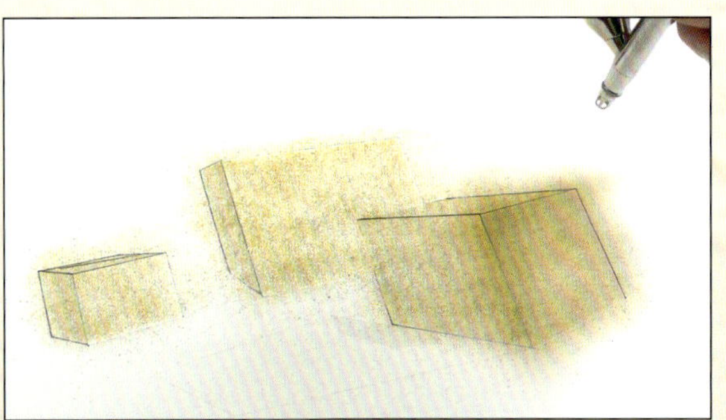

### Schritt 8: Kontraste erhöhen

Sprühen Sie jetzt mit einer Mischung aus Umbra und Wasser die Flächen ein. Dabei kann z. B. ein leichter Farbverlauf integriert werden. Insgesamt gesehen müssen die Flächen eine ausreichende Färbung bekommen, damit sie einen Kontrast zu der anderen Seitenfarbe bilden und sich davon etwas absetzen.

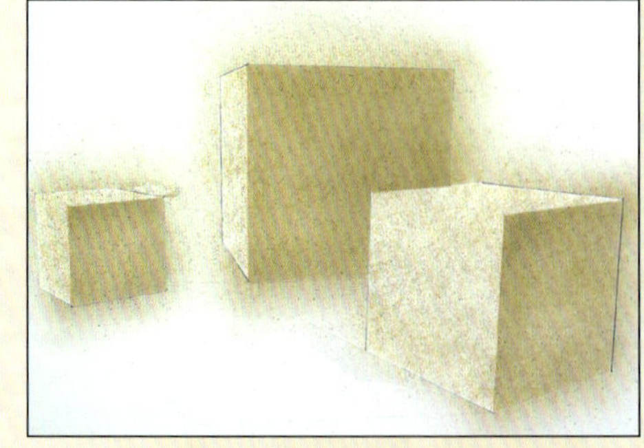

### Schritt 9

Hier sehen Sie das Ergebnis. Zur besseren Orientierung habe ich die anderen Maskierfilmteile abgezogen. Sie sehen den Kontrast und die scharfen Kanten, welche den Würfeln die Form geben. Momentan sieht es noch so aus, als ob das Licht von oben links kommen würde. Dies wird im nächsten Schritt geändert.

### Schritt 10: Schattieren

Kleben Sie jetzt die Maskierung für die obere und die vordere Seite der Würfelflächen wieder auf. Sprühen Sie dann mit einem dunklen Braunton die linke Fläche des Würfels ein. Diese Fläche muss dunkler sein als die rechte, damit die Formgebung deutlich wird. Ziehen Sie die Maskierung ab und Sie sehen das fertige Ergebnis.

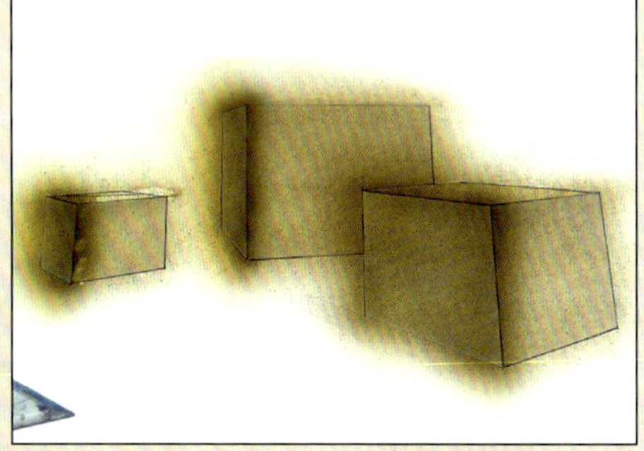

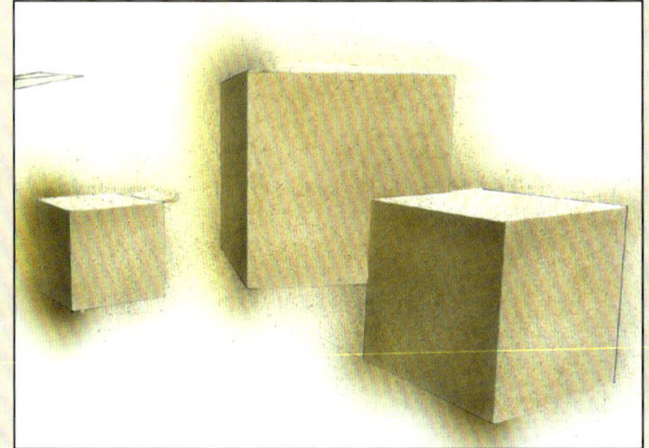

### Schritt 11: Horizont

Entfernen Sie die komplette Maskierung und kleben Sie einen neuen Bogen Maskierfilm über die Illustration. Zeichnen Sie die Horizontlinie ein und markieren Sie einen Rahmen um Ihren Bildbereich. Dann schneiden Sie den Himmel an der Horizontlinie und am großen Würfel entlang aus und entfernen die Maskierung.

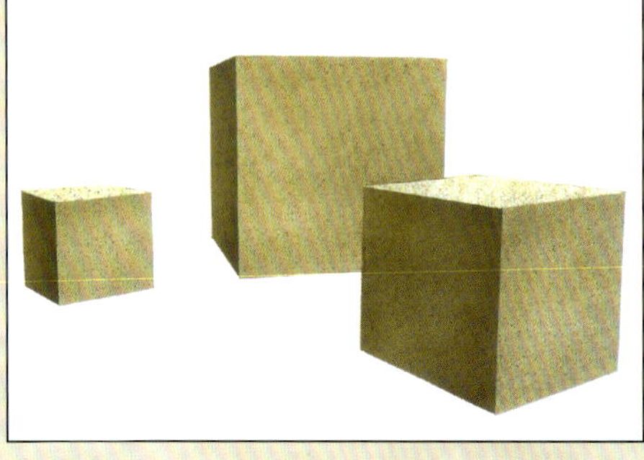

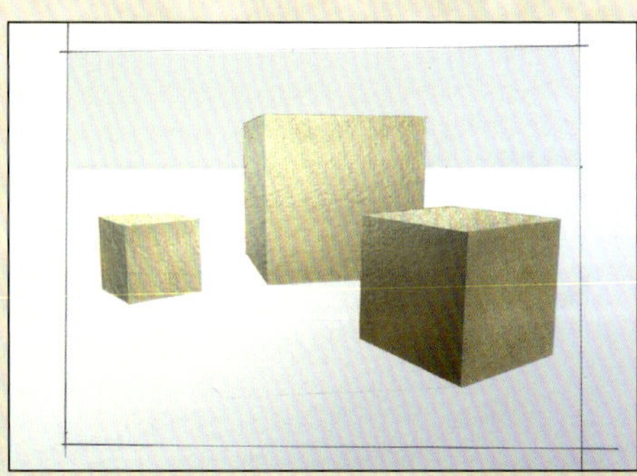

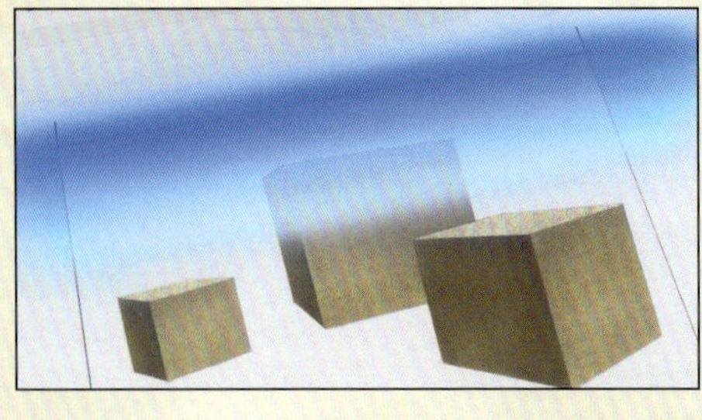

### Schritt 12: Himmel

Sprühen Sie dann einen Farbverlauf von Blau nach Hellblau. Damit ein weicher Farbverlauf entsteht, mischen Sie Weiß und etwas Wasser in den Blauton.

### Schritt 13: Schattenwurf

Damit man später die Schattierungen der Würfel zum Ausschneiden besser erkennen kann, malen Sie die Bleistiftstriche des Untergrundes auch nochmal auf die Maskierfolie durch. Maskieren Sie den Himmel und die Würfel und legen Sie den Untergrund frei. Die Maskierfolie bewahren Sie auf.

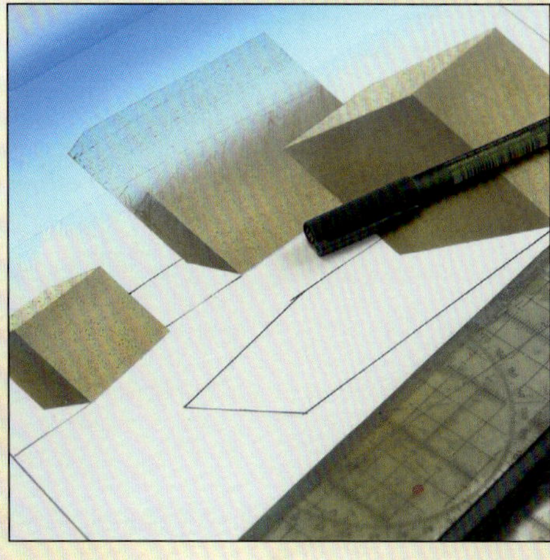

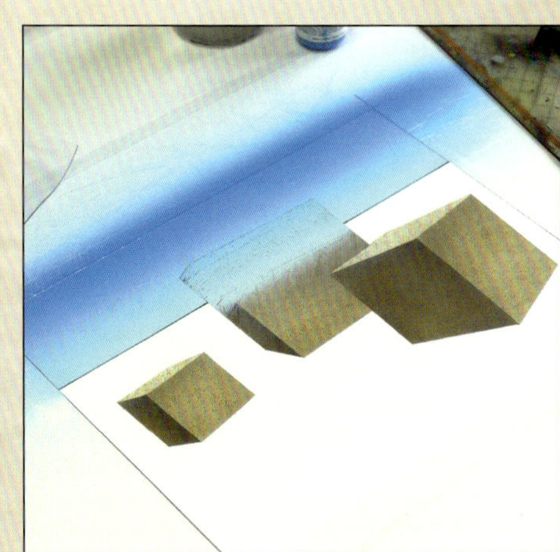

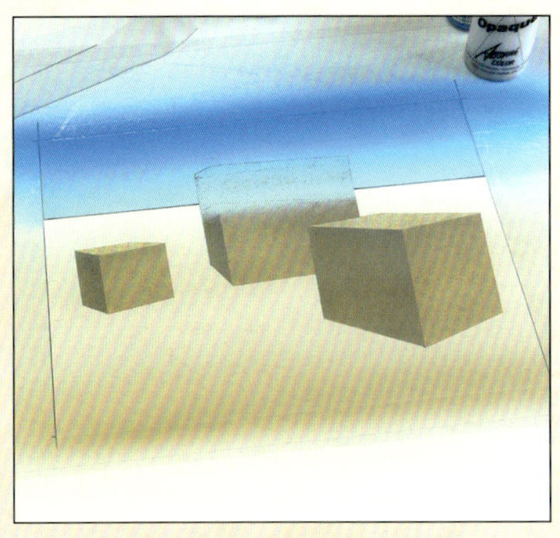

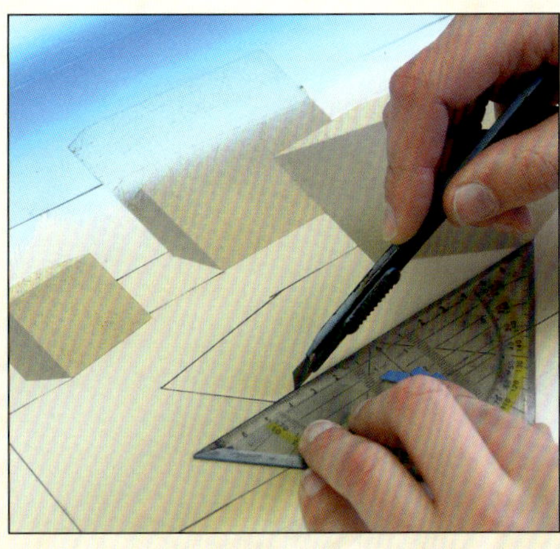

### Schritt 14

Tragen Sie nun mit dem Airbrushgerät einen Farbverlauf von unten bis zur Horizontlinie auf. Starten Sie unten mit einem mittleren Braunton und wechseln Sie zur Mitte hin zu einem hellen Braunton. Ist alles getrocknet, kleben Sie den Untergrund mit den vorher aufgezeichneten Schattenbereichen wieder ein. Die Schattierungen können in einem Arbeitsgang gesprüht werden, daher schneiden Sie alle Schattenbereiche auf einmal aus.

### Schritt 15

Für die Schattierung mischen Sie sich einen dunklen Braunton, der ein wenig Schwarz und auch Wasseranteil enthält. Sprühen Sie mit dem Farbton einen Verlauf von rechts nach links. Der dunkelste Bereich liegt direkt am Quader. Anschließend können Sie die Maskierfolie komplett entfernen.

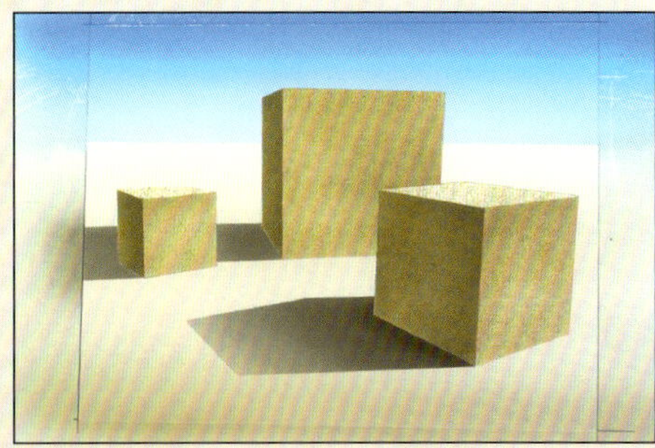

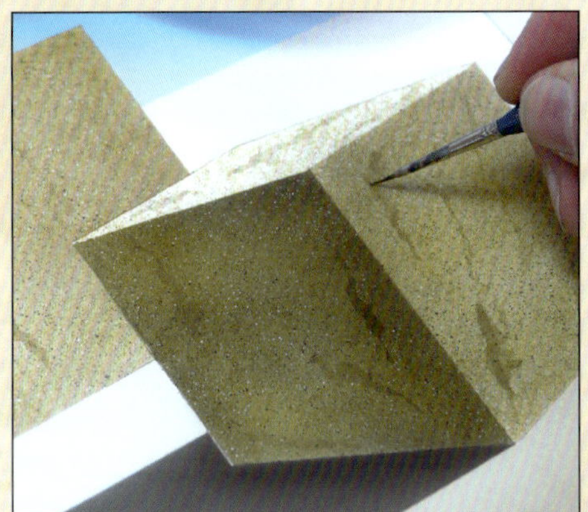

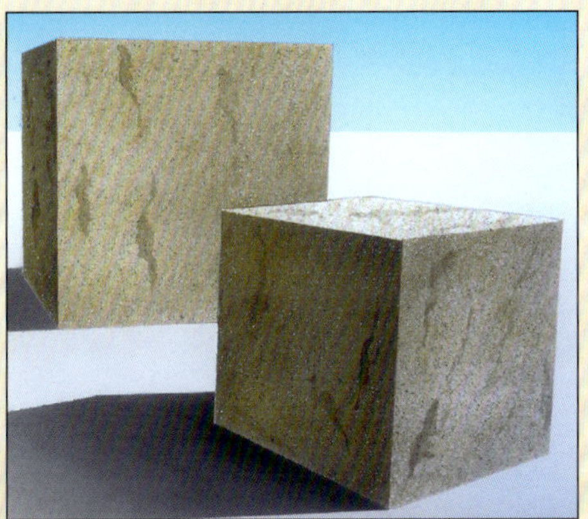

### Schritt 16: Weitere Strukturen

Die Würfel sollten nun noch weitere Strukturen bekommen. Mischen Sie einen stark transparenten braunen Farbton an und tragen Sie diesen wässerig mit einem Pinsel auf. Ist die Farbe getrocknet, hinterlässt das eine interessante Struktur.

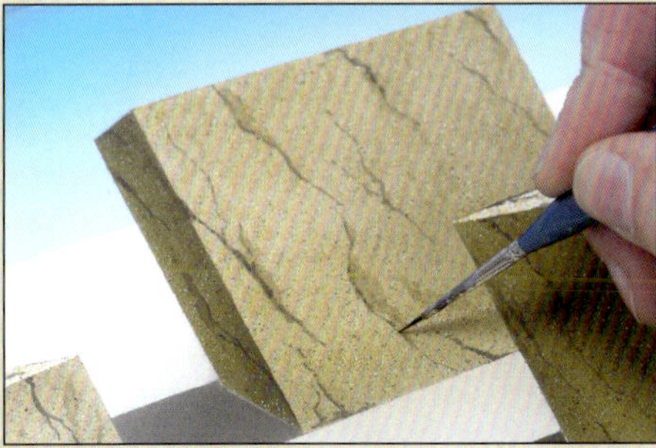

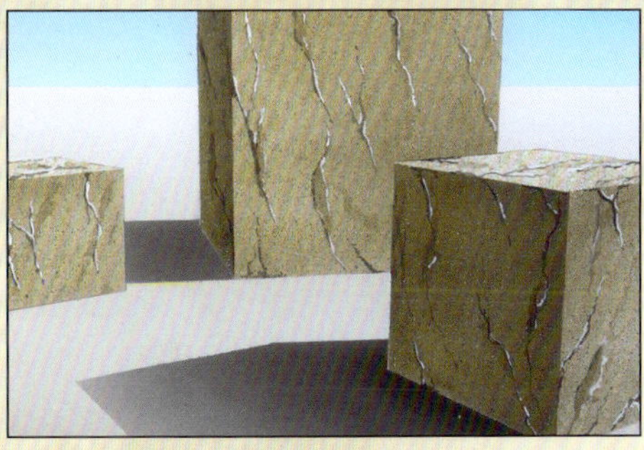

### Schritt 17: Lichtkanten

Malen Sie mit einem feinen Pinsel und einem Braun-Schwarz-Gemisch noch Risse auf die Oberfläche der Würfel. Mit Weiß können Sie die Lichtkanten der Risse andeuten.

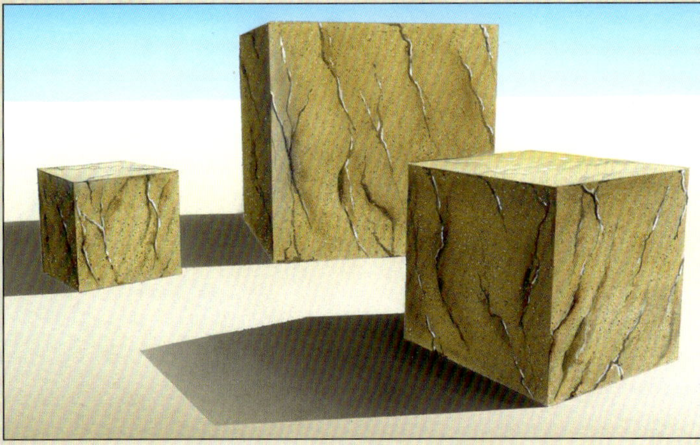

### Schritt 18: Fertig

Hier sehen Sie das fertige Motiv. Probieren Sie auch andere Farben und Oberflächenstrukturen aus. Wir wünschen viel Spaß beim Nachbrushen!

# METALLIC-SCHRIFT

## *KLEBENDE MASKIERUNG UND SPIEGELUNGEN*

Schriftzüge sind wahre Airbrush-Klassiker aus der Zeit, als die Spritzpistole noch das Hauptwerkzeug der Werbegestalter war. Aber auch heute noch sind gerade Metallic-Schriftzüge beliebte Deko-Elemente auf Motorrädern, Autos, Helmen oder Modellfahrzeugen. Der Hauptaufwand besteht auch hier in der Erstellung der Maskierung, was Sie per Hand oder am besten mithilfe von PC und Schneidplotter erledigen können. Die Gestaltung der Spiegelung wird Sie überraschen: Optisch ein echter Hingucker, aber künstlerisch ein Kinderspiel.

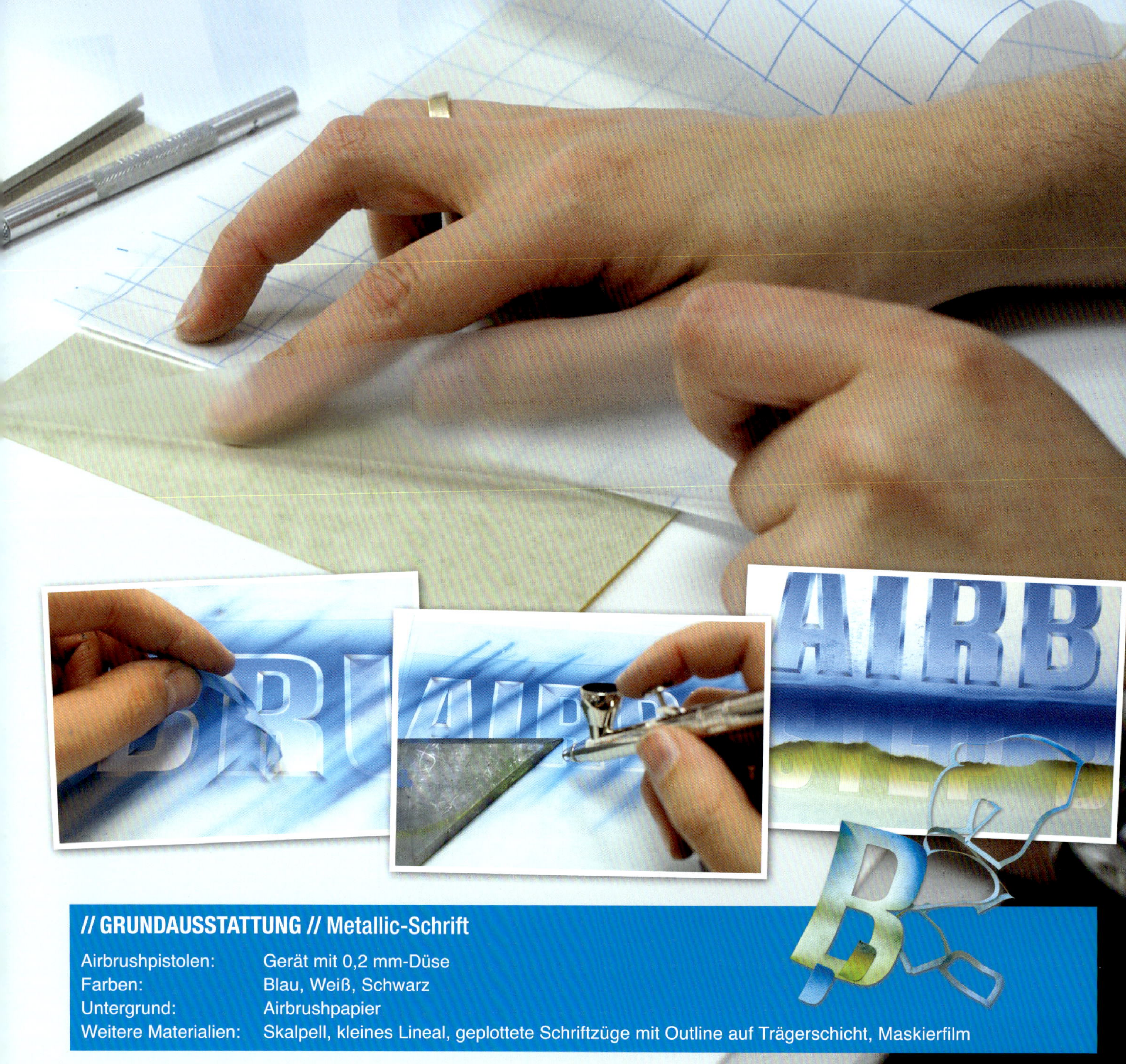

### // GRUNDAUSSTATTUNG // Metallic-Schrift

| | |
|---|---|
| Airbrushpistolen: | Gerät mit 0,2 mm-Düse |
| Farben: | Blau, Weiß, Schwarz |
| Untergrund: | Airbrushpapier |
| Weitere Materialien: | Skalpell, kleines Lineal, geplottete Schriftzüge mit Outline auf Trägerschicht, Maskierfilm |

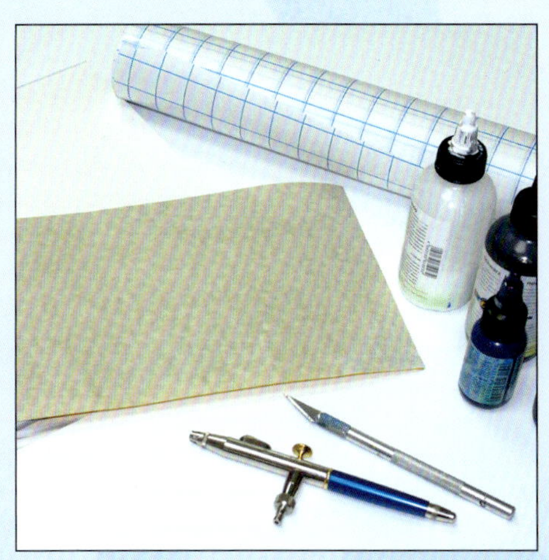

## Schritt 1: Schriftzug gestalten

Früher mussten Werbegrafiker und Illustratoren Schriften zunächst filigran konstruieren und die Buchstaben dann mit dem Skalpell aus Maskierfilm und anderem Schablonenmaterial zuschneiden. Das war sehr fehleranfällig und hat lange gedauert. Auch wenn ich Ihnen die handwerkliche Schriftgestaltung mit Airbrush zeigen möchte, greife ich für die Vorbereitung dennoch in die digitale Trickkiste, um mir und Ihnen ein wenig Zeit zu ersparen: Dank PC, Layout-Programm und Schriftenbibliotheken lässt sich die gewünschte Schrift sehr schnell auswählen und der Schriftzug ganz einfach mit einem Plotter aus dem Maskierfilm schneiden. Natürlich muss man keinen eigenen Plotter haben, um in den Genuss von exakt geschnittenen Schriften zu kommen. In jeder Stadt finden Sie entsprechende Werbebeschriftungsfirmen, die Ihnen weiterhelfen können. Für einen Metallic-Schriftzug ist es wichtig, dass nicht nur die Schrift geschnitten wird, sondern auch noch eine Outline um die Buchstaben läuft.

## Schritt 2: Plotten

Ich habe meinen Schriftzug auf einem Regusign-Maskiermaterial plotten lassen. Über die geplottete Schablone wird jetzt noch ein normaler Airbrush-Maskierfilm geklebt. Danach drehen Sie die ganze Schablone auf links und ziehen vorsichtig die Trägerschicht des Regusign ab. Der Maskierfilm verhindert dabei, dass die Innenteile der Regusign-Schablone herausfallen. Sollten sich die Buchstaben dennoch lösen, drücken Sie sie vorsichtig wieder zurück auf den Maskierfilm, damit alles hängen bleibt.

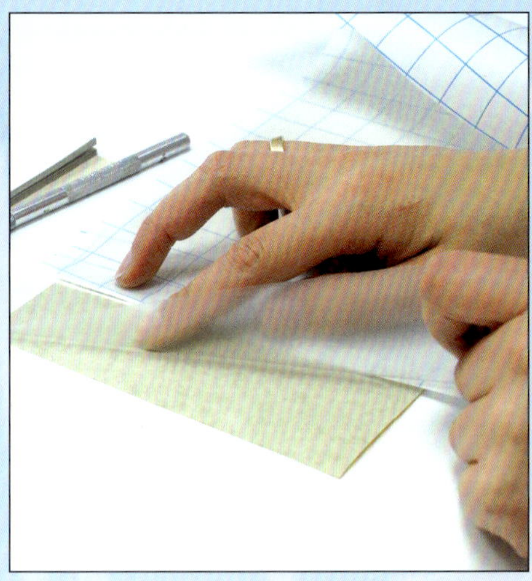

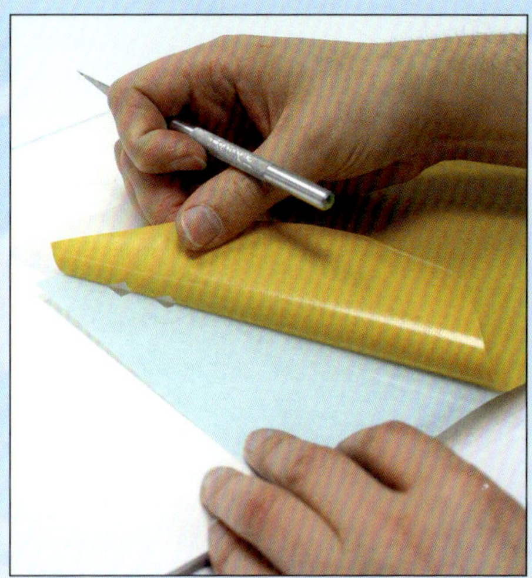

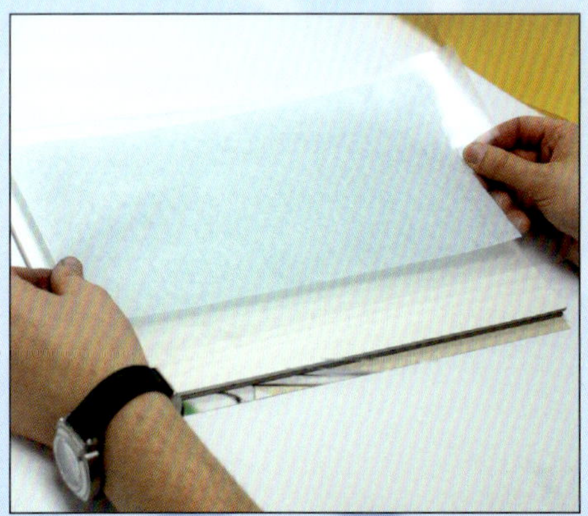

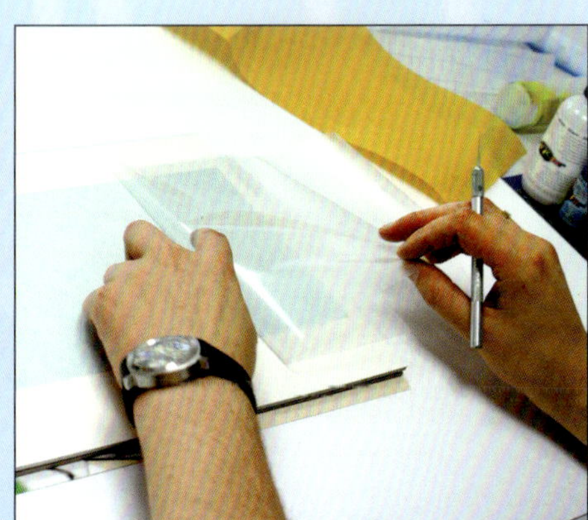

## Schritt 3: Maskieren

Kleben Sie dann die Schablone auf Ihren Malgrund. Achten Sie darauf, dass der Schriftzug nicht schief aufgeklebt wird. Drücken Sie alles gut an und ziehen dann ebenfalls vorsichtig die als Träger fungierende Airbrushfolie ab.

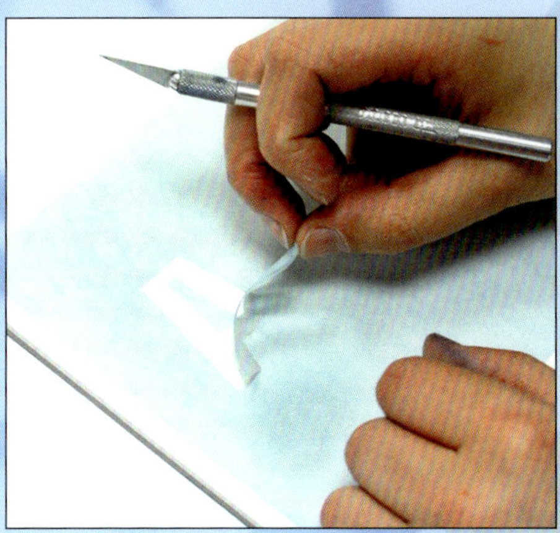

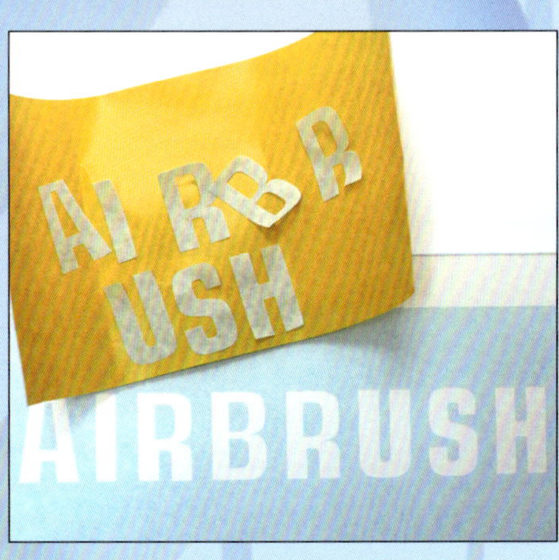


## Schritt 4

Lösen Sie nun die einzelnen Buchstaben heraus. Lassen Sie aber die Outline sowie die Innenbereiche der Buchstaben wie beim A, R oder B kleben. Verwenden Sie dazu am besten ein Skalpell, um ggf. nachzuschneiden oder kleine Maskierungen wieder an ihren Platz zu drücken. Kleben Sie die einzelnen Buchstaben wieder auf die Trägerschicht, da diese später nochmal zur Abdeckung verwendet werden müssen.

### Schritt 5: Farbverlauf

Mischen Sie in Ihrem Airbrushgerät Blau mit etwas Weiß und Wasser und sprühen Sie von oben nach unten einen weichen Farbverlauf. Sollte es im unteren Bereich zu dunkel sein, können Sie mit Weiß von unten nach oben leicht übernebeln und somit das Ergebnis korrigieren. Ist es im oberen Schriftenbereich zu hell, können Sie mit wasserverdünntem Blau nochmal nachjustieren und den Farbverlauf vorsichtig abdunkeln.

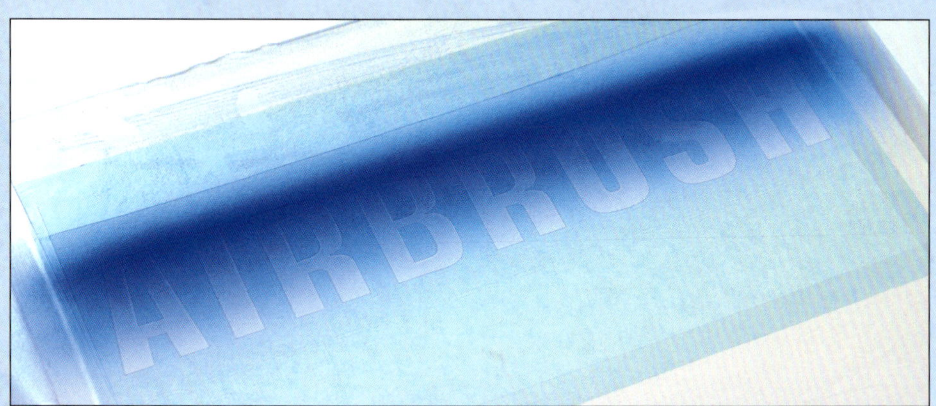


### Schritt 6: Outline

Lassen Sie alles gut trocknen. Danach demaskieren Sie die Outline der Buchstaben. Auch hier können Sie vorsichtig mit dem Skalpell nachhelfen, um die klebende Outline anzuheben und vorsichtig aus der Form zu ziehen.

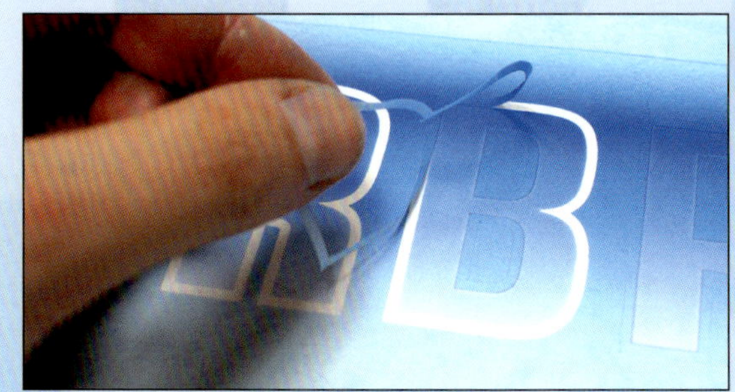

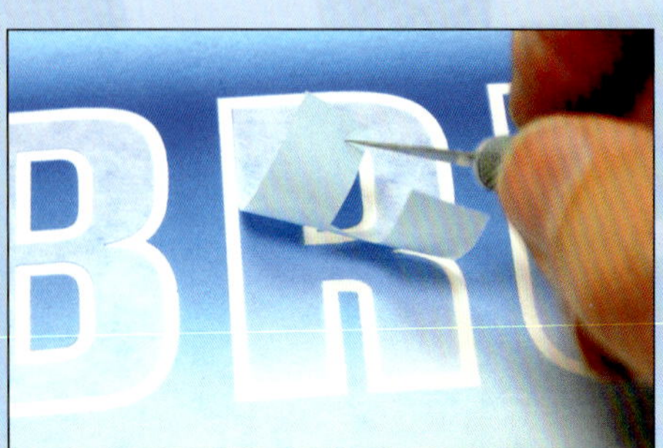

### Schritt 7: Reliefkante

Bevor als nächstes die Reliefkanten gebrusht werden können, kleben Sie noch passgenau die Buchstaben-Maskierung auf die zuvor gesprühten und trockenen Flächen.

### Schritt 8

Die nun offen gelegte Outline wird ungleichmäßig, aber im gleichen Winkel mit Blau schraffiert. Durch den Abstand zum Malgrund können Sie dickere und dünnere Schraffierungen erzeugen, dabei variiert auch die Intensität des blauen Farbtons. Wichtig ist, dass zum Schluss überall in der Outline ein wenig Farbe hingekommen ist, damit die Reliefkante zum Beispiel auf einem hellen Hintergrund nicht wegbricht.

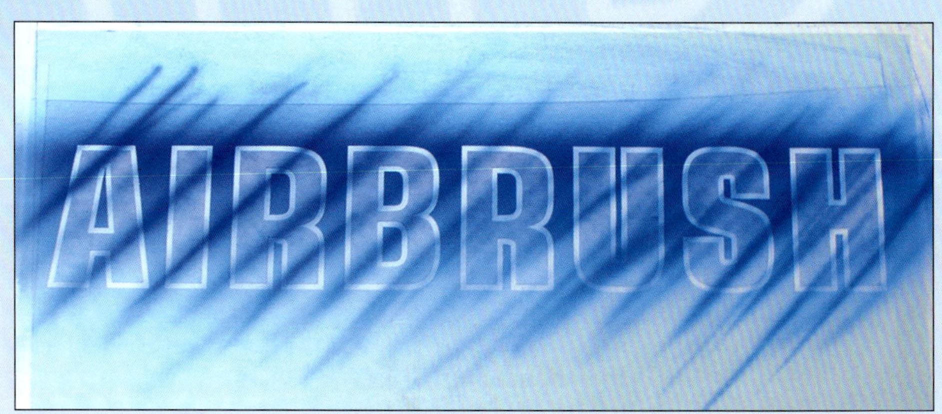


### Schritt 9: Schattenkanten

Mit einem Lineal oder einem geraden Stück Karton sprühen Sie nun mit einem Blau-Graugemisch die Schattenkanten der Buchstaben. Diese sitzen jeweils an den inneren und äußeren Ecken der Buchstaben und geben den Buchstaben nach dem Demaskieren einen dreidimensionalen Effekt. Meist reicht ein kleiner Sprühpunkt gegen die Gerade aus, um ausreichend Farbe auf die Schablone zu bringen und die Kante darzustellen.

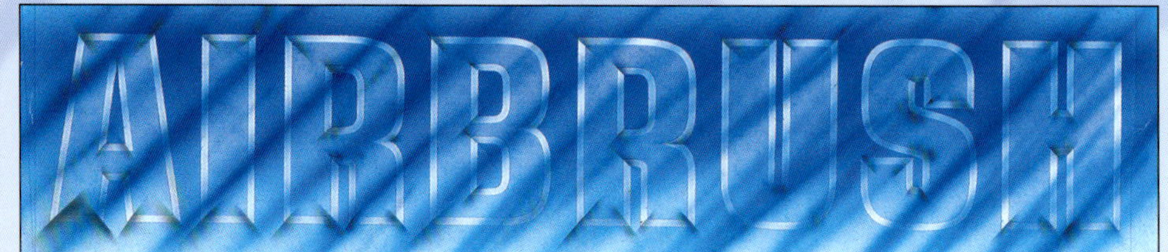

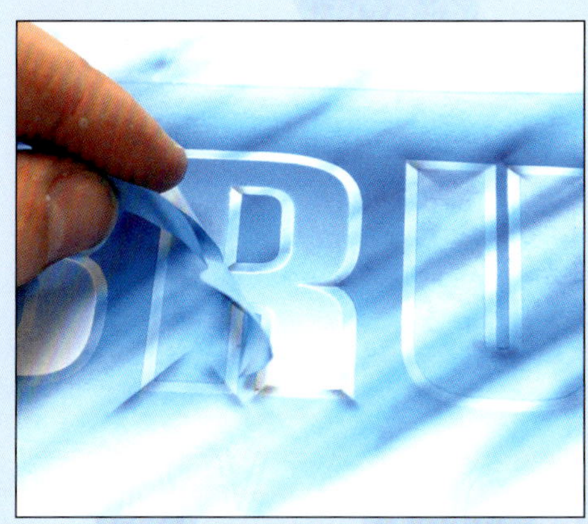

### Schritt 10

Im letzten Schritt ziehen Sie vorsichtig die Maskierungen ab. Fertig ist der „handgemachte“ Metallic-Schriftzug.

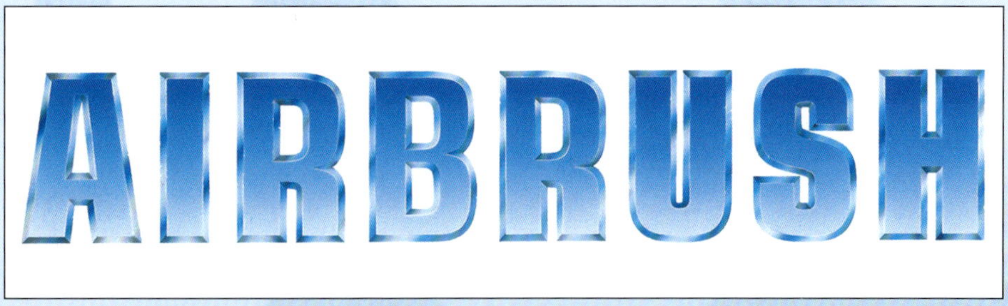

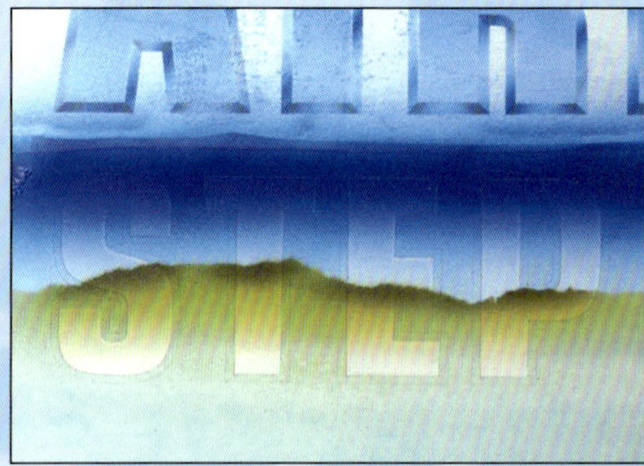

### Schritt 11: Landschaft einbauen

Auf dieser Basis aufbauend können Sie weitere Details und Finessen in Ihren Schriftzug einbauen. Mit einer zusätzlichen losen Schablone und Farbverlauf simulieren Sie zum Beispiel eine einfache Spiegelung im „Step by Step“ Schriftzug. Darüber hinaus können Sie eigene Landschaften im Schriftzug spiegeln lassen. Experimentieren Sie mit eigenen Formen und Farben. Wenn Sie die Buchstaben erneut passgenau maskieren, haben Sie auch die Möglichkeit, einen effektvollen Schatten unter die Buchstaben zu nebeln oder bei einem dunklen Hintergrund mit hellen deckenden Farben einen Lichtschein zu simulieren. Sie merken: Die Variationsmöglichkeiten sind recht groß.

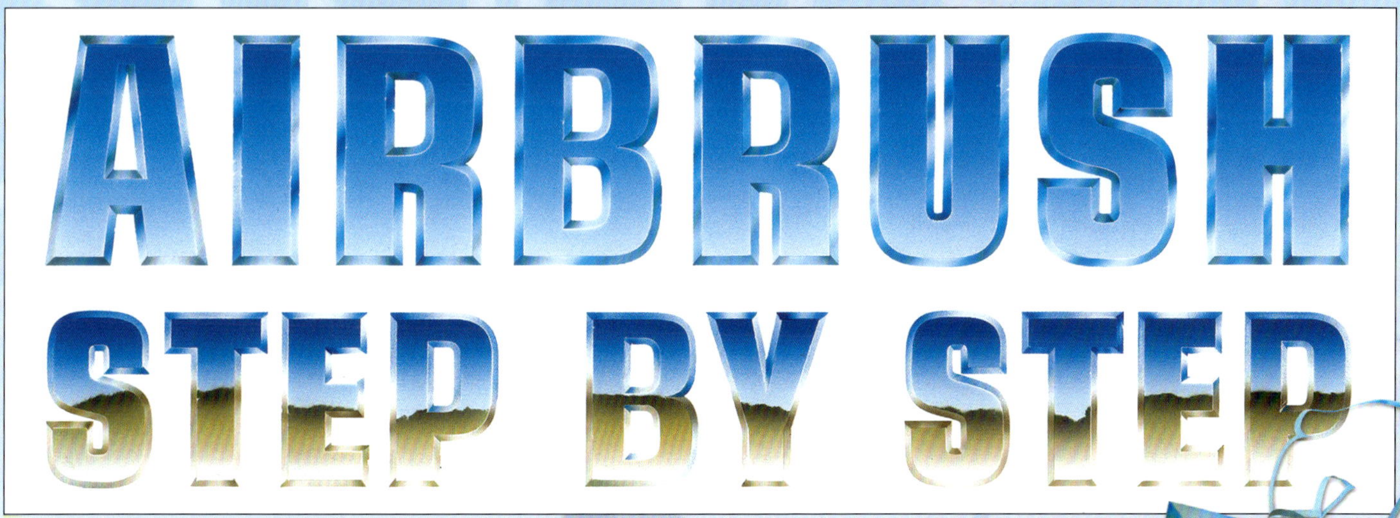

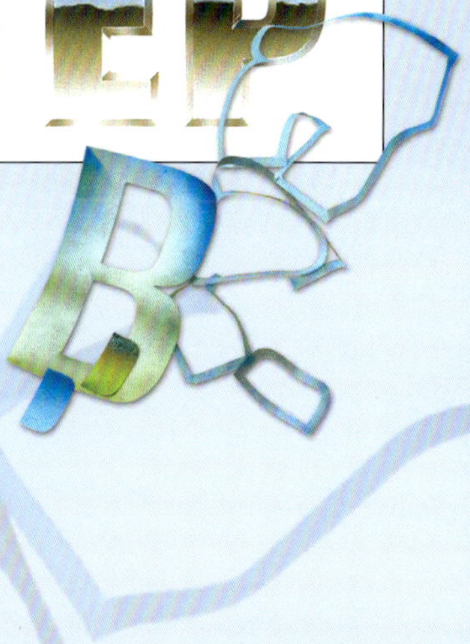

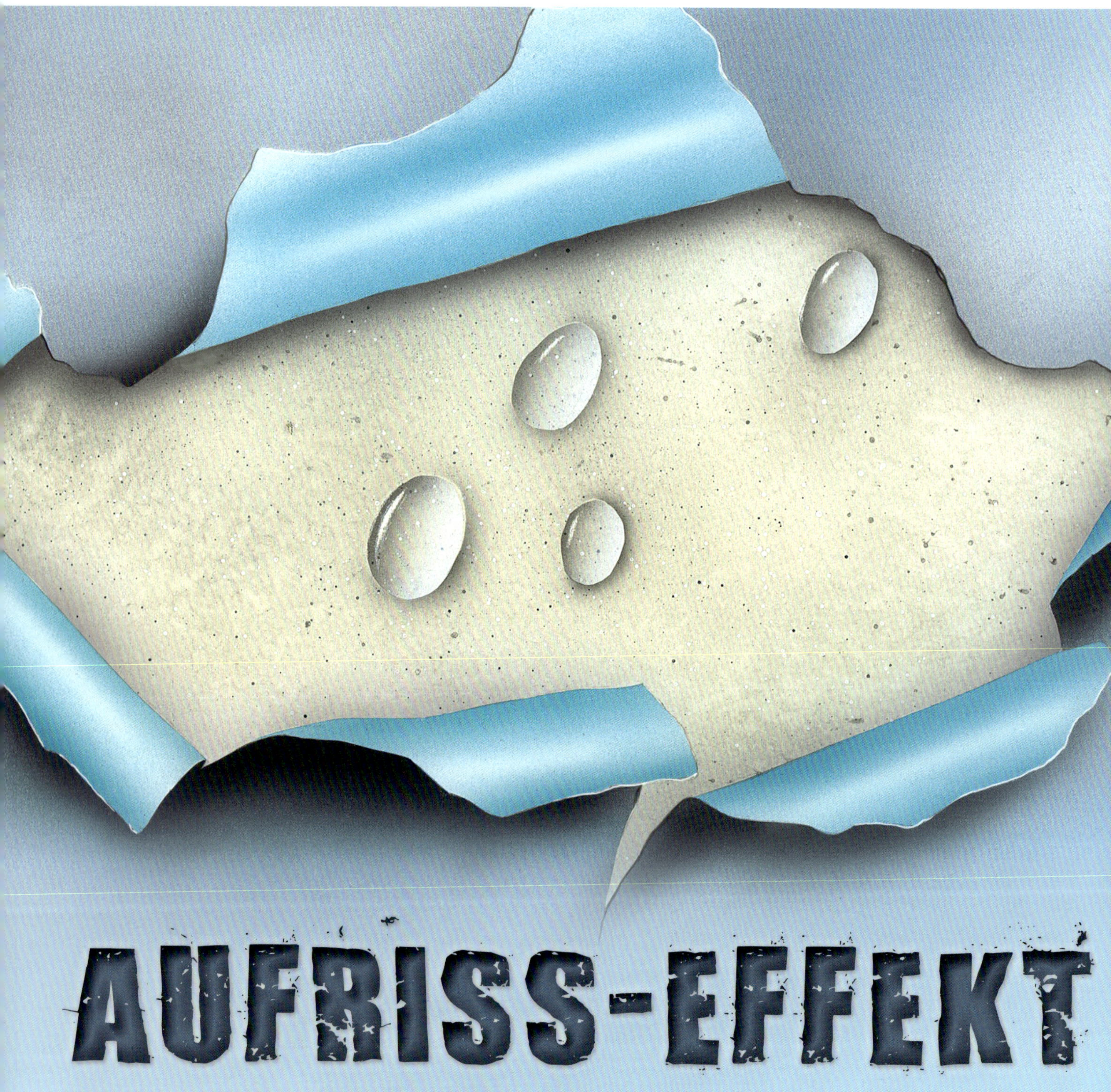

# AUFRISS-EFFEKT

## Maskiertechnik und Oberflächentexturen

Und gleich noch ein Klassiker: Aufriss-Effekte lassen sich mit unterschiedlichsten Motiven und Strukturen kombinieren und können auf Motorradtanks, Kotflügeln oder Helmen täuschend echt wirken. Beim Effekt selbst hilft Ihnen eine klebende Maskierung. Für die hier verwendeten Textureffekte Metall, Stein und Wassertropfen zeige ich Ihnen, wie Sie auch als Anfänger in der Airbrush-Trickkiste aus dem Vollen schöpfen können.

### // GRUNDAUSSTATTUNG // Aufriss-Effekt

| | |
|---|---|
| Airbrushpistolen: | Gerät mit 0,2 mm-Düse |
| Farben: | Gelb, Umbra, Schwarz, Weiß, Blau |
| Untergrund: | Reinzeichenkarton |
| Weitere Materialien: | Graphitstift, Bleistift, Radierer, Maskierfilm, Skalpell, Küchentuch, Cleaner |

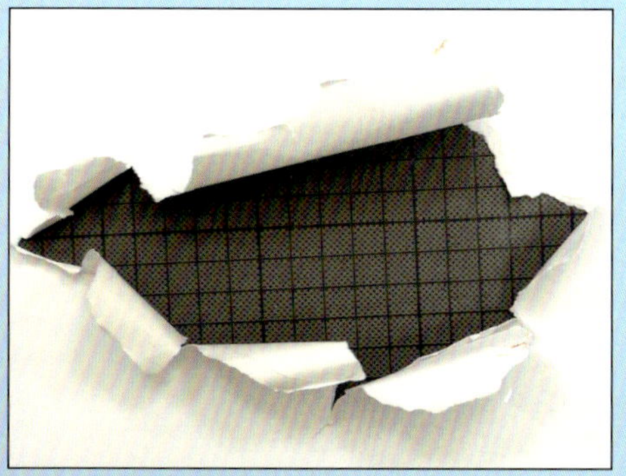

### Schritt 1: Fotovorlagen für Metallaufriss

Um eine eigene geeignete Vorlage für einen Aufrisseffekt zu kreieren, nutzen Sie am besten dünnen Karton. Reißen Sie von der Mitte aus die Fetzen heraus und biegen Sie diese so nach außen, wie es Ihnen am besten gefällt. Mit einer Lichtquelle, die Sie auf den Aufriss richten, erzeugen Sie schöne Schatten. Fotografieren Sie dann Ihre Vorlage direkt von oben oder leicht von der Seite.

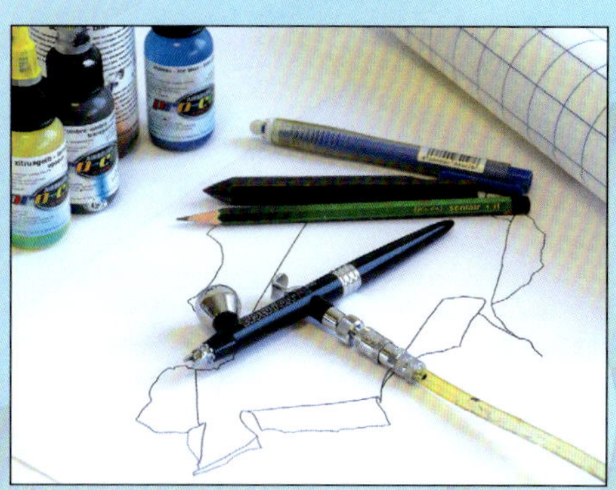

### Schritt 2: Skizzieren

Drucken Sie das Foto aus und fertigen Sie daraus eine Skizze an. Sie können die Konturen entweder mit Tracer, Beamer, Graphitabrieb oder Saralpapier quasi abpausen oder am Computer mit Photoshop und Grafiktablet zeichnen. In diesem Arbeitsschritt haben Sie die Möglichkeit, die Formen zu optimieren und so „hinzubiegen“, wie Sie es benötigen.

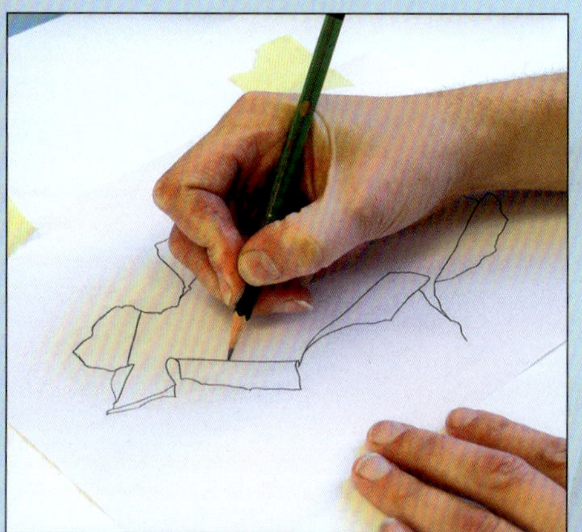

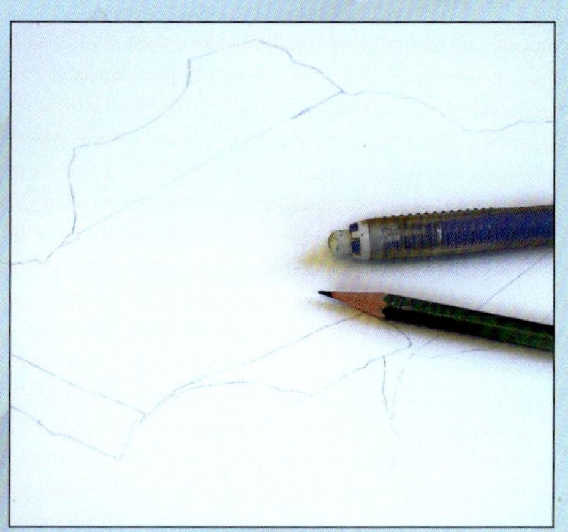

### Schritt 3: Vorlage übertragen

Nun übertragen Sie die Skizze auf Ihren Malgrund. Wenn Sie die Rückseite des Papierbogens mit Graphitstift einstreichen und mit dieser Seite nach unten auf Ihren Malgrund legen, können Sie darauf mit einem harten Bleistift oder Kugelschreiber die Konturlinien abfahren und so einen Abdruck erzeugen. Damit das Papier dabei nicht wegrutscht, befestigen Sie es mit etwas Kreppband.

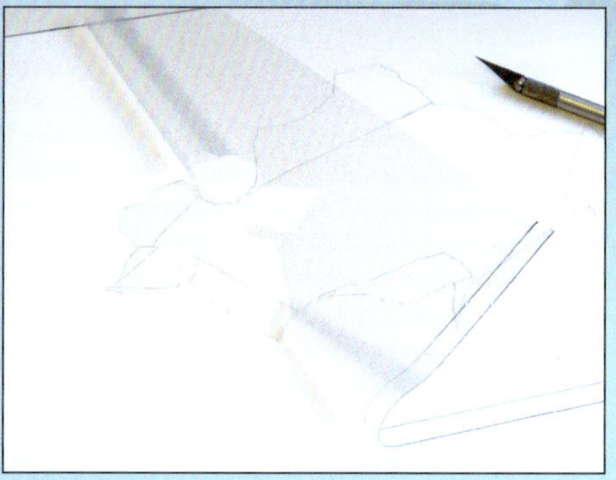

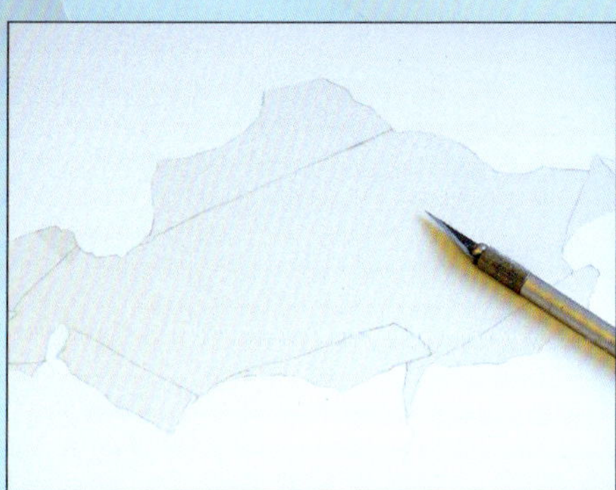

### Schritt 4: Maskieren

Kleben Sie über die Skizze einen Bogen Maskierfilm und schneiden Sie dann mit dem Skalpell den Hintergrund des Motivs aus. Der gesamte Aufriss bleibt somit komplett geschützt.

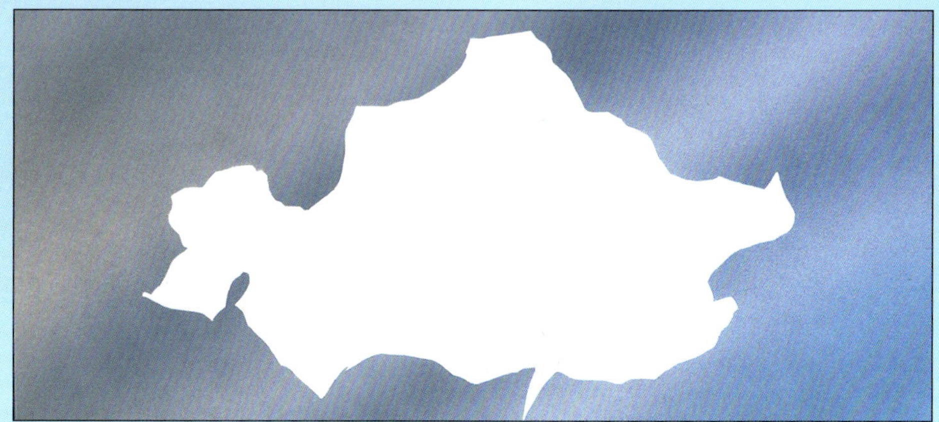

### Schritt 5: Hintergrund

Sprühen Sie dann mit einem Grau, gemischt aus Weiß und ein wenig Schwarz, in breiten Streifen Verläufe in den Hintergrund. Wenn sie aus Versehen etwas zu dunkel geworden sind, können Sie das mit einer zart gesprühten Schicht Weiß wieder korrigieren. Sie können hier natürlich auch Ihre persönliche Wunschfarbe und Struktur auftragen.

### Schritt 6: Schattierungen

Lassen Sie die Maskierung des Aufrisseffekts kleben (zur besseren Visualisierung habe ich für Sie eine neue Folie auf den Aufrissbereich geklebt) und sprühen Sie an deren Rand entlang mit einem transparenten Schwarz die Schattierungen der gebogenen Metallteile. Orientieren Sie sich an der Fotovorlage. Je nach Lichteinfall beim Fotoshooting kann der Schatten variieren. Dann nehmen Sie die Aufrissmaskierung ab und betrachten das Resultat.

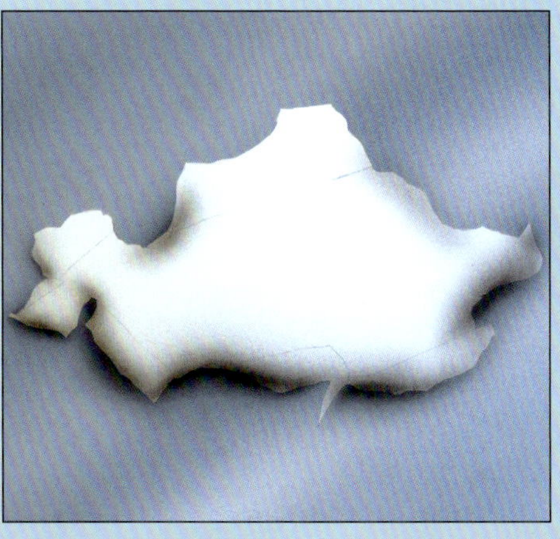

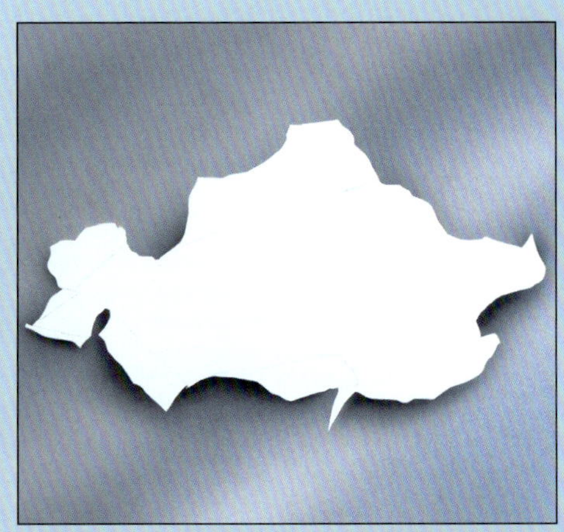

### Schritt 7: Gebogenes Metall

Kleben Sie neuen Maskierfilm über die gesamte Fläche der Illustration und legen Sie die Flächen der nach außen gebogenen Metallteile frei. Liegen Flächen unmittelbar nebeneinander, sollten Sie die Bereiche in mehreren Etappen öffnen und sprühen, damit Sie Overspray vermeiden.

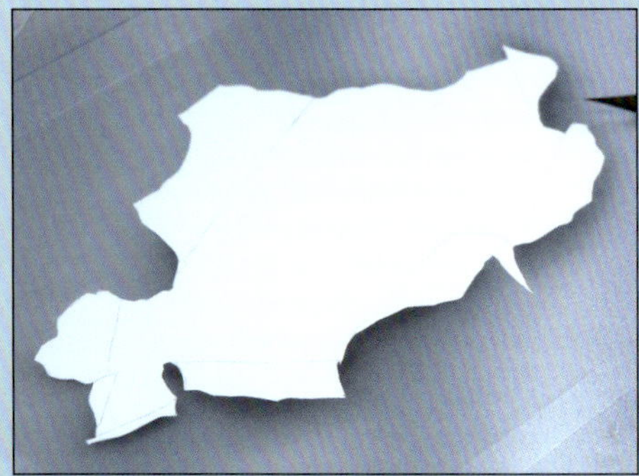

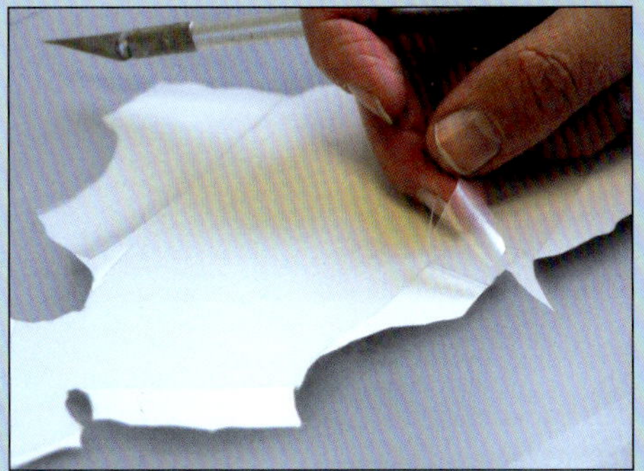

### Schritt 8

Sprühen Sie mit einem Blau Farbverläufe auf die eben freigelegten Teile. Sie können das Blau mit einem Hauch Schwarz kombinieren, je nachdem, welchen optischen Effekt Sie sich wünschen. Wichtig ist, dass Sie an der höchsten gebogenen Stelle noch das Papierweiß als Lichtreflexion durchschimmern lassen oder später mit Weiß noch einmal zurückholen, falls die Fläche zu blau geworden ist. Starten Sie am besten an der Innenkante mit dem blauen Verlauf, lassen dann Weiß offen und sprühen an der Außenkante nochmals linear Blau auf. Orientieren Sie sich auch an ihrem Fotomaterial und experimentieren Sie mit Ihren Farben. Graue Schattierungen können beispielsweise auch sehr gut aussehen.

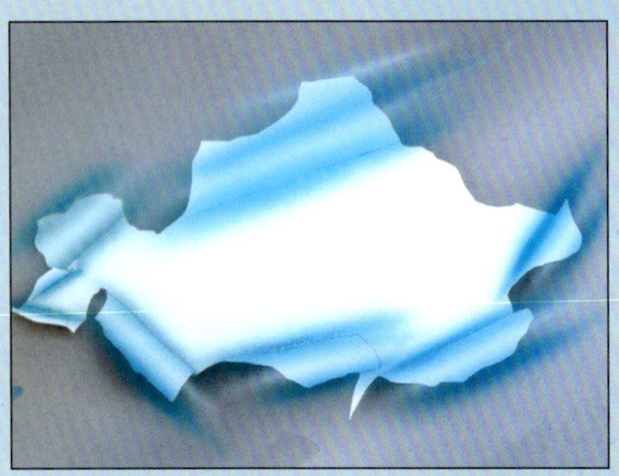

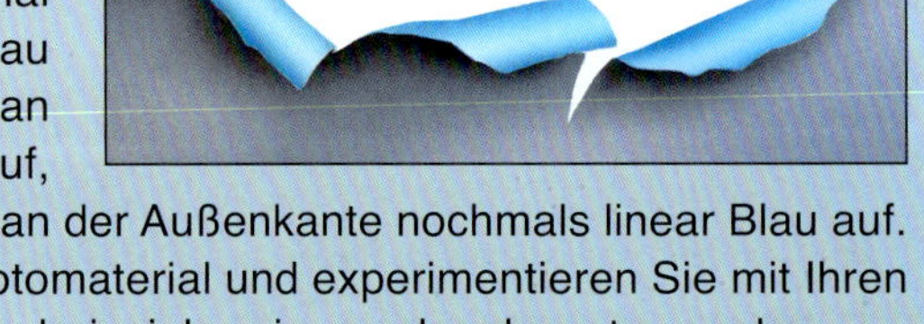

### Schritt 9: Steinstruktur

Maskieren Sie die gesamte Fläche noch einmal, und schneiden Sie nur den inneren Bereich heraus. Um eine einfache Steinstruktur zu erzeugen, sprühen Sie zuerst mit Umbra unregelmäßige Flecken auf. Um eine interessante Struktur zu erzeugen, benutzen Sie ein Tuch, getränkt mit Cleaner oder Isopropylalkohol. Tupfen Sie dann mit dem Tuch auf die Fläche. Der Cleaner löst die Farbe an und hinterlässt eine helle Struktur. Drehen Sie das Tuch in diesem Prozess, um unregelmäßige Strukturen zu erzeugen. Im nächsten Schritt sprenkeln Sie mit Umbra kleine und große Punkte. Dazu knicken Sie den Schlauch fast komplett zu und drücken und ziehen den Airbrush-Hebel mehrmals schnell nach hinten.

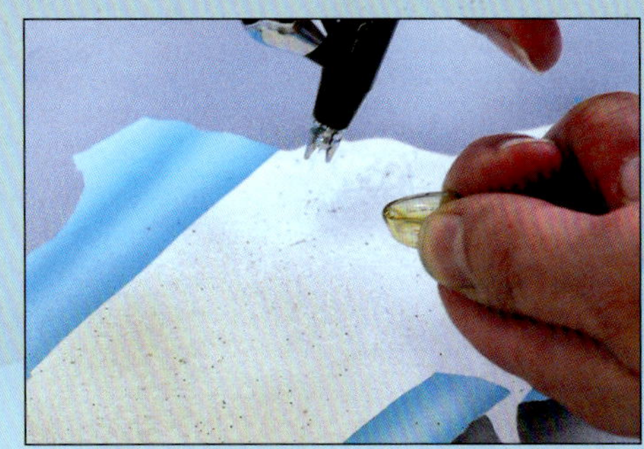

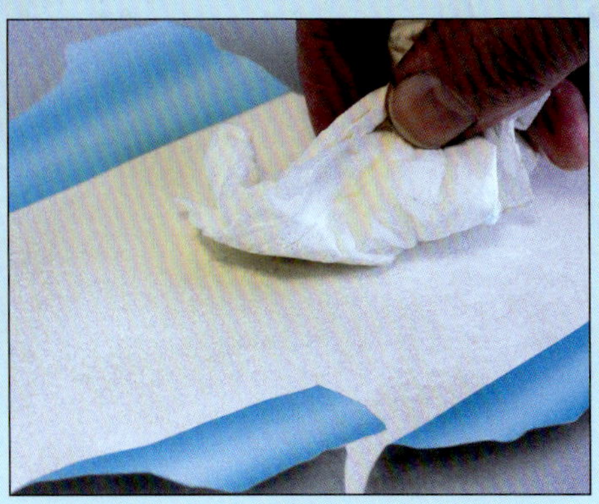

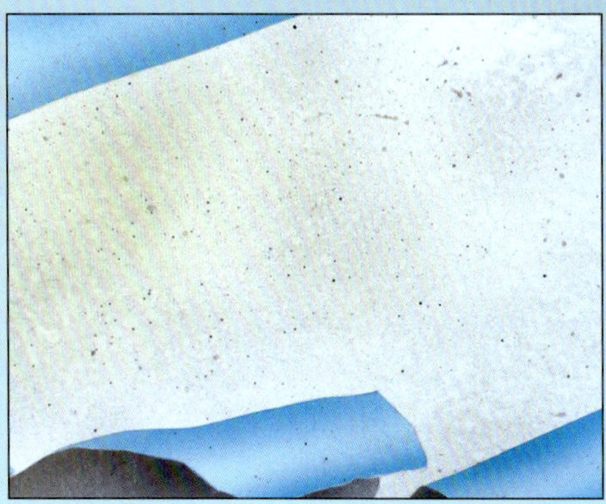

### Schritt 10

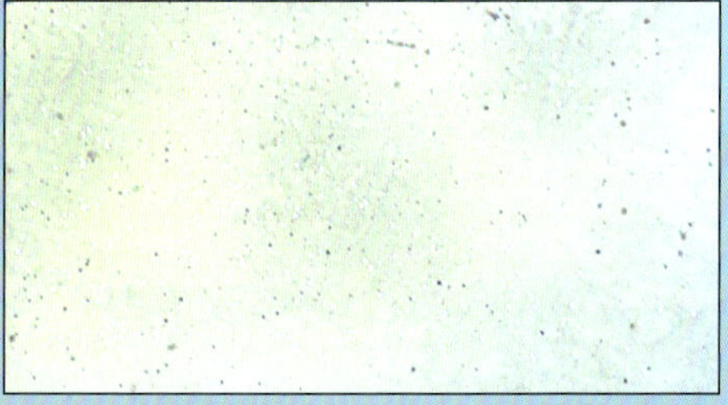

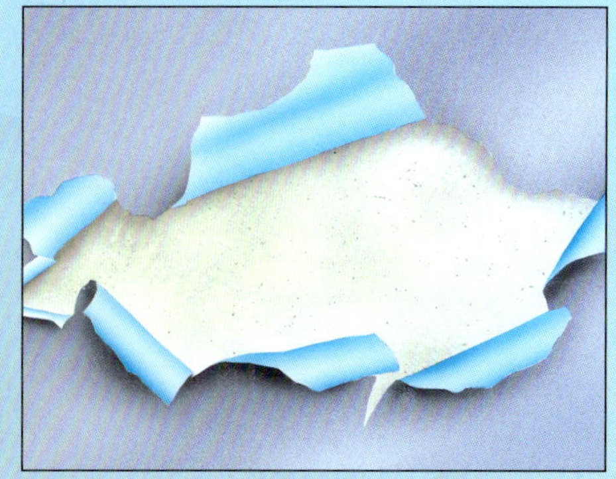

Sprenkeln Sie mit Weiß ebenfalls kleine Punkte auf die Steinfläche, damit diese eine sandige Struktur erhält. Mit wenigen dünnen Schichten Weiß können Sie die Farbigkeit etwas zurücknehmen und alles verbinden. Damit der dreidimensionale Effekt noch besser zur Geltung kommt, sprühen Sie im oberen Innenbereich des Aufrisses vorsichtig eine Schattenkante mit transparentem Schwarz auf. Anschließend können Sie den Maskierfilm entfernen.

### Schritt 11: Wassertropfen

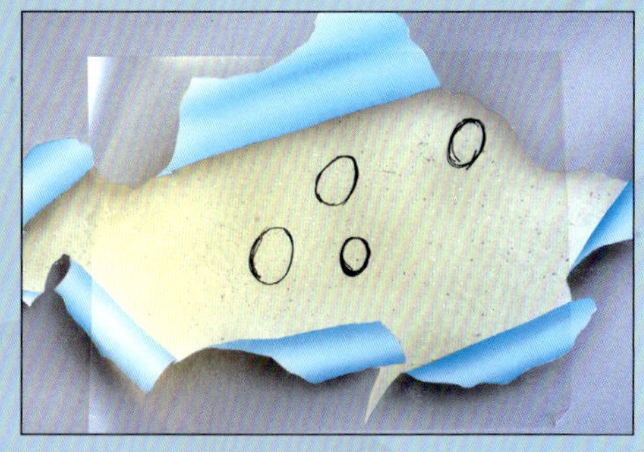

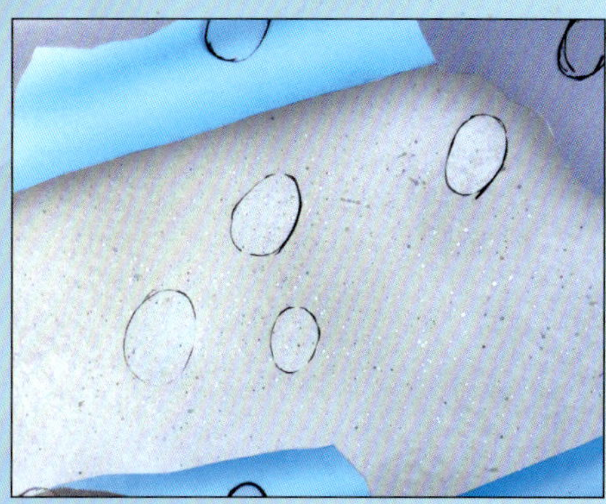

Im nächsten Schritt möchte ich Ihnen noch zeigen, wie Sie Wassertropfen auf der Steinfläche erzeugen. Kleben Sie dazu zunächst ein neues Stück Maskierfilm auf und zeichnen Sie Tropfenkonturen mit einem schwarzen Fineliner auf. Anschließend schneiden Sie mit einer scharfen Skalpellklinge vorsichtig die Form heraus. Die ausgeschnittenen Teilen werden später für den Schatten benötigt und sollten aufgehoben werden.

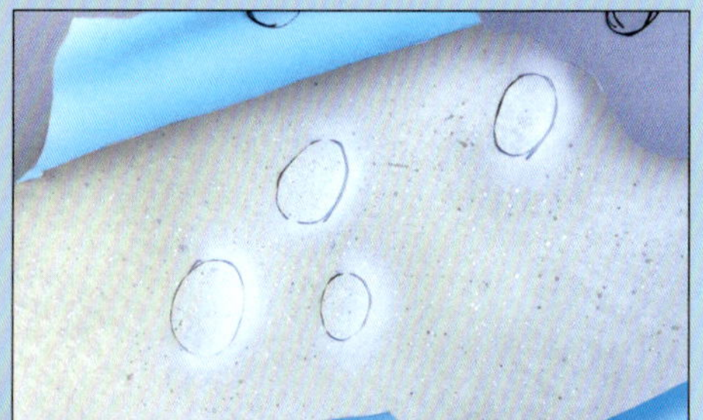

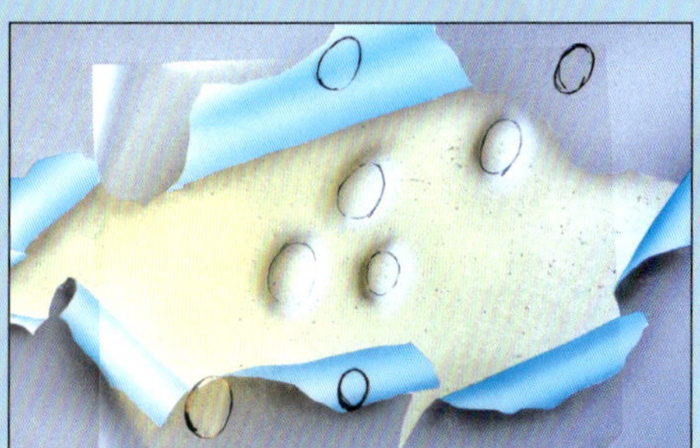

### Schritt 12

Sprühen Sie mit Weiß auf der rechten Seite der Tropfenfläche eine Lichtkante. Wechseln Sie dann zu einem transparenten Schwarz und sprühen Sie auf der linken Seite eine Schattierung. Dann nehmen Sie die Maskierfolie wieder ab.

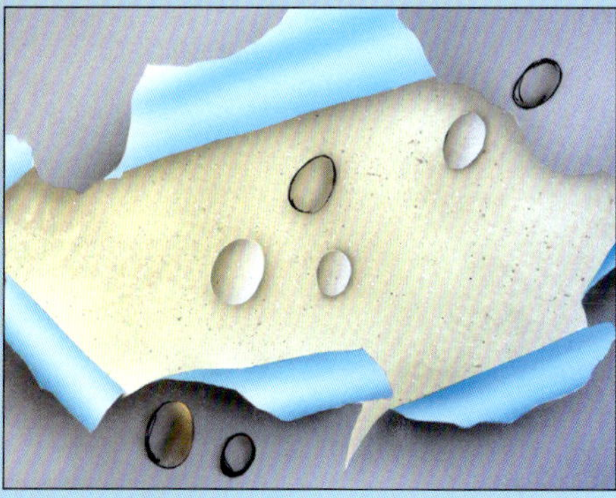

### Schritt 13: Lichtreflexion

Kleben Sie jetzt die zuvor ausgeschnittene Maskierung der Tropfen als Ab-deckung wieder auf und sprühen Sie auf der rechten Seite eine Schattierung. Tipp: Sprühen Sie mehr auf der Maskierfolie, und lassen Sie die Farbe ganz leicht auf die Steinfläche „übertreten“, damit nur ein Hauch der Farbe sichtbar ist. Im Bereich der dunklen Schattierung sprühen, kratzen oder radieren Sie noch einen Glanzpunkt/die Lichtreflexion ein. Damit ist das Werk vollendet.

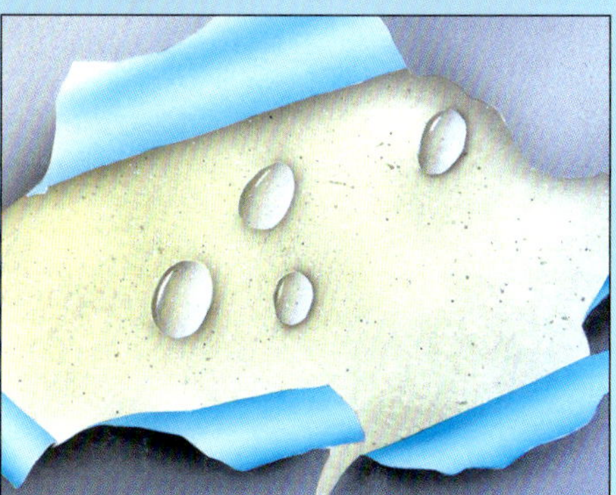

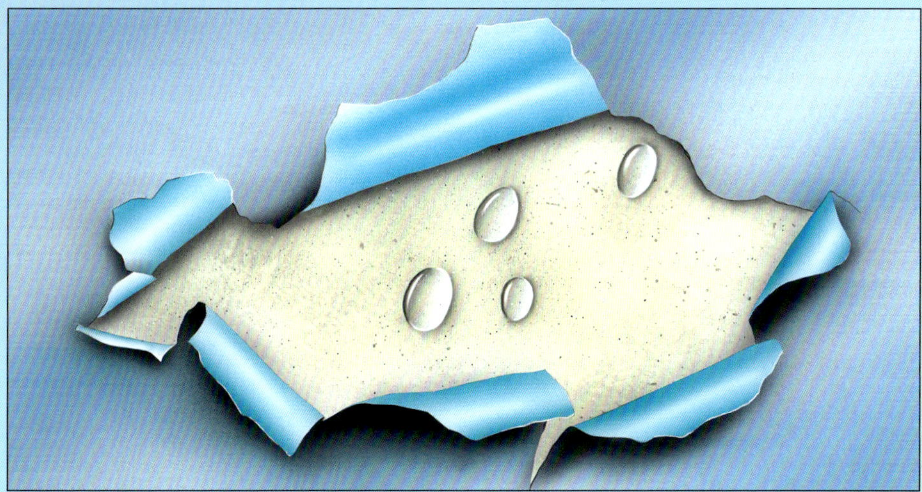

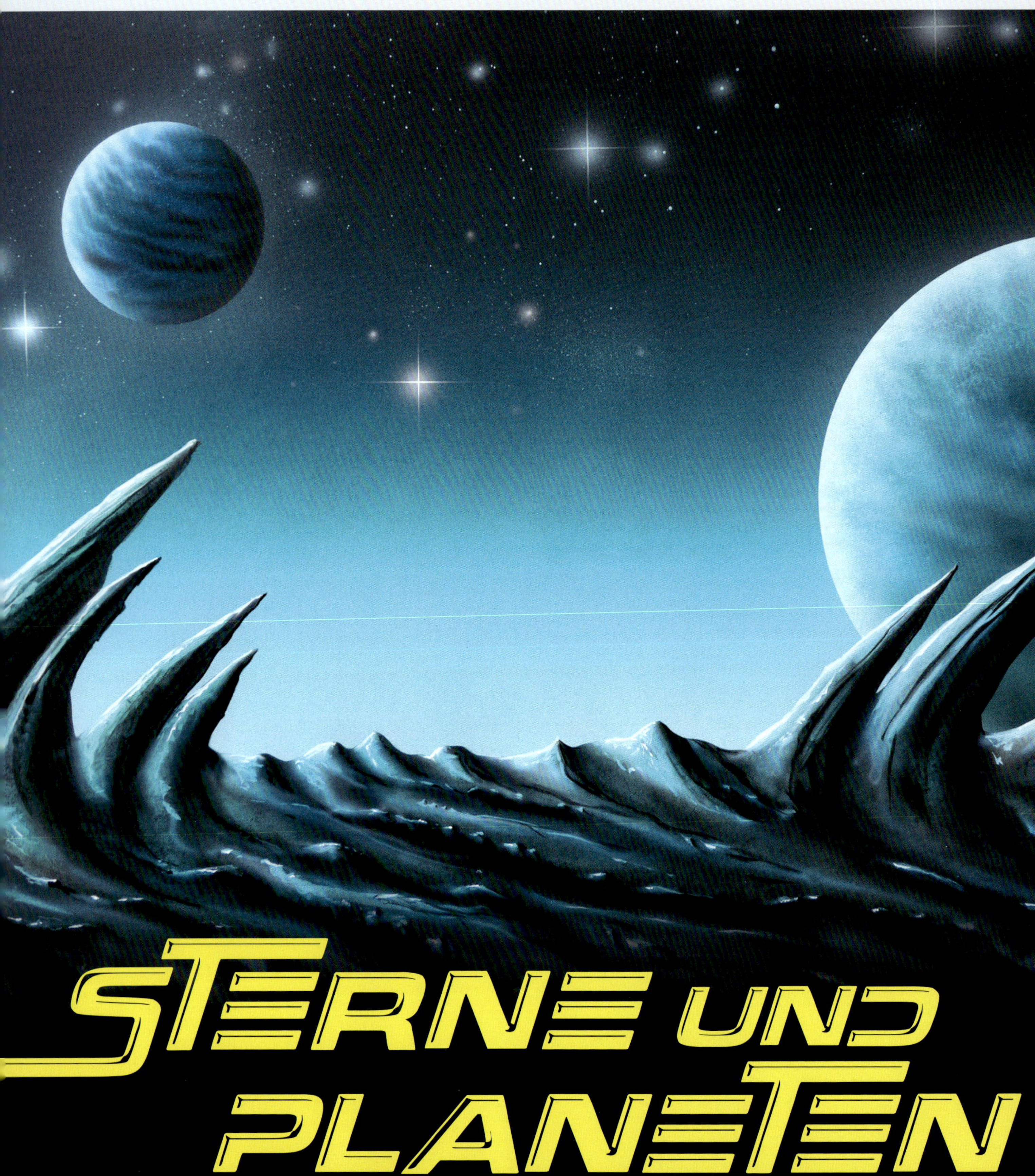

# Sterne und Planeten

## Licht- und Schattengebung

Die Airbrush-Technik ist aufgrund ihrer zarten Farbverläufe und atmosphärischen Tiefen prädestiniert für Weltraum- und Planeten-Illustrationen – denken Sie nur an leuchtende Sterne, galaktische Nebel und die Lichteffekte der Sonne. In diesem Motiv lernen Sie die Bedeutung von Licht und Schatten kennen und wie Sie sie mit der Airbrush-Technik richtig darstellen.

## // GRUNDAUSSTATTUNG // Sterne und Planeten

| | |
|---|---|
| Airbrushpistolen: | Gerät mit 0,2 mm-Düse |
| Farben: | Schwarz, Weiß, Eisblau, Zitrusgelb |
| Untergrund: | Schoellershammer 4G |
| Weitere Materialien: | Skalpell, Maskierfilm, Kreisschneider, Kugelschreiber, Bleistift, Fineliner, feiner Pinsel 3/0, Teller |

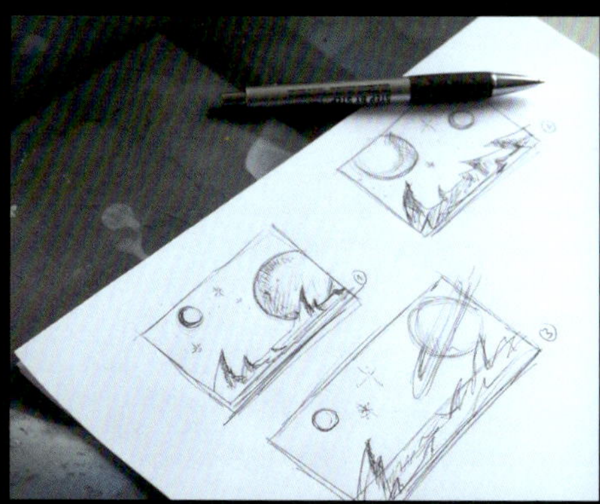

### Schritt 1: Skizze

Die Realisierung einer Idee beginnt sehr häufig mit einer Skizze. Die Aufteilung der anzuordnenden Objekte kann auf diese Weise im Vorfeld schon visualisiert werden. Dabei ist es egal, ob Sie mit dem Bleistift, Fineliner oder dem Kugelschreiber arbeiten. Sogenannte Thumbnails (kleine Vorschaubilder) lassen sich recht zügig aufs Papier bringen und reichen aus, um schnell verschiedene Variationen einer Idee auszuprobieren. Besonders wichtig bei diesem Motiv waren für mich die Kontur der Berge und die Positionierung der Planeten.

### Schritt 2: Farbtests

Haben Sie sich für eine Skizze entschieden, können Sie nun die Farbigkeit des Motivs austesten. Nehmen Sie dafür Marker, Aquarellfarbe oder aber direkt Ihr Airbrush-Gerät. Kleine Freihandschablonen helfen dabei, Teilbereiche zu maskieren. Es ist aber nicht schlimm, wenn ein wenig Overspray entsteht, denn es geht ja nur um einen Probeversuch für Farb-, Licht- und Schattengebung. Mit einem Pinsel können Sie auch schon Highlights setzen oder Strukturen andeuten.

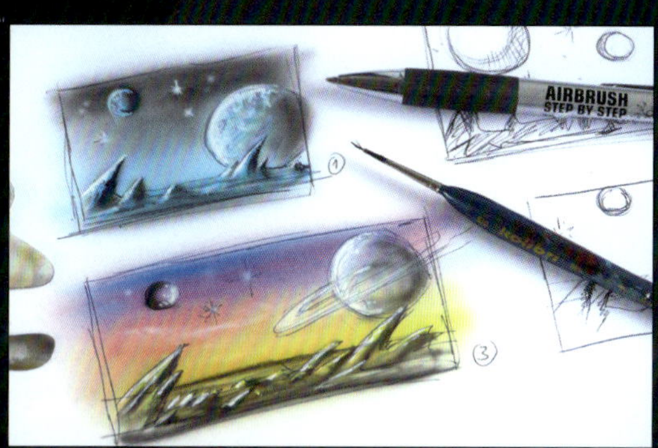


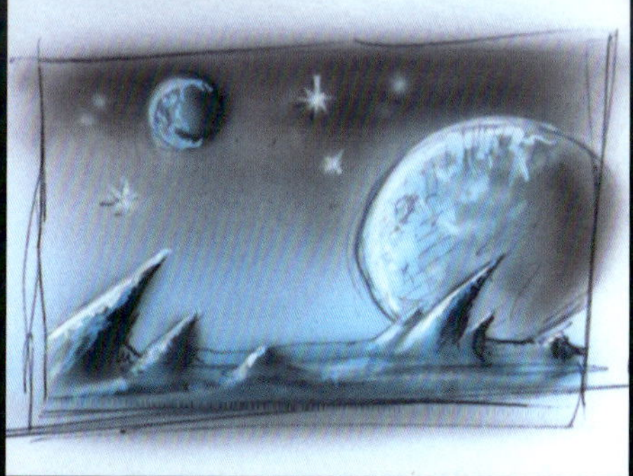

### Schritt 3

Ich entscheide mich für die in Türkis gehaltene Variante des Motivs. Es wird eine monochrome (einfarbige) Landschaft mit spitzen, vom Wind gezeichneten Bergsilhouetten. Wenige Farbtöne wie Schwarz, Weiß, Eisblau und Zitrusgelb reichen daher aus. Das Motiv gestalte ich mithilfe der Maskierfolientechnik, weil die meisten Objekte scharfe Kanten bekommen sollen.

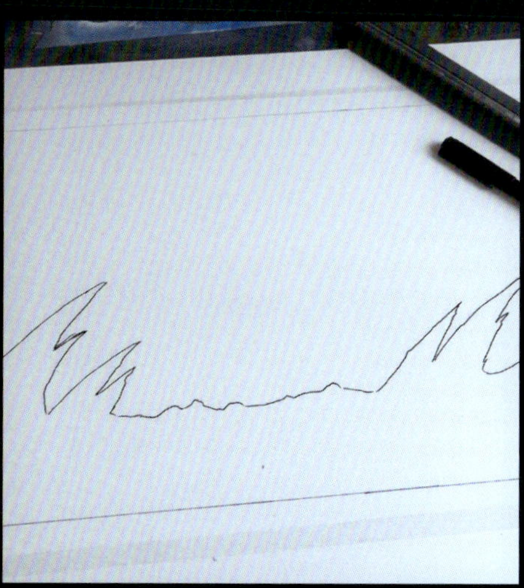

### Schritt 4: Berge maskieren

Mein Malgrund ist ein Schoellershammer Reinzeichenkarton 4G dick und wird komplett mit Maskierfilm bezogen. Soll das Motiv kleiner werden als der Karton (also quasi mit Passepartout), malen Sie zuerst ein Quadrat auf, in dem die Landschaft entstehen soll. Als Nächstes zeichnen Sie die Kontur der Bergsilhouette. Im nächsten Schritt wird der obere Teil des Maskierfilms abgenommen. Nur die Berge bleiben noch beklebt. Später kann der obere Maskierfolienteil noch einmal verwendet werden, daher können Sie diesen zunächst wieder auf die Trägerschicht des Maskierfilms kleben.

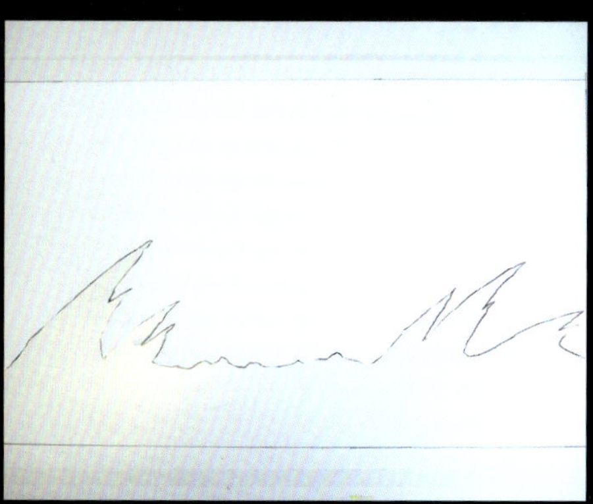

## Schritt 5: Himmel

Starten Sie mit Schwarz für den Farbverlauf im Hintergrund vom oberen Rand aus. Verdünnen Sie Ihre Farbe mit einigen Tropfen Wasser. Dadurch wird die Farbe etwas transparenter und geschmeidiger und sieht später nicht so „pixelig" aus. Lassen Sie das Schwarz im Bereich der Bergspitzen sanft auslaufen.

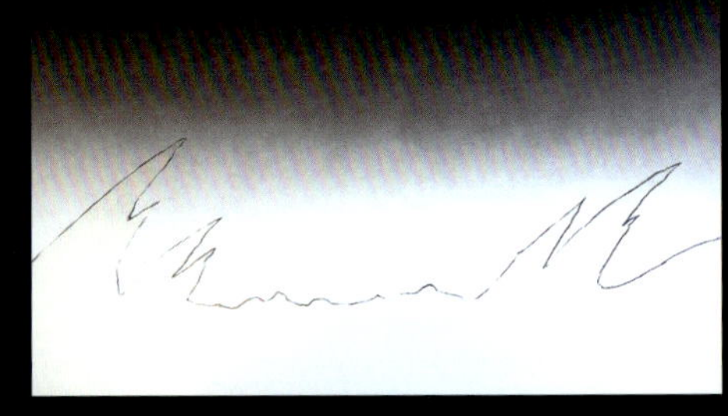

## Schritt 6

Jetzt kommt Farbe dazu. Mischen Sie aus 10 Tropfen Eisblau und 2 Tropfen Zitrusgelb sowie 10 Tropfen Wasser ein transparentes Türkis und sprühen Sie es aus dem noch schwarzen Bereich heraus nach unten hin, so dass sich das Schwarz mit dem Türkis verbindet und ein schöner Verlauf entsteht. Abschließend mischen Sie noch einmal etwas Türkis mit einem großen Anteil Weiß zusammen und sprühen von der Bergsilhouette aus etwas nach oben, um den Farbverlauf noch weicher zu gestalten. Sprühen und korrigieren Sie den Farbverlauf so lange, bis er Ihnen gefällt.

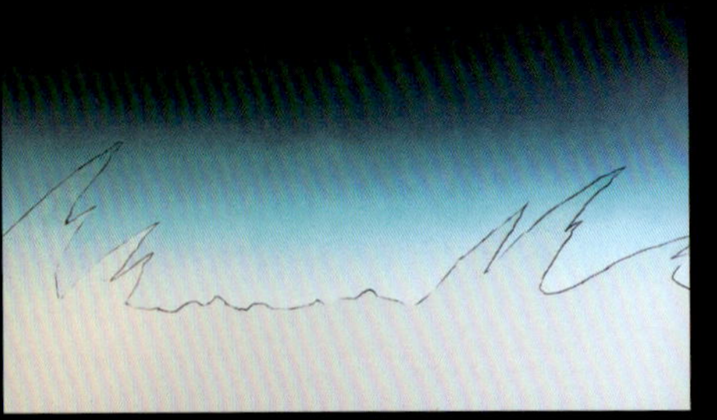

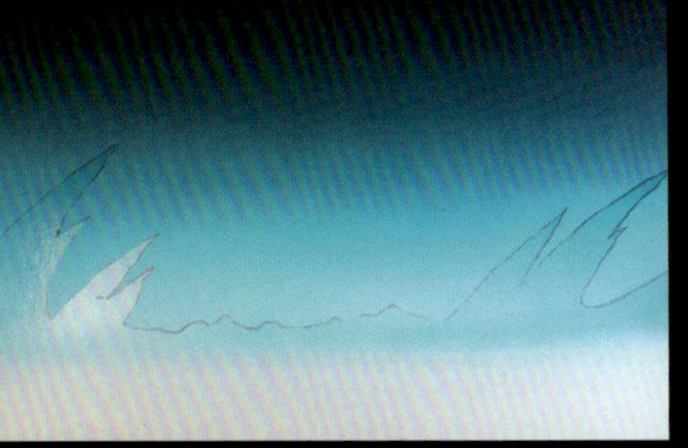

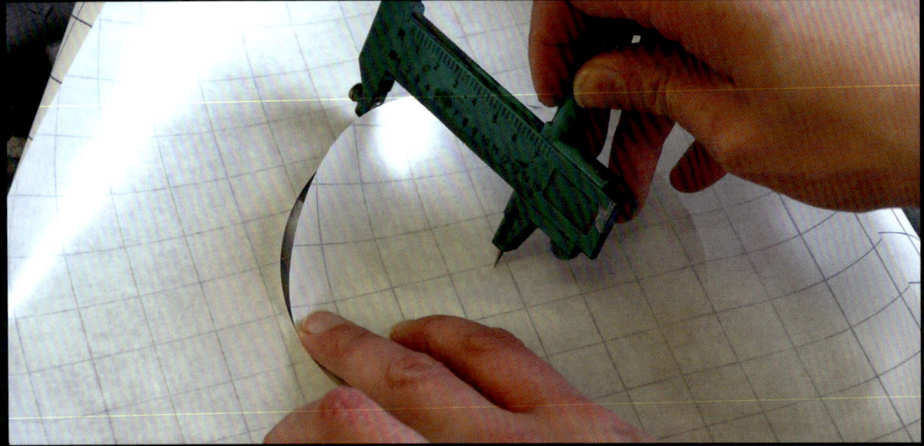

## Schritt 7: Planeten maskieren

Während Sie den eben gesprühten Farbverlauf trocknen lassen, können Sie schon mal einen großen und einen kleinen Kreis aus Maskierfilm ausschneiden, womit Sie die Planeten gestalten werden. Schneiden Sie auf der Maskierfolienseite und nicht auf der Trägerschicht. Das ist für den Kreisschneider einfacher, weil Sie nur eine Schicht durchtrennen müssen.

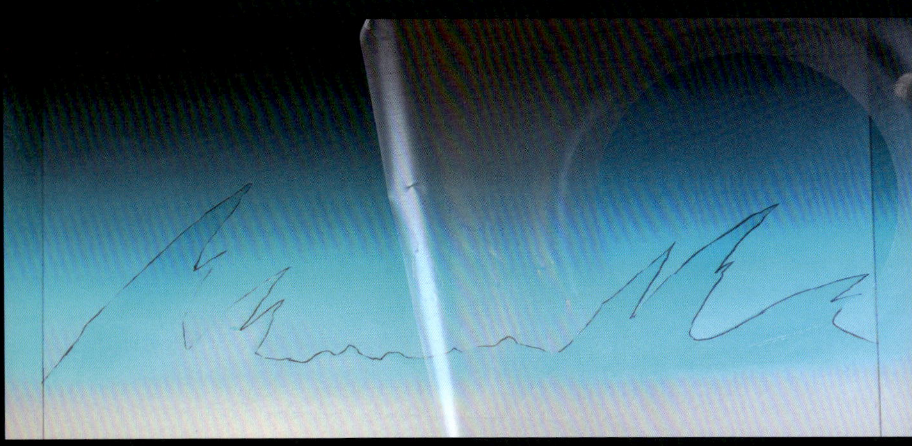

## Schritt 8

Kleben und positionieren Sie nun die äußere Maskierung des großen Planeten auf der rechten Motivseite. Drücken Sie dann die Maskierfolienkante mit dem Finger gut fest, damit keine Farbe unterlaufen kann. Die anderen Bildbereiche schützen Sie mit zusätzlichem Papier vor Overspray.

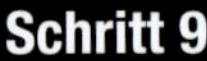

## Schritt 9

Sprühen Sie mit deckendem Weiß die Lichtkante des Planeten auf der linken Seite. Die erste grobe Struktur entsteht ebenfalls in diesem Schritt, indem Sie mit dem Airbrush-Gerät grob gezitterte Linien und wolkenartig etwas Farbe auf der linken Planetenhälfte verteilen.

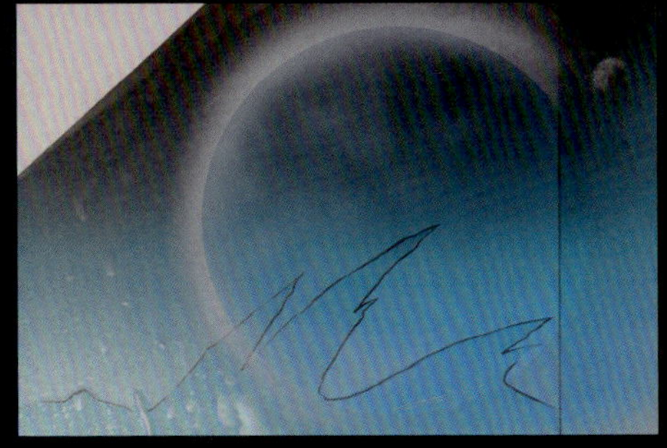

## Schritt 10: Struktur tupfen

Um zusätzliche Strukturen auf dem Planeten sichtbar zu machen, gehen Sie als Nächstes mit der Tupftechnik über den Malgrund. Mit einem zerknautschten Papiertuch oder ähnlichem und deckendem Weiß tupfen Sie vorsichtig Strukturen auf (drehen Sie gleichzeitig immer wieder Ihre Hand, damit es nicht wie gestempelt aussieht).

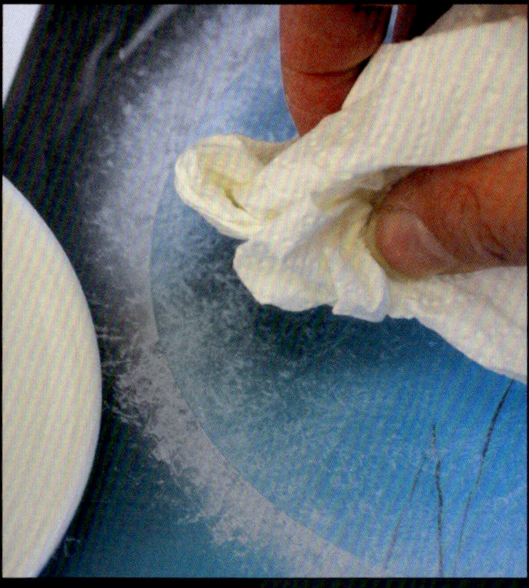

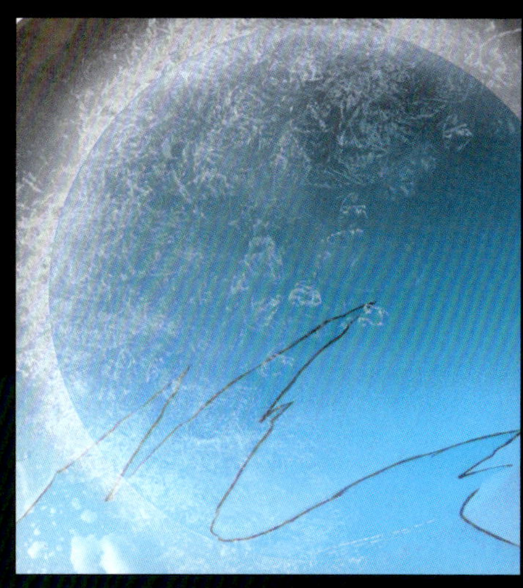

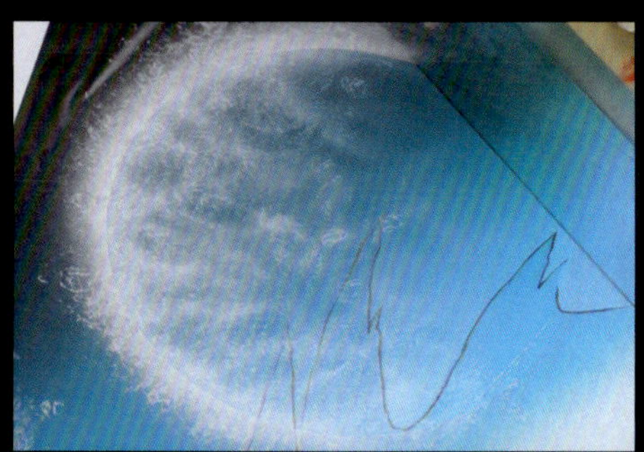

## Schritt 11

Überarbeiten Sie nun die getupften Strukturen mit dem Airbrush-Gerät und Weiß. Sprühen Sie zusätzliche grobe gezitterte Linien auf und verbinden Sie damit die getupften Elemente, sodass dieser Bereich „atmosphärischer“ wirkt.

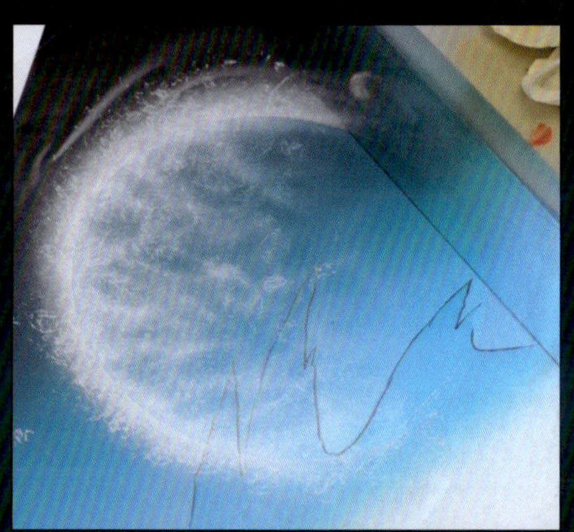

## Schritt 12: Planet schattieren

Um den Planeten fertigzustellen, sprühen Sie mit transparentem Schwarz (1:1-Mischung mit Wasser) die rechte Seite des Planeten dunkel und zittern Sie zusätzlich atmosphärische Wolken hinein. Achten Sie darauf, dass Sie die dunklen Linien nicht komplett bis zum linken Rand durchziehen, da dies optisch evtl. etwas vom kugeligen Charakter wegnimmt. Sprühen Sie anschließend noch transparentes Türkis über die Strukturen, damit der Planet noch eine Färbung bekommt. Ganz zum Schluss sprühen Sie bei Bedarf mit Weiß noch einmal die Lichtkante links am Planeten nach, weil dies die hellste Stelle im Planeten bleiben soll. Hier sehen Sie den Zwischenstand des Motivs, nachdem die Maskierfolie des ersten Planeten abgezogen wurde. Wie Sie sehen, sind die Berge im unteren Bereich immer noch maskiert.

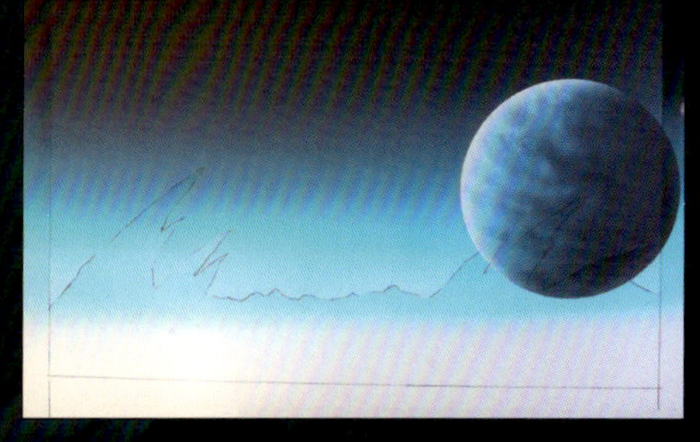

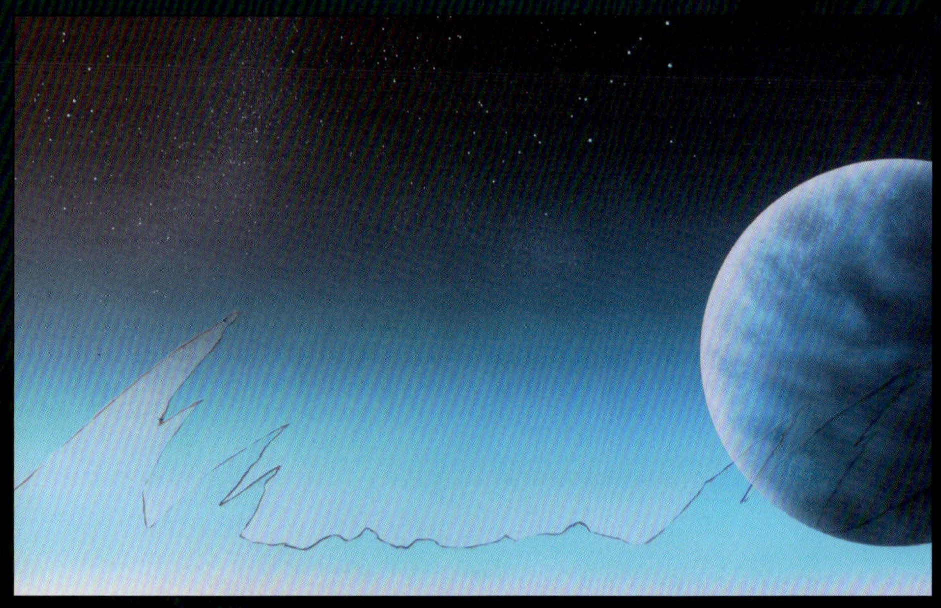

## Schritt 13: Sterne sprenkeln

Bevor nun der zweite Planet im Motiv entsteht, sprenkeln Sie weiße Punkte für weit entfernte Sterne in den oberen Bildbereich. Für das Sprenkeln gibt es verschiedene Methoden (z. B. Zahnbürste, Luftreduzierer, Sprenkelkappen). Ich habe die Schlauch-abknick-Technik verwendet. Dazu knicken Sie den Schlauch an Ihrer Pistole ab und drücken den Airbrush-Hebel nach hinten durch. Um immer ein wenig Luft zum Sprenkeln in das Gerät zu lassen, öffnen und schließen Sie den Schlauchknick durch Pumpen. Etwas weißen Nebel sprühen Sie zusätzlich in dem Bereich auf, wo der zweite Planet entstehen soll.

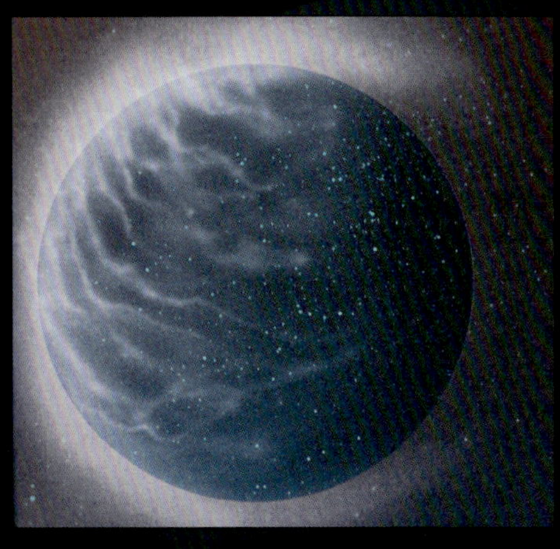

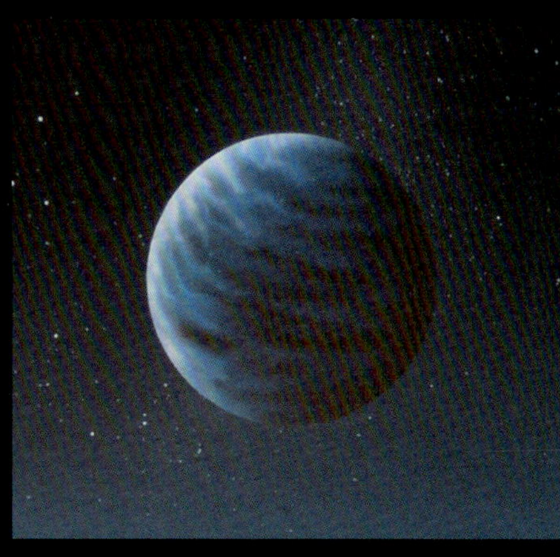

### Schritt 14: Zweiter Planet

Sprühen Sie den zweiten Planeten in der Reihenfolge der einzelnen Arbeitsschritte ähnlich wie den ersten. Natürlich können Sie diesen auch nach eigenen Wünschen gestalten. Ich habe hier auf die Tupftechnik verzichtet und nur die Strukturen mit dem Airbrush-Gerät leicht gebogen aufgezittert (Bild links). Danach habe ich ebenfalls mit Schwarz von der rechten Seite her gearbeitet und einzelne Bereiche mit Türkis ein wenig eingefärbt.

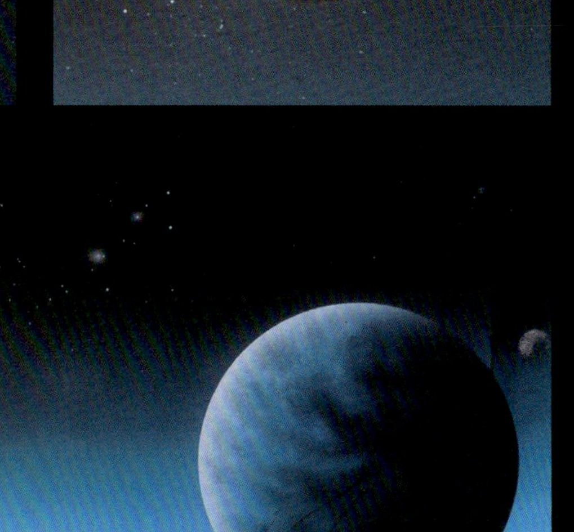

### Schritt 15: Sterne leuchten lassen

Hier sehen Sie den Zwischenstand. Einige Sprühpunkte mit Weiß lassen den einen oder anderen Stern noch etwas mehr leuchten. Um dabei keine Kleckse zu erzeugen, positionieren Sie das Airbrush-Gerät ca. 5 cm komplett senkrecht über dem Malgrund. Drücken Sie dann nur den Hebel erst einmal komplett herunter, damit die Luft fließt. Dann ziehen Sie den Hebel ganz vorsichtig nach hinten, damit nur ganz wenig Farbe aus dem Gerät kommt.

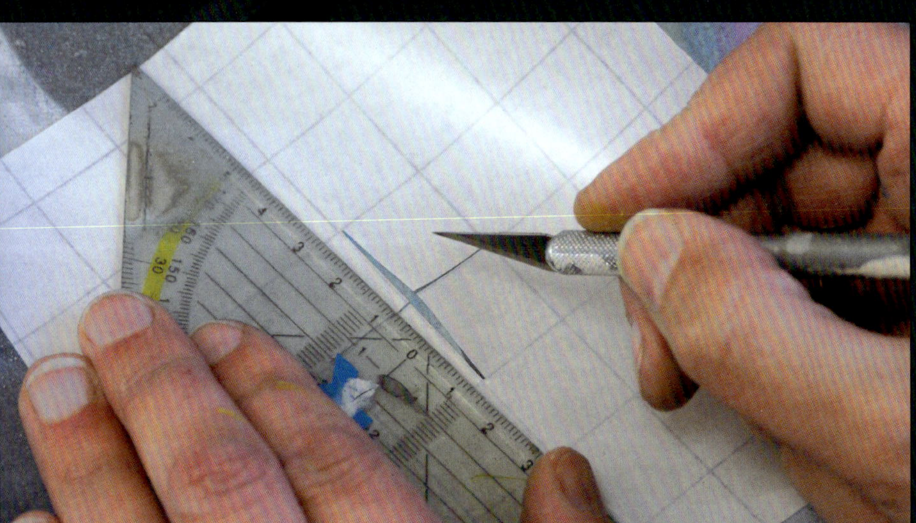

### Schritt 16: Sterne funkeln lassen

In so einem Space-Motiv dürfen ganz hell funkelnde Sterne natürlich nicht fehlen. Es sollten allerdings nicht zu viele sein, aber zwei bis drei können nicht schaden. Schneiden Sie ein ganz dünnes Kreuz mit 1-1,5 mm Durchmesser aus dem Maskierfilm aus. Kleben Sie dann die Maskierung auf den Malgrund und sprühen Sie ganz vorsichtig nur in die Mitte etwas Farbe. Also nicht komplett ausmalen! Die Farbe verläuft dann automatisch in den Rillen durch den weichen Sprührand nach außen, um den Stern darzustellen. Mit einem Sprühpunkt in der Mitte des Kreuzes vervollständigen Sie den Stern.

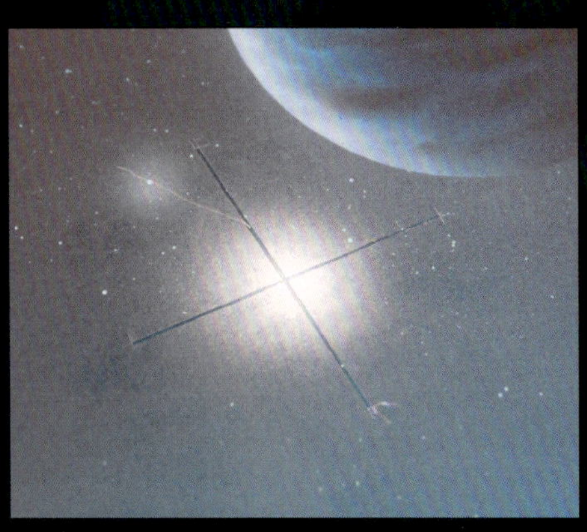

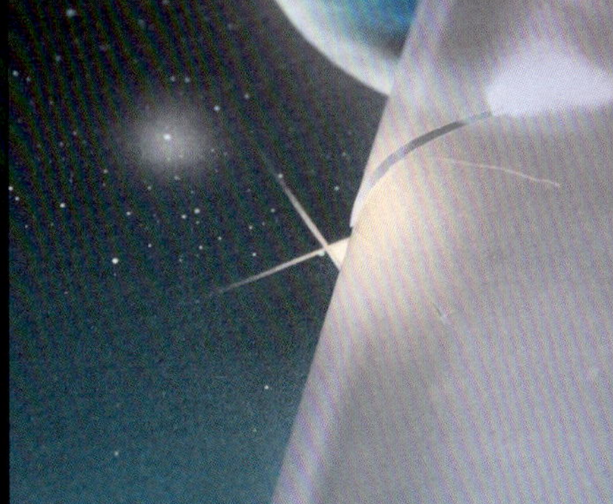

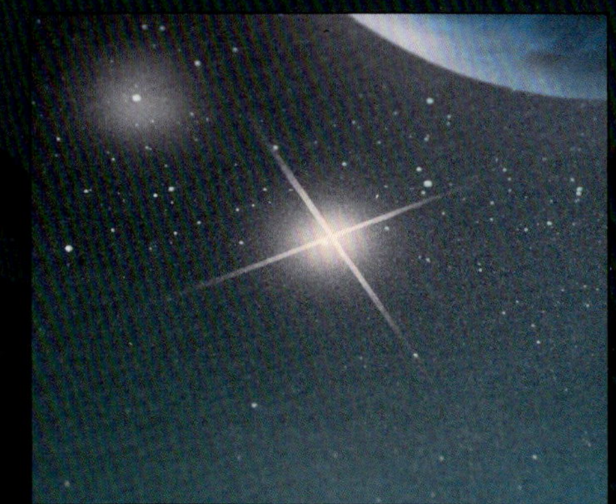

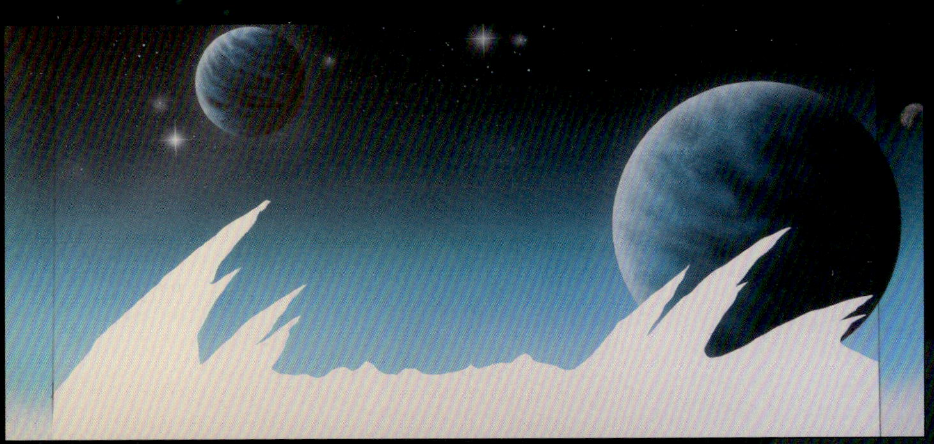

### Schritt 17: Berge schattieren

Ich habe nun die Maskierung der Berge abgezogen und Sie sehen hier den aktuellen Zwischenstand des Motivs. Entweder kleben Sie nun die am Anfang entfernte Maskierung vom Hintergrund wieder auf oder Sie überkleben die komplette Fläche noch einmal mit frischer Folie und schneiden die Berge erneut aus, damit alles gut geschützt ist.

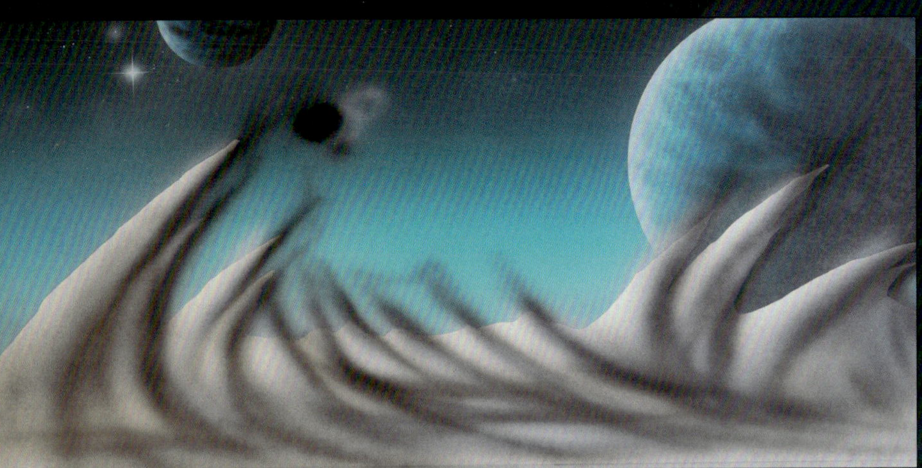

### Schritt 18

Die Berge bekommen nun ihre erste Licht- und Schattengebung, damit sie ihre dreidimensionale Wirkung erhalten. Im Bild können Sie erkennen, wie die rechte Seite der Berge eine Schattierung mit transparentem Schwarz bekommen hat. Die linke Bergseite wird dabei noch vom Papierweiß dominiert. Achten Sie beim Auftrag der Schattierungen darauf, dass sich die Linien der Schatten nicht kreuzen, sondern eher fließend in den Vordergrund verlaufen.

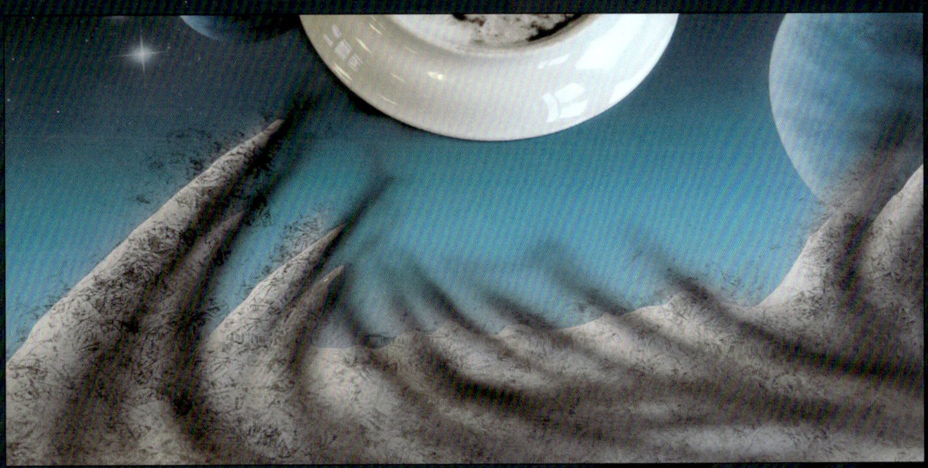

### Schritt 19: Strukturen tupfen

Ähnlich wie bei dem großen Planeten, kann auch die Bergszenerie eine getupfte Struktur erhalten. Diesmal benutzen Sie Schwarz mit Wasser, um die Strukturen aufzubringen.

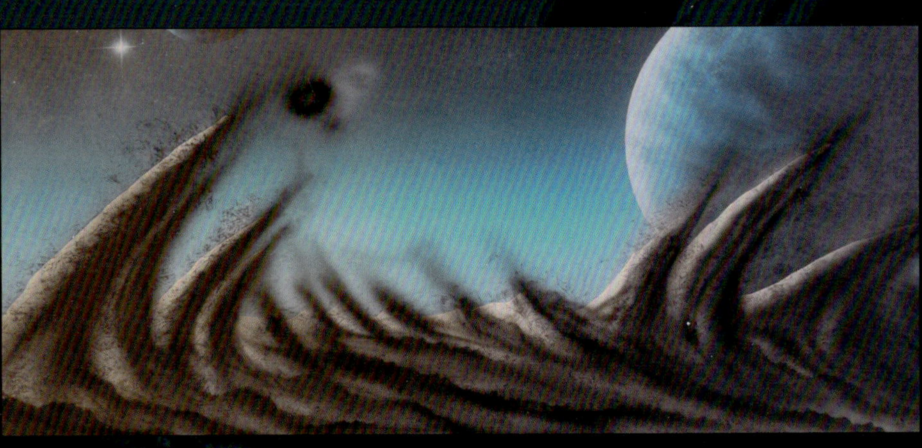

### Schritt 20: Strukturen brushen

Nach dem Tupfen sprühen Sie mit transparentem Schwarz noch einmal über die Strukturen und können mit gezitterten Linien ebenfalls mit dem Airbrush-Gerät noch zusätzliche Risse und Effekte hinzufügen. Mit einer gerissenen Papierschablone erzeugen Sie zusätzliche Hügel in der rauen Planetenlandschaft. Sprühen Sie mit dem transparenten Schwarz einfach an den Kanten entlang und formen Sie

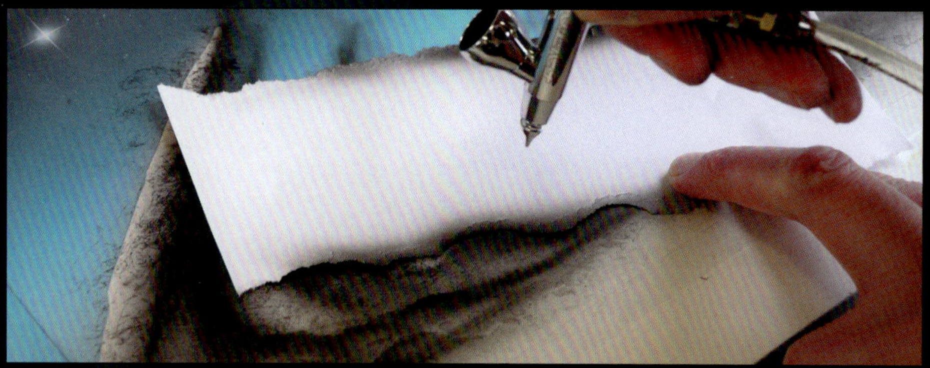

damit weitere Elemente, je nach gerissener Struktur. Dadurch bekommen die großen Berge einen besseren Übergang zum Vordergrund und es entsteht ein räumlicher Eindruck.

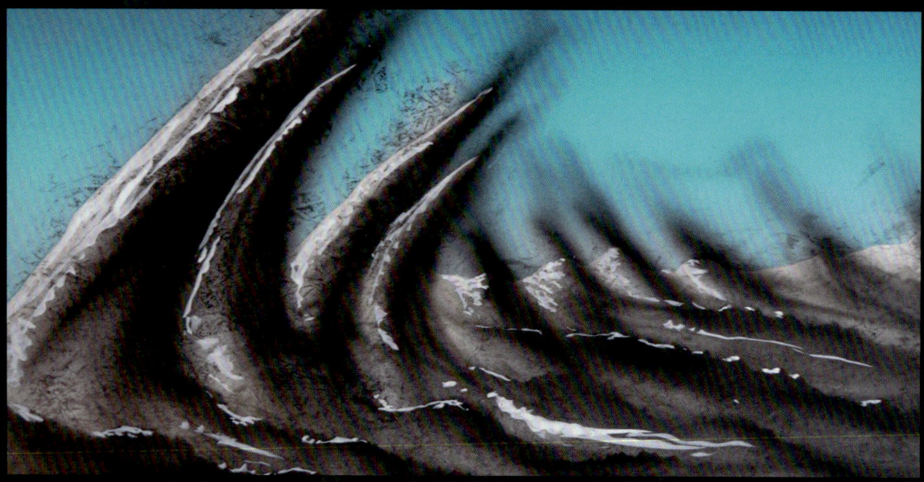

## Schritt 21: Highlights

Mit deckendem Weiß und einem Pinsel malen Sie helle Strukturen und Highlights und können so die Berge noch einmal definieren. Sprühen Sie danach mit Weiß über die Pinselstriche. So verbinden Sie die groben Striche mit dem Hintergrund und können das ein oder andere Detail überarbeiten.

## Schritt 22: Berge einfärben

Färben Sie nun die Berge mit dem transparenten Türkis ein. Sprühen Sie dabei von den dunklen in die hellen Bereiche, damit Sie die ein oder andere Lichtkante im Ursprungszustand belassen. Ziehen Sie anschließend die Maskierung des oberen Bereiches ab.

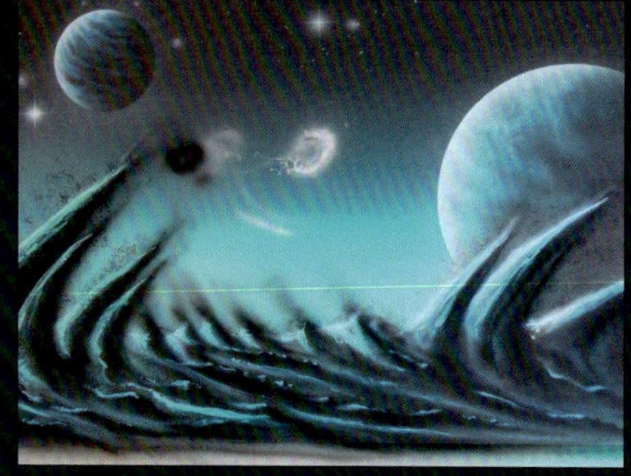

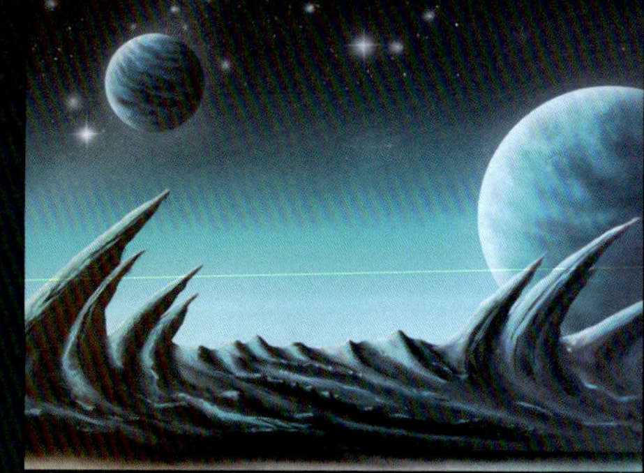

## Schritt 23: Korrigieren und ergänzen

Im letzten Schritt können Sie nun die Lichtkanten der Berge und Hügel optimieren oder Fehler, die durch die Maskierung entstaden sind (z. B. runtergelaufene Farbe), korrigieren. Auf der linken Bergseite nehmen Sie dafür Weiß und auf der rechten Seite Schwarz. Fügen Sie nach Lust und Laune zusätzliche Objekte, Ebenen, Planeten oder Sterne hinzu. Ich wünsche Ihnen viel Spaß beim Nachmachen und Erforschen Ihrer eigenen Weltraumfantasien!

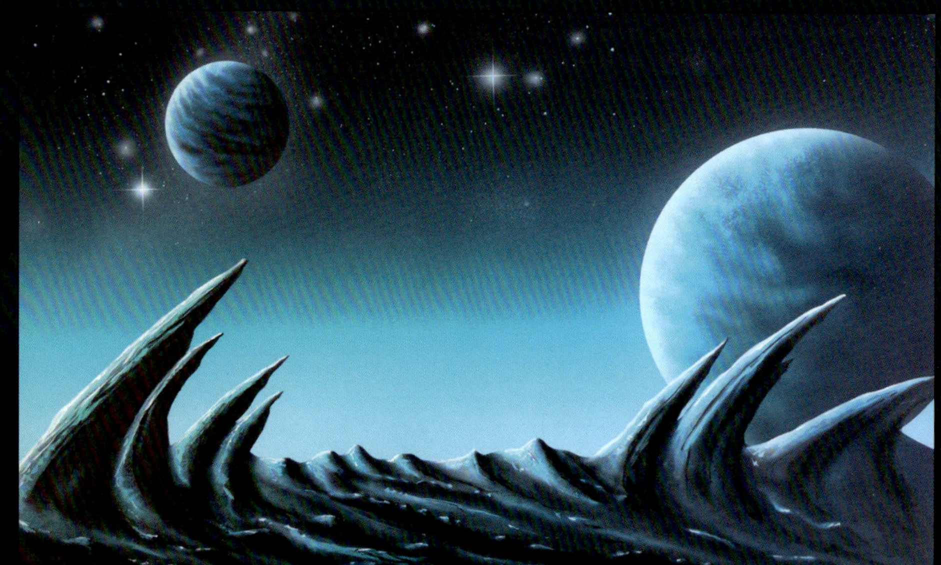

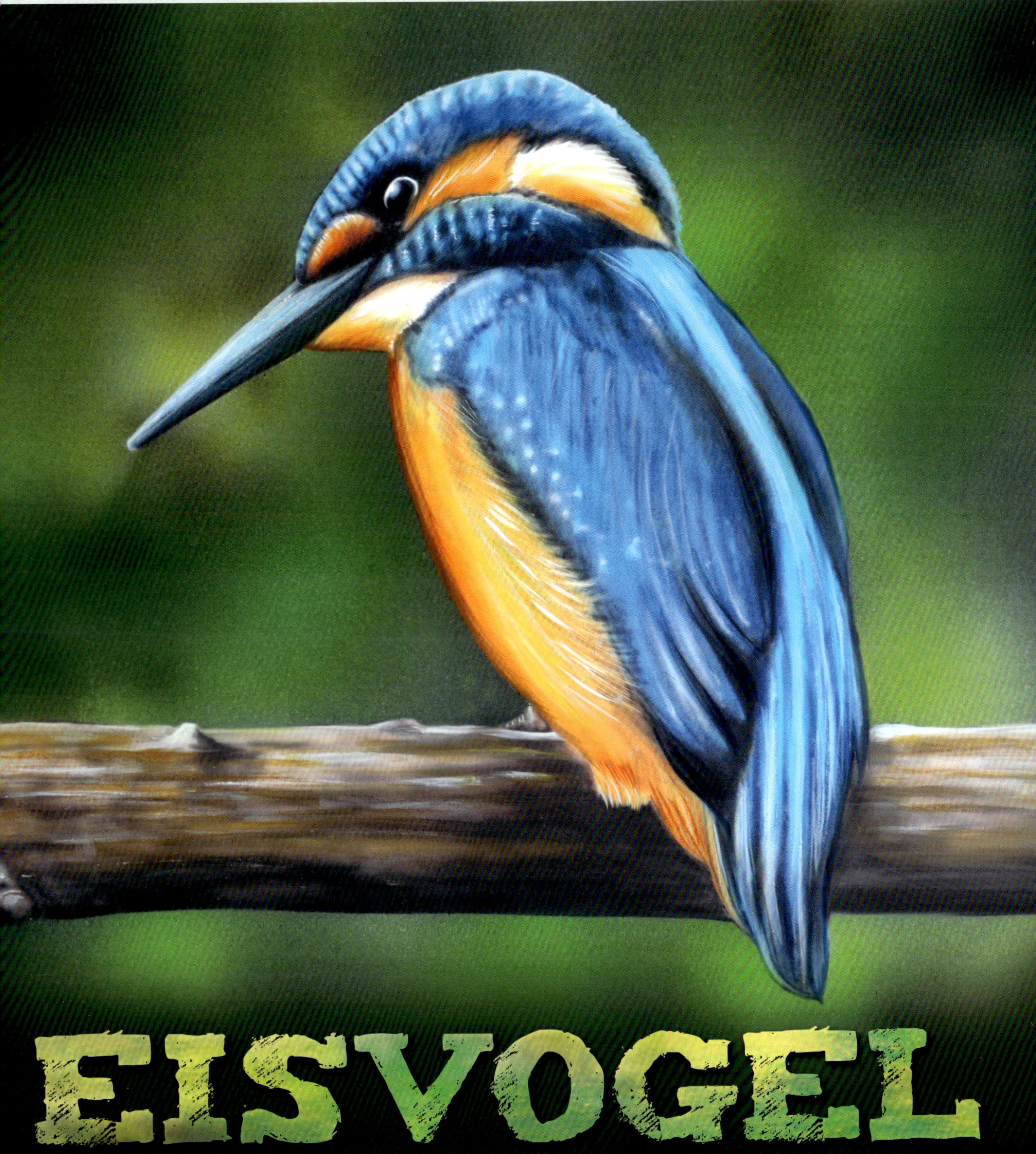

# EISVOGEL

## Freihandtechnik und Federtextur

Bei diesem Motiv handelt es sich erstmals um ein Freihand-Motiv, bei dem kaum Maskierung verwendet wird. Deshalb lässt sich dieses Motiv auch recht schnell umsetzen. Der Eisvogel mit seinem bunten Gefieder steht stellvertretend für jegliche Vogelart, die Sie möglicherweise mal brushen möchten. An diesem Beispiel lernen Sie, wie das bunte Federkleid richtig aufbauen, ihm Fülle und Struktur verleihen.

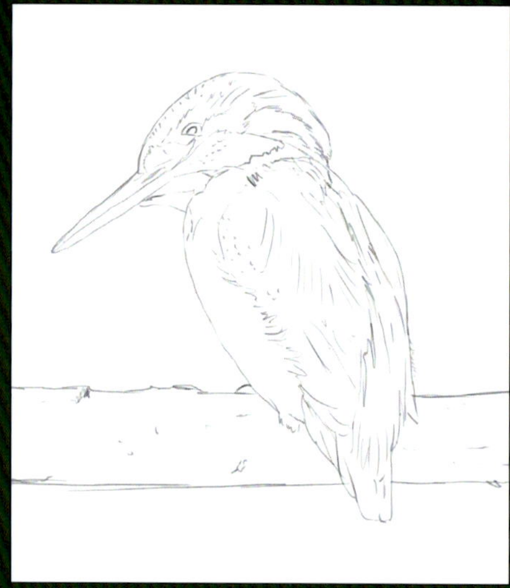

## // GRUNDAUSSTATTUNG // Eisvogel

| | |
|---|---|
| Airbrushpistolen: | Gerät mit 0,2 mm Düse |
| Farben: | Schwarz, Cyan, Gelb, Umbra, Rot, verschiedene Grüntöne |
| Untergrund: | Reinzeichenkarton von Schoellershammer oder Crescent Board DIN A4. |
| Weitere Materialien: | Skalpell, Elektroradierer, Radierstift, Radiergummi, Maskierfolie |

### Schritt 1: Zeichnung erstellen

Erstellen Sie eine Konturzeichnung in dem Sie z. B. eine Fotovorlage auf der Rückseite mit Graphitstift schwärzen und damit die Konturen auf Ihren Reinzeichenkarton durchdrücken.

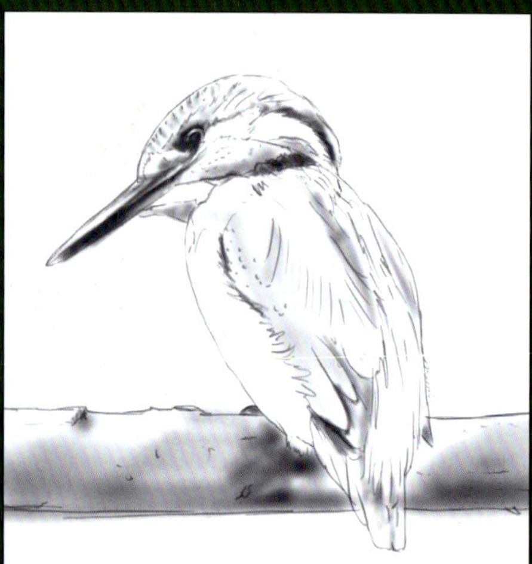

### Schritt 2: Schattieren

Mit Neutralgrau oder mit einem stark verdünnten Schwarz legen Sie als erstes einige Licht- und Schattenbereiche an. Sprühen Sie die Schattierungen am Schnabel, Auge, Gefieder sowie Baumstamm. Achten Sie darauf, dass Sie mit einem Radiergummi die ganz hellen Stellen evtl. von Sprühnebel frei radieren, damit diese nicht zu dunkel werden. Um helle Bereiche am Schnabel oder am Auge herauszuarbeiten, können Sie auch ein Skalpell zum Herauskratzen benutzen. Je nach Winkelstellung des Skalpells können Sie kleine Linien oder etwas breitere Bereiche herausschaben.

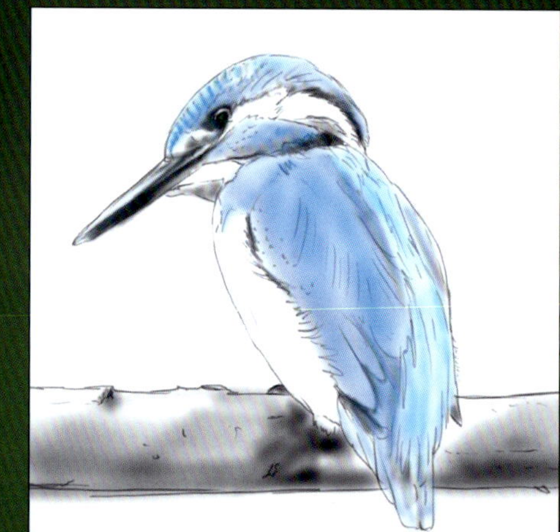

### Schritt 3: Gefieder färben

Nun bekommt der Eisvogel seine erste Farbenpracht. Starten Sie mit einem transparenten Cyan, um das Gefieder einzufärben. Achten Sie darauf, dass kein Overspray in die hellen bzw. andersfarbigen Bereiche des Gefieders kommt. Ggf. radieren Sie die hellen Stellen wieder frei. Mischen Sie zu Ihrem Cyan etwas Schwarz, um die Schattierungen im Gefieder und die Kontur der Federn hervorzuheben. Die Strukturen im Gefieder und am Kopf können Sie mit einem Skalpell und einem Radierstift einarbeiten.

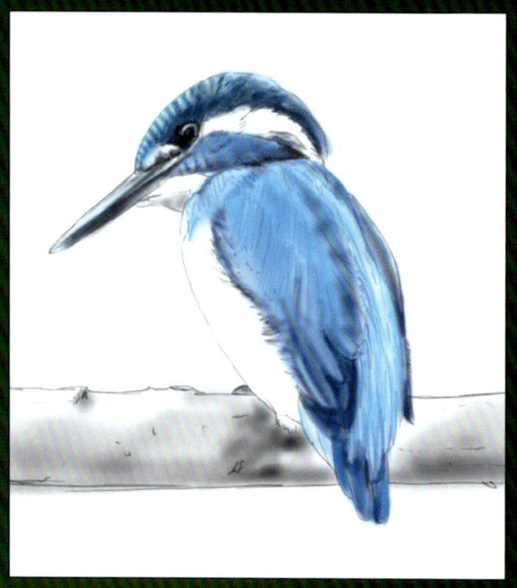

### Schritt 4: Details hinzufügen

Mit der nächsten Bearbeitung und Farbschicht werden noch mehr Details am Eisvogel eingebaut. Im Wesentlichen nutzen Sie transparentes Dunkelblau (Cyan + Schwarz) für Federstrukturen und Schattierungen. Halten Sie das Airbrushgerät steil, um nah am Untergrund und detailliert zu arbeiten. Bei den Strukturen am Kopf können Sie auch leicht zittern, um gebrochene blaue Linien zu erreichen. Mit einem Skalpell und einem Radierstift gelingen Ihnen die hellen Flecken. Beachten Sie die Wuchsrichtung des Gefieders, damit es realistisch wird. Overspray in den hellen Bereichen des Gefieders entfernen Sie wie gehabt mit einem Radierer.

### Schritt 5: Weitere Farben

Mischen Sie Gelb, einen Bruchteil Umbra und Wasser zu einem transparent gelblichbeigen Farbton. Sprühen Sie dann die im Bild sichtbaren Stellen am Bauch und Kopf ein. Beachten Sie, dass an einigen Stellen noch Weiß hervorschauen soll. Evtl. müssen Sie mit dem Radierstift die Stellen wieder vom Farbnebel befreien.

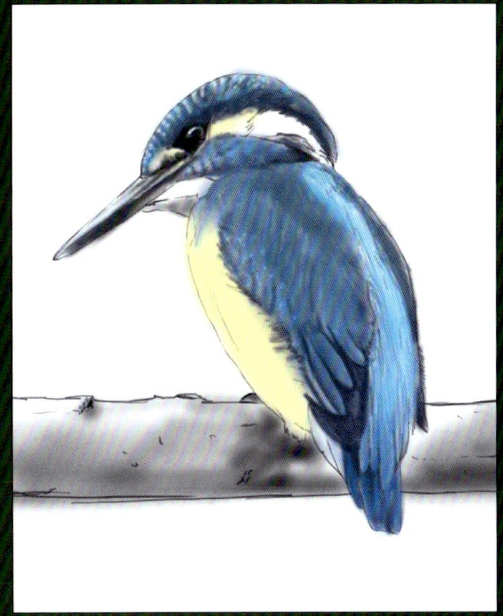

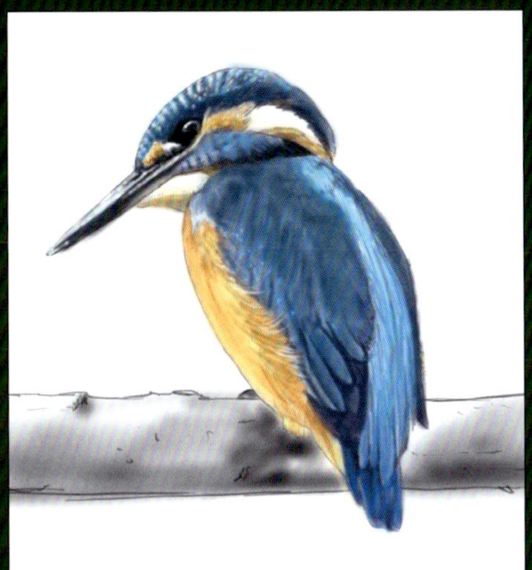

### Schritt 6: Federstruktur kratzen

Für die Schattierungen am Bauch und am Kopf benötigen Sie jetzt einen orangebraunen Farbton. Mischen Sie dafür Gelb mit ein wenig Rot und Umbra sowie ausreichend Wasser. Sprühen Sie am linken Rand des Bauches eine leichte Schattierung und mit dünneren Linien die Gefiederstrukturen am Kopf und an der Bauchseite. Mit einem Skalpell kratzen Sie anschließend in Wuchsrichtung die lichten Gefieder aus. Sind die Lichter zu hell, können Sie sie mit einem transparenten Gelbton wieder übernebeln. In diesem Schritt können Sie auch den Schnabel mit dem Skalpell bearbeiten, um die Lichter und Strukturen zu verdeutlichen. Legen Sie auch die Reflexion am Auge frei, falls Sie dies noch nicht getan haben.

### Schritt 7: Baumstamm

Mit Umbra und etwas Wasser sprühen Sie die Schattierungen am Baumstamm. Gleichzeitig können Sie mit dünneren Linien rindenartige Strukturlinien einsprühen. Mit einem Papiertuch haben Sie die Möglichkeit, weitere Strukturen im Baumstamm zu tupfen. Gehen Sie dabei vorsichtig vor und benutzen Sie ein Umbra-Wassergemisch. Helle Strukturen im Baumstamm können anschließend mit dem Elektroradierer, dem Skalpell oder Radierstift herausgearbeitet werden. Probieren Sie alle drei Möglichkeiten einmal aus. Auch mit Buntstiften können Sie dem Baumstamm weitere Strukturtiefe verleihen.

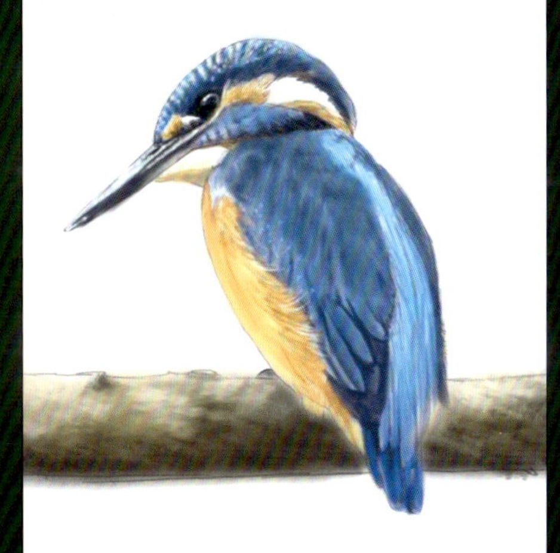

### Schritt 8: Hintergrund

Maskieren Sie den Eisvogel mit Maskierfolie inklusive Baumstamm, um den Hintergrund zu brushen. Alternativ können Sie mit einer losen Schablone den Vogel abdecken. Benutzen Sie dafür einen Bogen Transparentpapier und zeichnen Sie vorher die Konturen durch, bevor Sie den Vogel ausschneiden. Mit einer losen Schablone erreichen Sie einen weicheren Übergang zum Hintergrund als mit einem Maskierfilm. Sprühen Sie den Hintergrund erst mit einem hellen Grünton, gefolgt von immer dunkler werdenden Grüntönen. Sollten nach dem Maskieren kleine Blitzer auftauchen, können Sie diese mit einem Buntstift und feinem Pinsel beseitigen.

# FANTASY-LANDSCHAFT

## Airbrush-Pinsel-Mischtechnik

Airbrush wird nur selten in „Reinform“ eingesetzt, also ohne den Einsatz anderer Malwerkzeuge wie Pinsel, Stifte, Schwämme oder auch Radierer. Erst die Mischtechnik haucht den Bildern Leben ein. Nicht von ungefähr galten reine Airbrush-Bilder früher als kalt und künstlich. Gerade bei Fantasy-Motiven und auch Landschaften können Sie sich mit dem Pinsel richtig austoben und unzählige Details und Strukturen hinzufügen. Die Airbrush dagegen verleiht Ihrem Motiv Tiefe, Atmosphäre und den einen oder anderen Spezialeffekt.

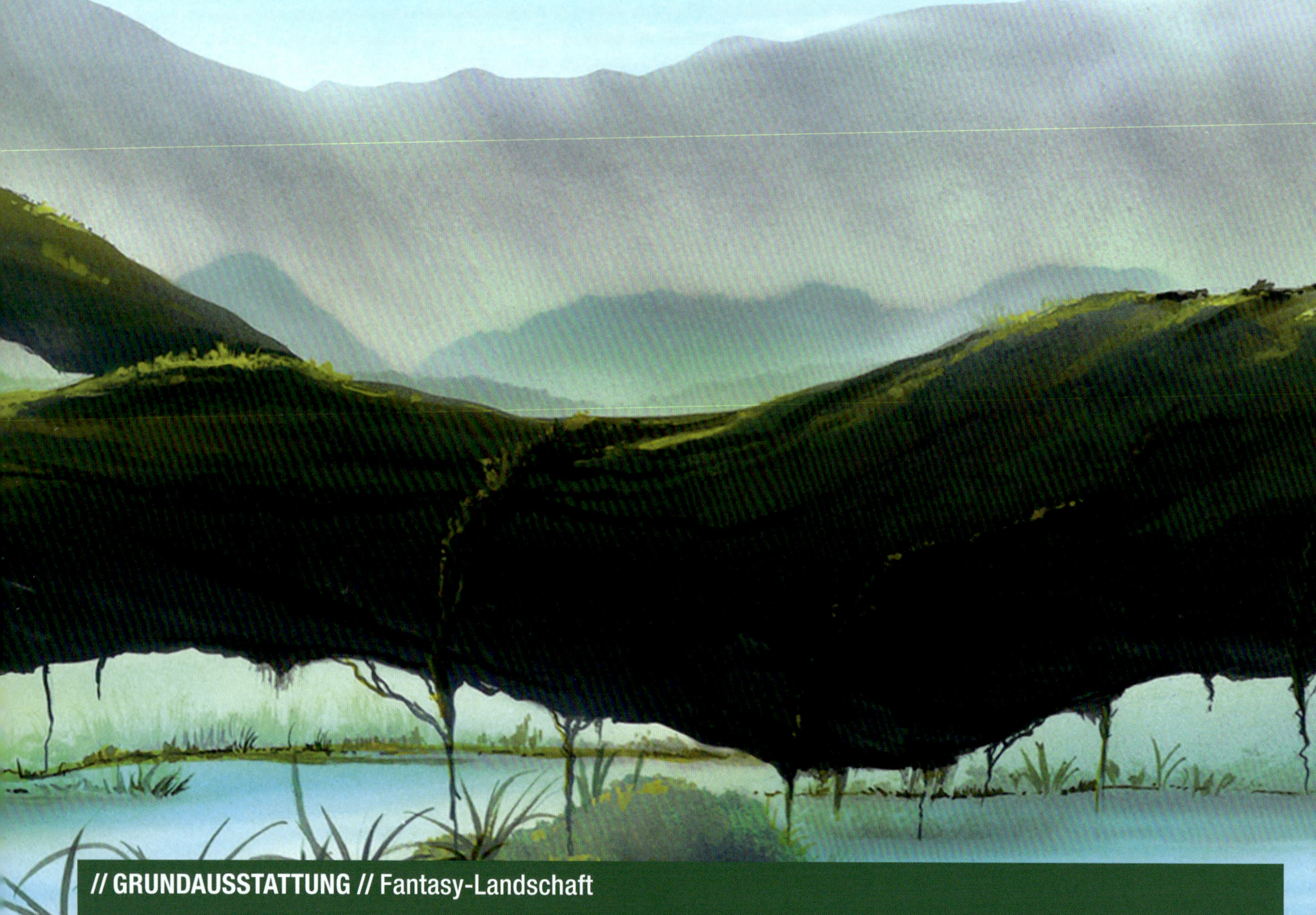

### // GRUNDAUSSTATTUNG // Fantasy-Landschaft

| | |
|---|---|
| Airbrushpistolen: | Gerät mit 0,2 mm Düse |
| Farben: | Eisblau, Zitrusgelb, Schwarz, Weiß |
| Schablonen: | „Space Landscape“ von Harder & Steenbeck |
| Untergrund: | Schoellershammer 4 G dick |
| Weitere Materialien: | Skalpell, Maskierfilm, Filzstift, Bleistift, verschiedene Pinsel, Papiertuch, Teller |

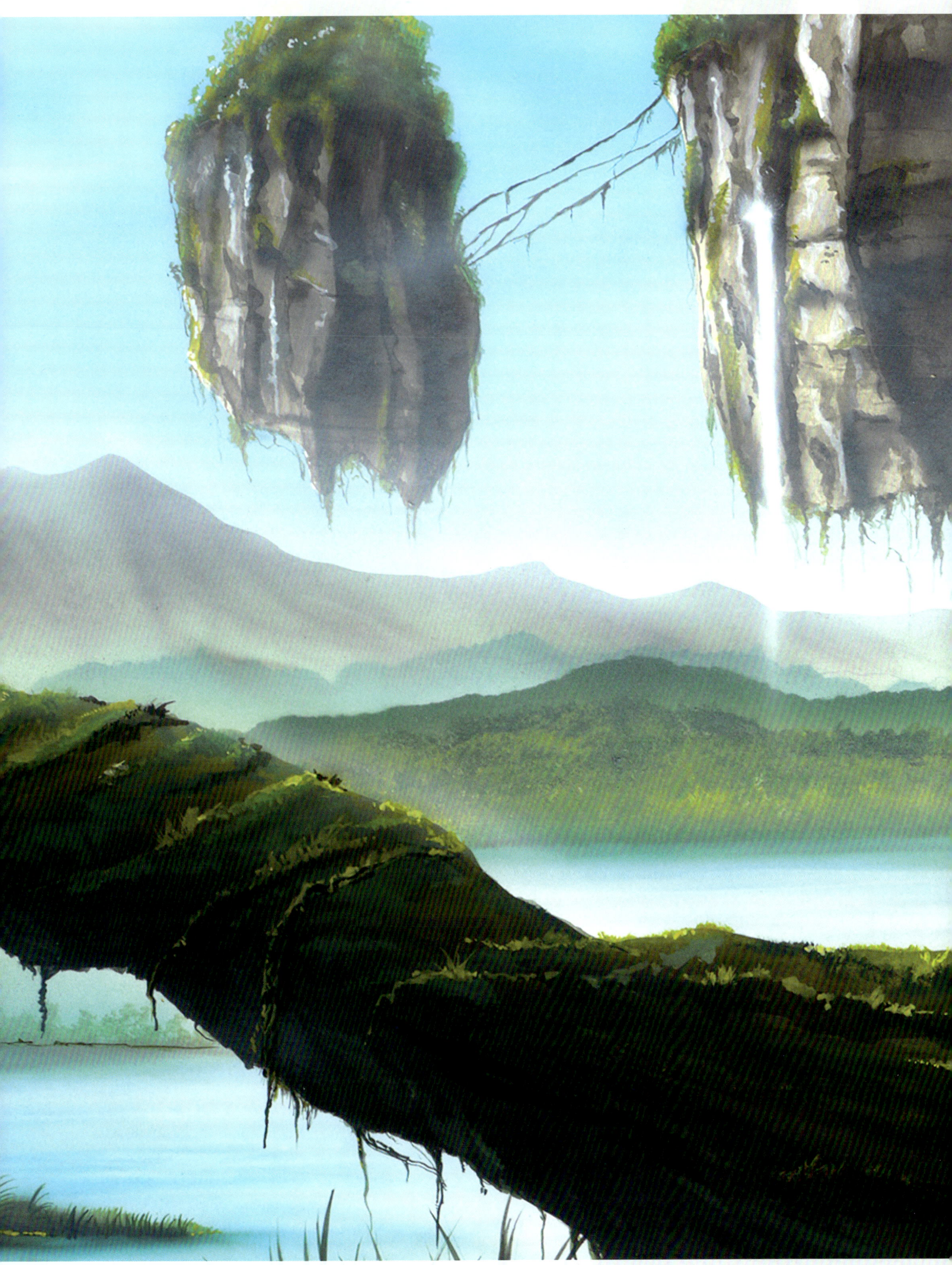

### Schritt 1: Digitale Vorlage

Ich möchte eine fantastische Landschaft mit fliegenden Felsen kreieren. Zur Vorbereitung einer digitalen Collage fertige ich eine Skizze an und sammle Fotos von Felsen, Baumstämmen und Grünpflanzen. Am Rechner lassen sich dann verschiedene Lichtsituationen und Objektpositionierungen durchspielen. Schließlich fällt meine Entscheidung auf einen bläulich-grünlichen Verlauf und Farbstimmung. Für den gesamten Malprozess werde ich nur wenige Farben verwenden.

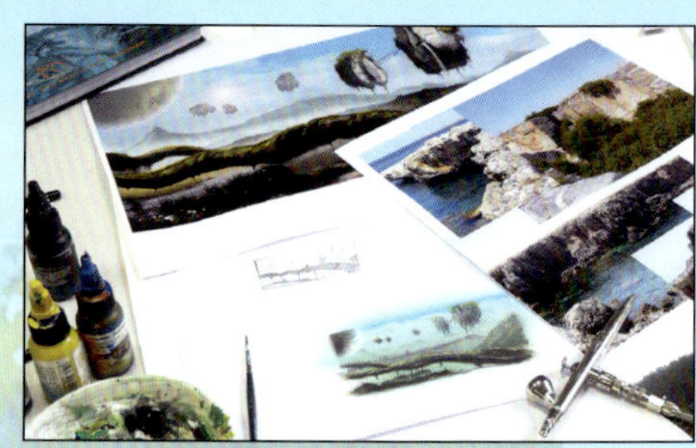

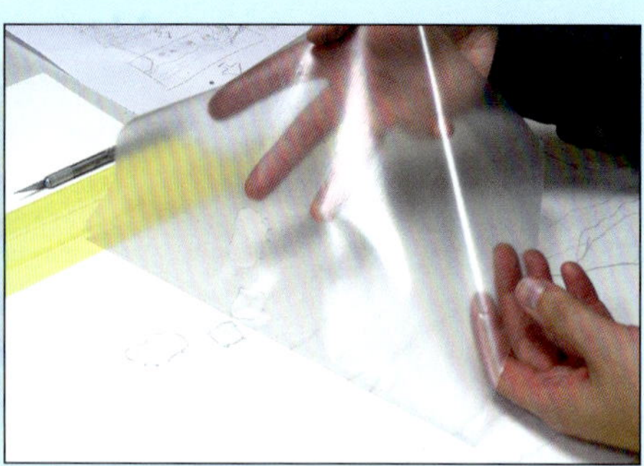

### Schritt 2: Skizze übertragen und maskieren

Zeichnen Sie nun eine Skizze und übertragen Sie die Vorzeichnung auf den Malgrund. Decken Sie den oberen Bereich des Bildes komplett mit Maskierfilm ab und schneiden Sie die Formen der fliegenden Felsen mit einem Skalpell ein. Danach entfernen Sie die Folie wieder.

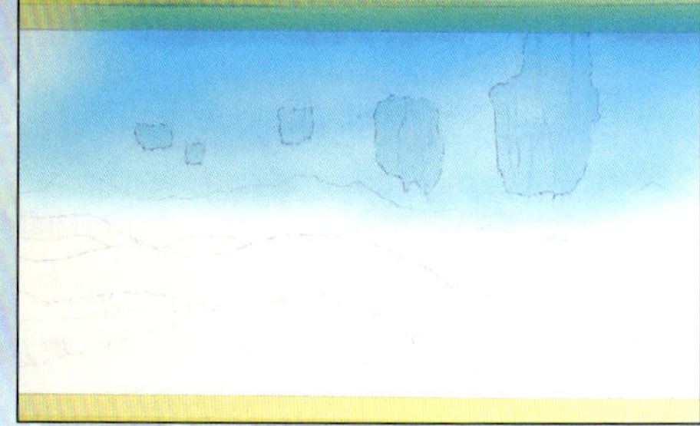

### Schritt 3: Himmel

Beginnen Sie nun mit dem Farbverlauf im Hintergrund. Verwenden Sie eine Mischung aus Blau, Weiß und Wasser und fangen Sie am oberen Bildrand an zu brushen. Einige Bereiche dürfen etwas heller bleiben, damit ein wolkiger Eindruck entsteht.

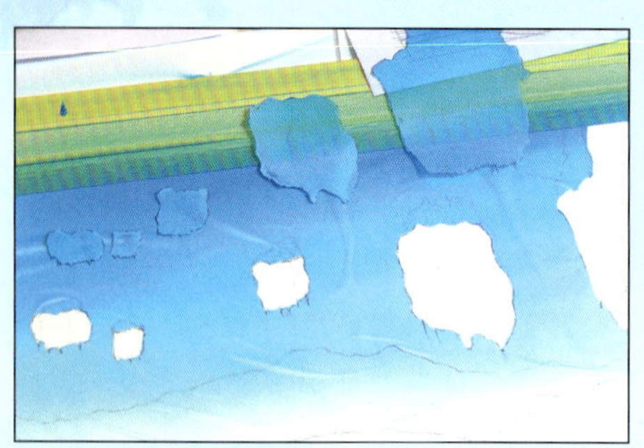

### Schritt 4: Felsen

Wenn Sie mit dem Farbverlauf für den Himmel zufrieden sind, kann die Maskierung der Felsen abgezogen werden. Danach kleben Sie das Gegenstück mit den Löchern wieder auf, so dass an diesen Stellen der helle Karton zu sehen ist. Die Maskierung sollte an den Rändern gut angedrückt werden, damit nicht so viel Farbe darunter läuft.

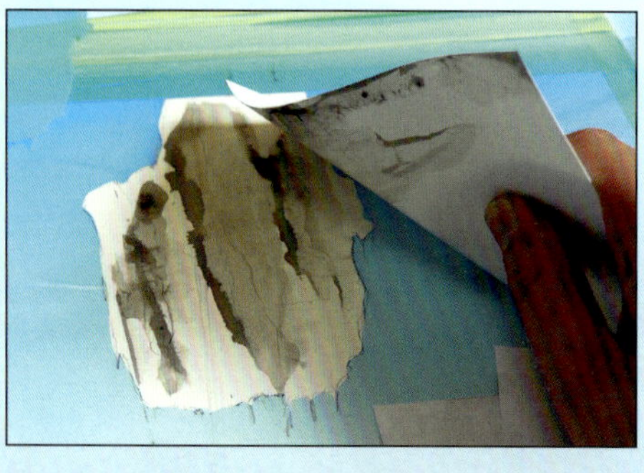

### Schritt 5: Frottage-Technik

In diesem Schritt werde ich bei den fliegenden Felsen mit der Frottage-Technik arbeiten, um grobe Formationen anzulegen. Tragen Sie zunächst mit einem Pinsel eine Farbmischung aus Umbra, Schwarz und Wasser auf. Nehmen Sie dann einen glatten Karton, drücken Sie ihn auf die noch nasse Farbe und ziehen Sie ihn wieder ab. So entstehen interessante Abdrücke, die zur weiteren Ausarbeitung von den Felsen optimal sind. Am besten probieren Sie die Technik vorher aus, um damit vertraut zu werden.

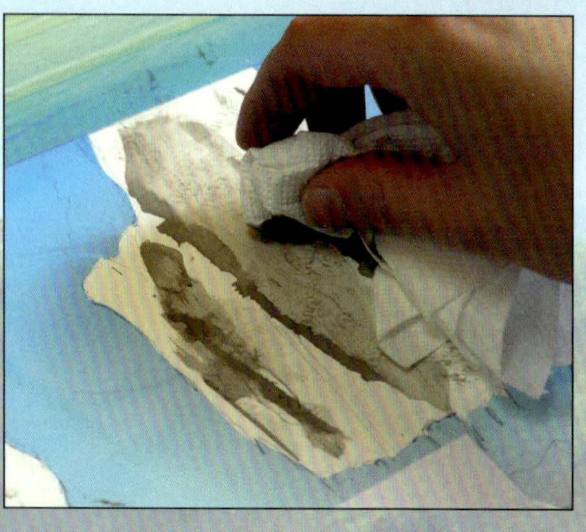

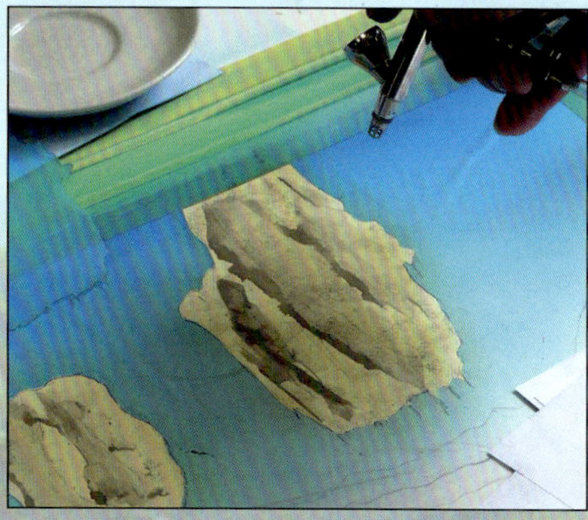

### Schritt 6: Strukturen tupfen & brushen

Um den Felsen weitere Strukturen hinzuzufügen, greifen Sie zur altbewährten Tupftechnik. Also ein Papiertuch zerknautschen, eine Braun-Schwarz-Wasser-Mischung aufsaugen und vorsichtig auftupfen. Nun bekommen die Felsen eine leichte Färbung, damit der weiße Untergrund verschwindet. Ich habe mich für Umbra mit Gelb und Wasser entschieden. Sie können aber auch andere Farbkombinationen verwenden.

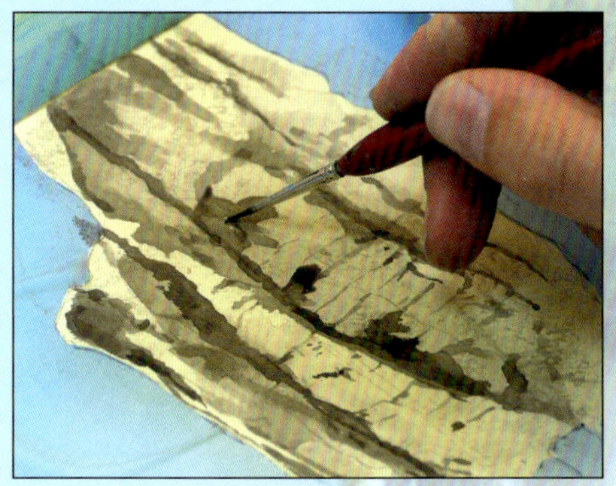

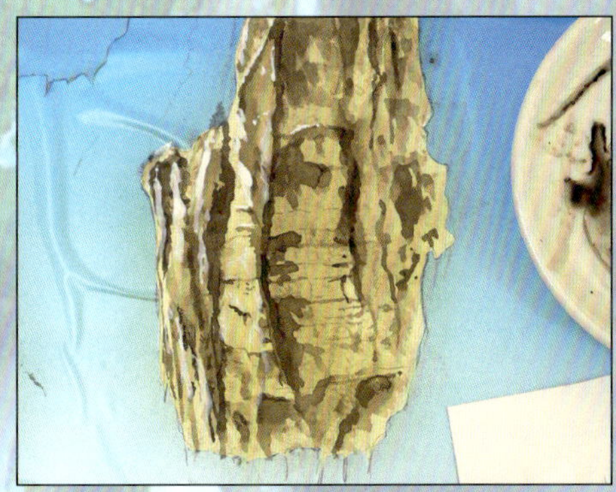

### Schritt 7: Pinseltechnik

Weiter geht es mit einem feinen Pinsel. Malen Sie mit einem transparenten Braun-Schwarz weitere Strukturen ein. Die Schatten der Felskanten können Sie dunkel gestalten und zur Andeutung von Sedimentstrukturen malen Sie Querstriche ein. Sollte etwas zu dunkel werden, haben Sie mit einem deckenden Weiß die Möglichkeit, Teilbereiche wieder aufzuhellen.

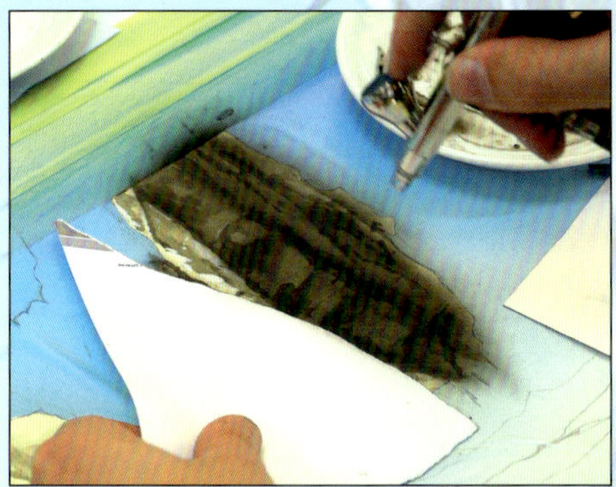

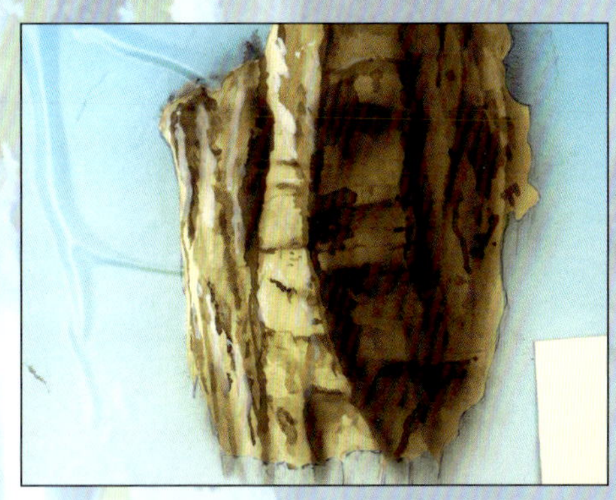

### Schritt 8: Felskanten

Mit einer gerissenen Papierkante formen Sie die Felskanten. Damit der Felsen eine dreidimensionale Optik erhält, sprühen Sie die rechte Seite des großen Felsens dunkel an – die linken Bereiche bleiben heller. Je mehr Zeit Sie in die Ausarbeitung der Strukturen investieren, desto realistischer wirkt der Felsen später.

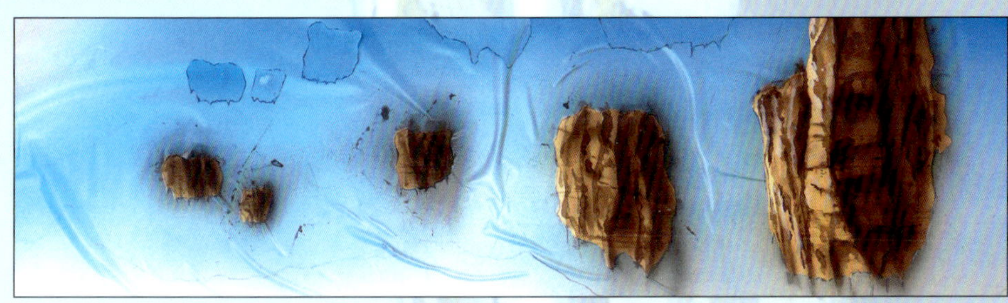

### Schritt 9: Weitere Felsen

Sie können diese Techniken bei allen Felsen anwenden. Die kleineren Objekte werden später mit viel Nebel übergemalt und können daher grundsätzlich etwas dunkler und mit weniger Details gemalt werden. Ziehen Sie anschließend die Maskierung ab.

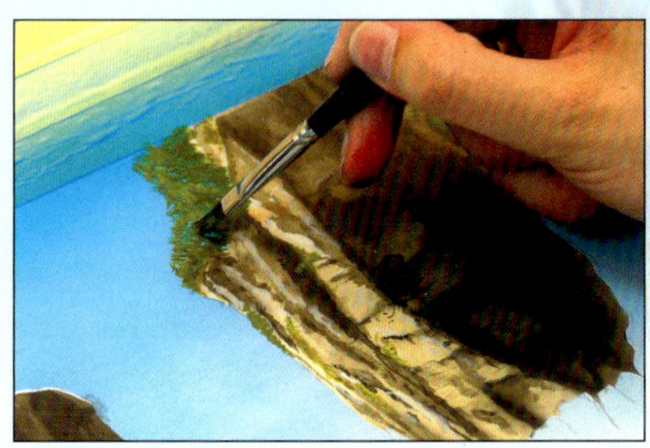

### Schritt 10: Büsche

Sollte Farbe unter die Maskierung gelaufen sein, können Sie die Fehler nun mit Büschen übermalen. Dafür können Sie auf unterschiedliche Pinsel zurückgreifen. Im Bild ist ein Special-Effect-Pinsel (Vario Tip von Da Vinci) zu sehen, mit dem man sehr gut Blattstrukturen auftupfen kann. Aber auch normale Pinsel oder kleine Borstenpinsel können solche Strukturen erzeugen. Starten Sie bei den Büschen mit dunkleren Grüntonen. Damit das Bild im Ganzen harmonisch wirkt, mische ich die Grüntöne mit Umbra, Gelb und Eisblau, die ich schon für den Hintergrund verwendet habe. Mit opakem Gelb oder Hellgrün tupfen Sie dann anschließend helle Strukturen auf.

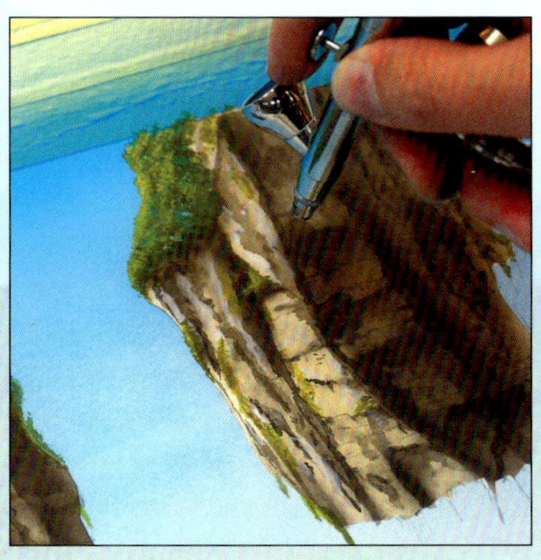

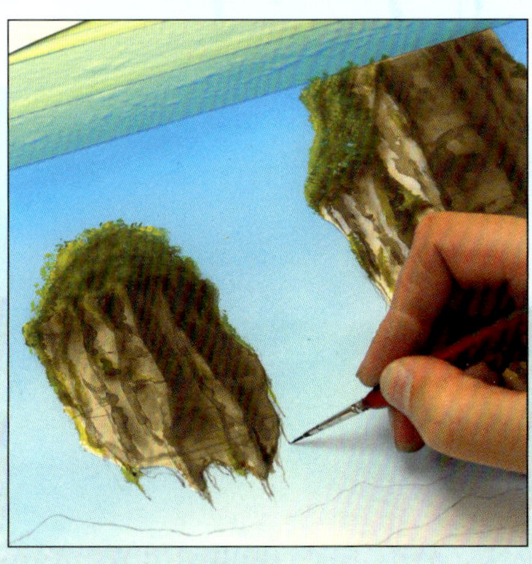

### Schritt 11: Ranken

Mit Umbra sprühen Sie nun freihand die Schatten unter den Büschen und Ranken auf, damit das Ganze noch etwas realistischer wirkt. Nun sollen die fliegenden Felsen denen in „Avatar“ noch ähnlicher sehen. Ein typisches Merkmal sind wohl die herabhängenden Wurzeln. Sie können mit einem feinen Pinsel aufgemalt werden. Verwenden Sie Braun, Schwarz oder dunkle Grüntöne. Die Wurzeln sollten nach unten hin dünn auslaufen. Probieren Sie das vorher gerne auf separatem Papier aus.

### Schritt 12: Planet maskieren

Damit der obere Bildbereich noch lebhafter aussieht, füge ich in der linken Ecke einen Planeten hinzu. Nehmen Sie hierfür einen mittelgroßen Teller, um einen Kreis aus dem Maskierfilm zu schneiden. Ein Standard-Kreisschneider wird dazu nicht ausreichen, da der Radius zu klein ist.

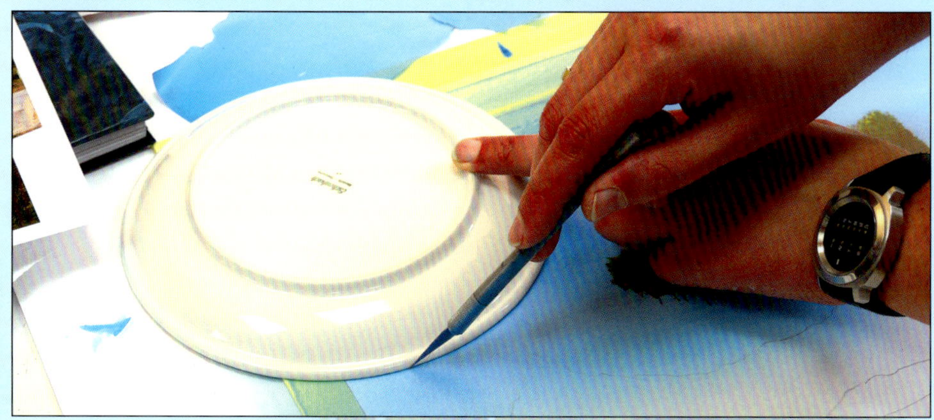

### Schritt 13: Planetenstruktur

Für die Planetenstruktur sprühen Sie mit Weiß eine innere Lichtkante und nebeln Sie mit einem Dunkelbraun-Gemisch die Schatten von links nach rechts. Dabei sollten Sie schon die ersten Strukturen grob andeuten. Dann geben Sie dem Planeten mit einer Gelb-Umbra-Wasser-Mischung noch ein wenig Farbigkeit. Mit einer Strukturschablone und Weiß sprühen Sie unregelmäßige Muster auf und verfeinern das Ganze mit atmosphärischen Schleiern. Wichtig ist, dass die Lichtkante zum Schluss noch einmal Weiß angenebelt wird und richtig zur Geltung kommt.

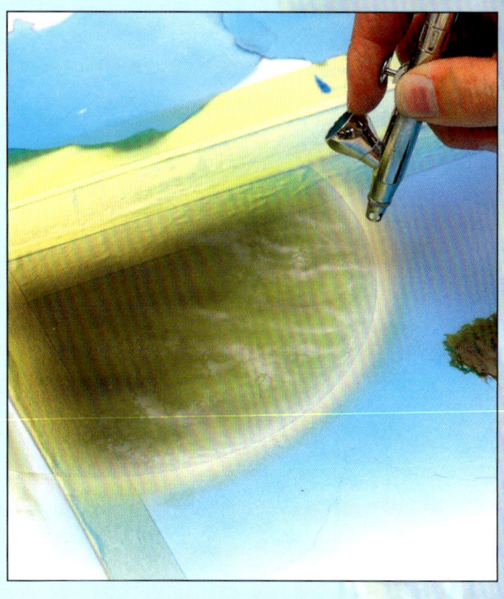

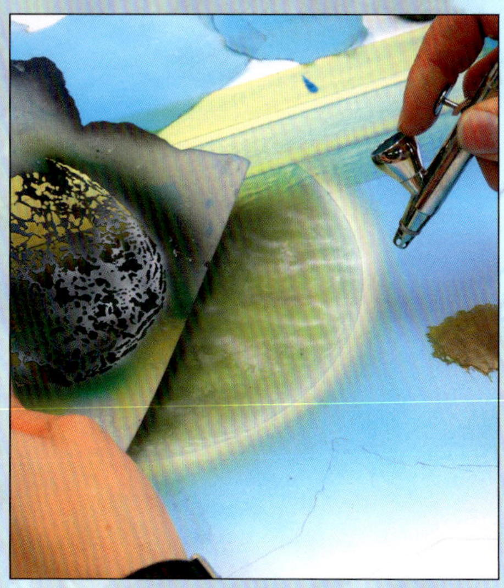

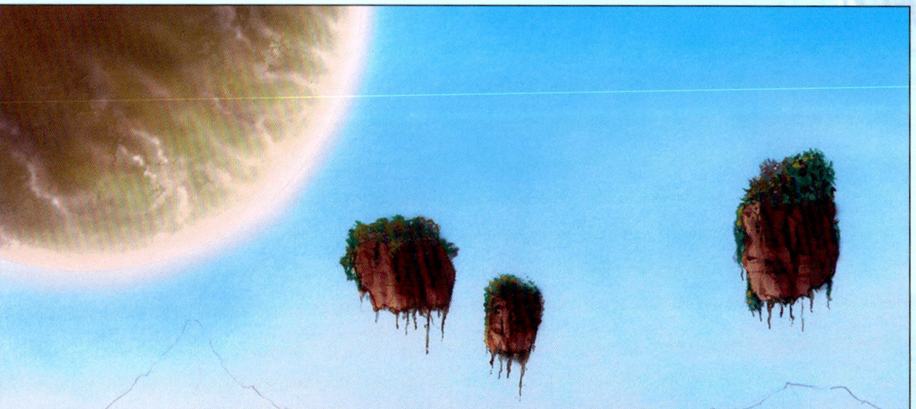

### Schritt 14: Lichtkante

Ist die Maskierung abgezogen, sprühen Sie vorsichtig mit Weiß an der äußeren Planetenkante entlang, damit sie einen leichten Schein bekommt und auch die harte Kante etwas überdeckt wird.

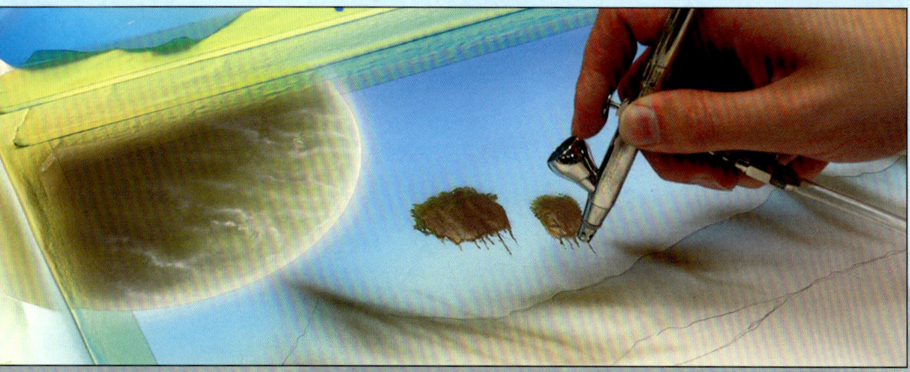

### Schritt 15: Berge schattieren

Kleben Sie als nächstes Maskierfilm über den oberen Bildbereich und schneiden Sie die erste Bergszenerie aus. Mit Umbra sprühen Sie dann jeweils an der rechten Kante der Berge Schattierungen ein. Mit gezitterten Linien, die nach unten hin auslaufen, erzeugen Sie erste Oberflächenstrukturen.

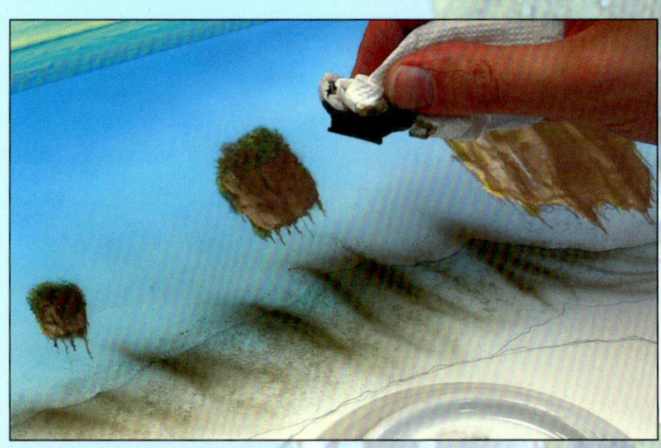

### Schritt 16: Bergstrukturen

Zusätzliche Muster können Sie mit Umbra und einem Tuch auftupfen. Sprühen Sie anschließend noch eine helle Braunmischung über die Szenerie, damit noch vorhandenes Papierweiß überdeckt wird. Ziehen Sie jetzt die Maskierfolie vom oberen Bereich ab.

### Schritt 17: Ranken

Sie sollten den oberen Teil des Bildes komplett fertig stellen, bevor Sie mit Nebelschwaden beginnen. Daher haben Sie jetzt noch die Gelegenheit, mit einem feinen Pinsel ein paar Lianen zu malen, die sich von Fels zu Felsranken.

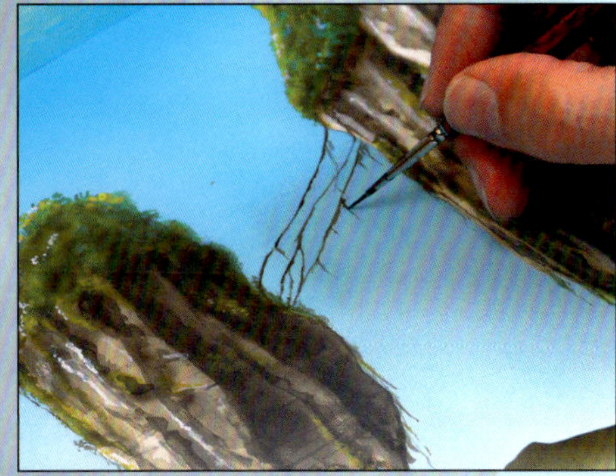

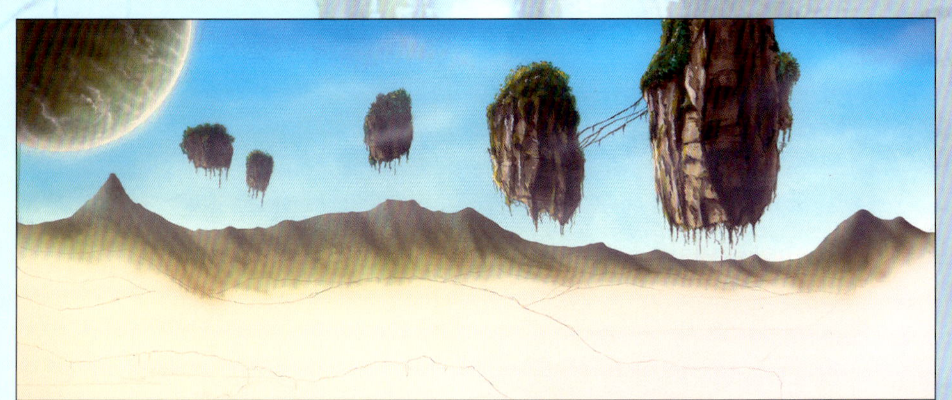

### Schritt 18: Nebel und Wolken

Damit das Motiv eine mystische Stimmung erhält, sprühen Sie mit transparentem Weiß etwas Nebel über die Bergszenerie und über die drei kleineren fliegenden Felsen in der linken Bildhälfte. Ebenfalls mit transparentem Weiß sprühen Sie auch einige Wolkenformationen am Himmel und zwischen den Felsen ein. Dazu halten Sie das Gerät recht weit vom Malgrund entfernt und zittern die Farbe grob auf.

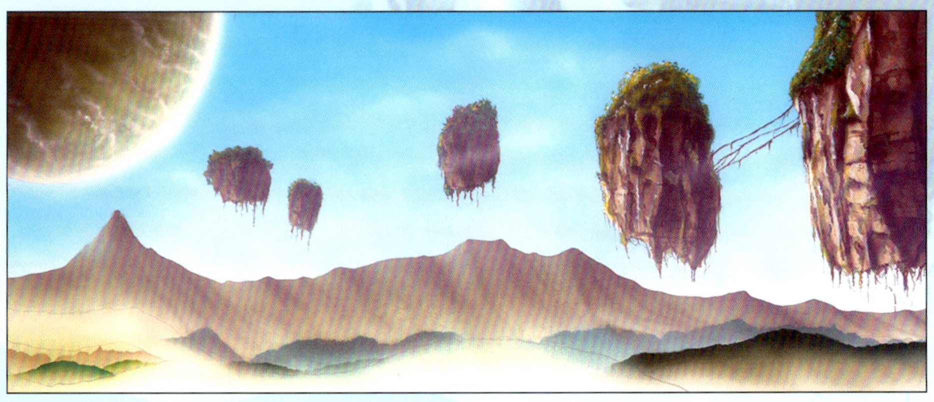

### Schritt 19: Weitere Bergebene

Nun ist es an der Zeit, weitere Bergebenen einzufügen. Sie können wieder eine gerissene Papierkante verwenden, um interessante Bergstrukturen anzudeuten. Benutzen Sie Grün- und Brauntöne aus der Grundpalette, damit sich die Farben harmonisch ins Bild integrieren. Sprühen Sie erst eine Bergebene auf, nebeln Sie danach mit transparentem Weiß darüber und legen Sie dann die nächste Bergschicht an.

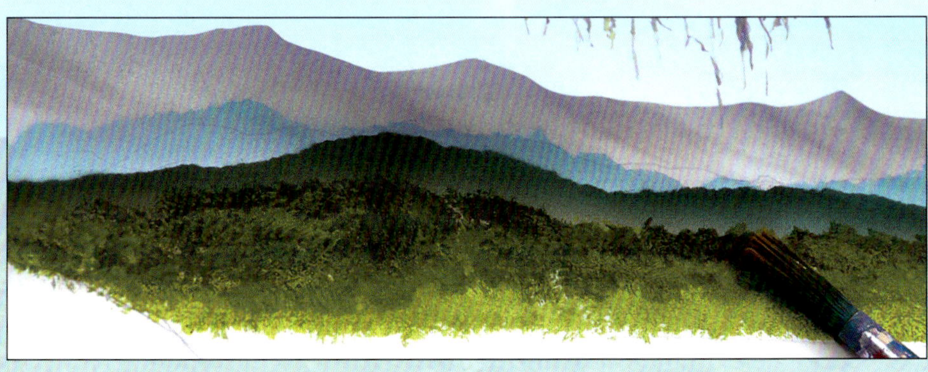

### Schritt 20

Die etwas weiter entfernten Wälder werden mit einem größeren Pinsel und dunklem Grün aufgetupft. Verfeinern Sie anschließend die Waldstrukturen mit weiteren getupften Strukturen in Hellgrün, um näher gelegene Waldebenen anzudeuten.

### Schritt 21: Sumpfebene

Jetzt geht es darum, den unteren Bildteil zu gestalten. Um bei den horizontalen Sumpfebenen eine gerade Kante zu erzeugen, greifen Sie zu einem losen Stück Papier und tupfen an der Kante entlang.

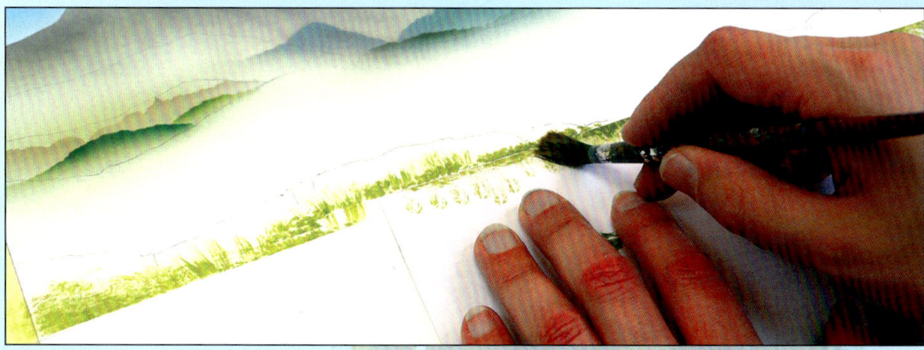

### Schritt 22: Wasseroberfläche

Für die Wasseroberfläche verwenden Sie ein Blau-Weiß-Wasser-Gemisch. Tragen Sie die Farbe freihand auf. Einige dünne Linien deuten die Wasseroberfläche an. Sprühen Sie mit einem transparenten Umbraton den Übergang von der Vegetation zum Wasser, um die Bereiche besser zu verbinden und leichte Schattierungen anzudeuten.

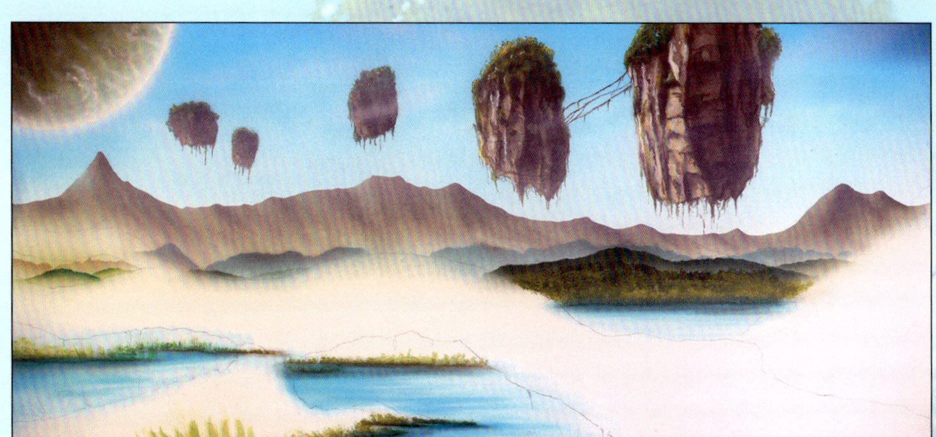

### Schritt 23: Hügel

Sprühen Sie mit transparentem Weiß über die im Mittelgrund liegenden Berge und Wälder. Mit der Pinseltupftechnik können sie nun rechts im Bild einen Berghang mit Urwaldbewuchs und im Vordergrund einen sumpfigen Hügel einfügen. Bevor der Baumstamm gesprüht wird, übernebeln Sie den Berghang rechts noch mit etwas transparentem Weiß, damit er ebenfalls in die Gesamtstimmung passt.

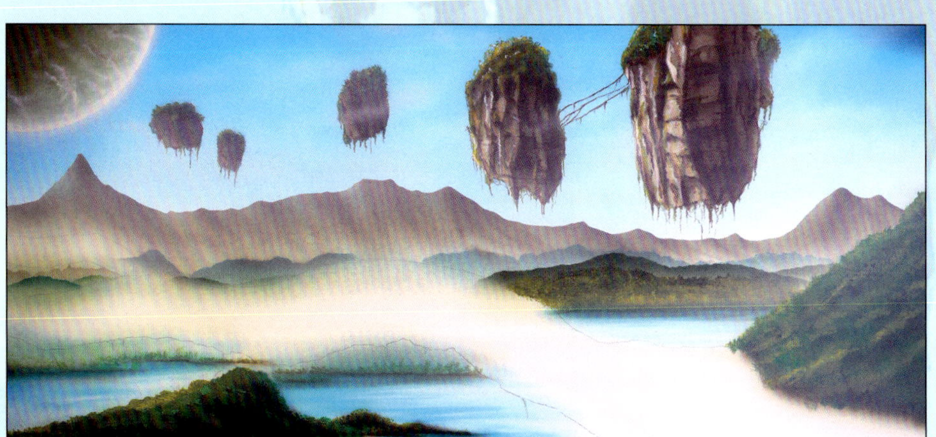

### Schritt 24: Baumstamm

Kleben Sie ein Stück Maskierfilm über Ihr Bild und schneiden Sie die Konturen des Baumstammes aus. Mit einem Umbra-Schwarz-Wasser-Gemisch sprühen Sie dann die Form aus. Bitte beachten Sie, dass ein leichter Farbverlauf integriert werden sollte, der im oberen Bereich etwas heller und im unteren Bereich dunkler ist. Dünnere Linien deuten eine Rindenstruktur an. Mit transparentem Gelb sprühen Sie an der oberen Baumstammkante entlang, um ihr eine leichte, gründlich-moosige Färbung zu geben. Für weitere Strukturen und Bewuchs greifen Sie wieder zu Ihrem Pinselsortiment und tupfen grünliche Strukturen auf.

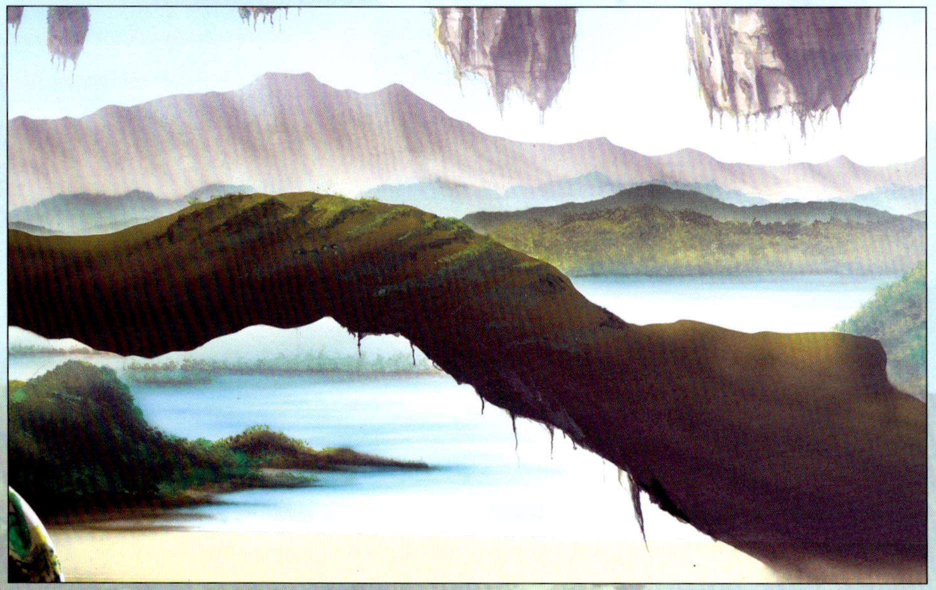

### Schritt 25

Um den moderigen Zustand des Baumstammes weiter zu unterstreichen, malen Sie mit einem feinen Pinsel und transparentem Braun-Schwarz Ranken und Wurzeln auf. Bringen Sie ein wenig Leben in die Sumpflandschaft, indem Sie mit dem Pinsel zusätzliche Graspflanzen einmalen.

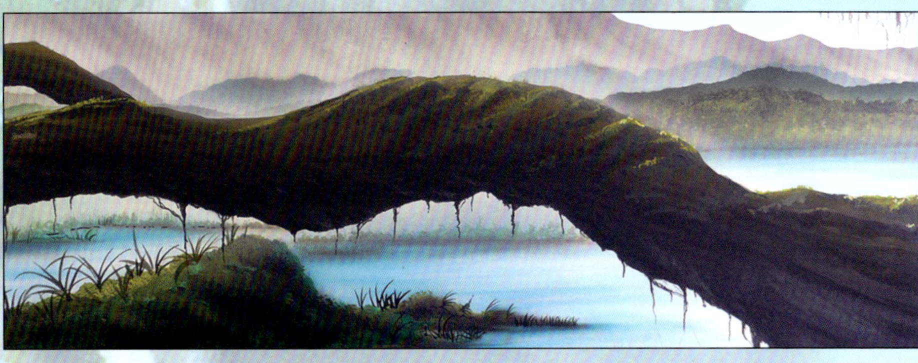

### Schritt 26: Wasserfall

Wenn Sie möchten, können Sie aus den fliegenden Felsen auch noch einen Wasserfall sprudeln lassen. Benutzen Sie dazu deckendes Weiß. Sie können die Konturen gegebenenfalls mit einem feinen Pinsel am Berg vorzeichnen und danach von oben nach unten auslaufende Linien aufsprühen.

### Schritt 27: Weitere Details

Fügen Sie bei Bedarf noch weitere Details wie Gräser, Moos, Wolken und Sterne hinzu. Bauen Sie gerne auf den gezeigten Techniken auf, um eigene futuristische Landschaften zu erzeugen.

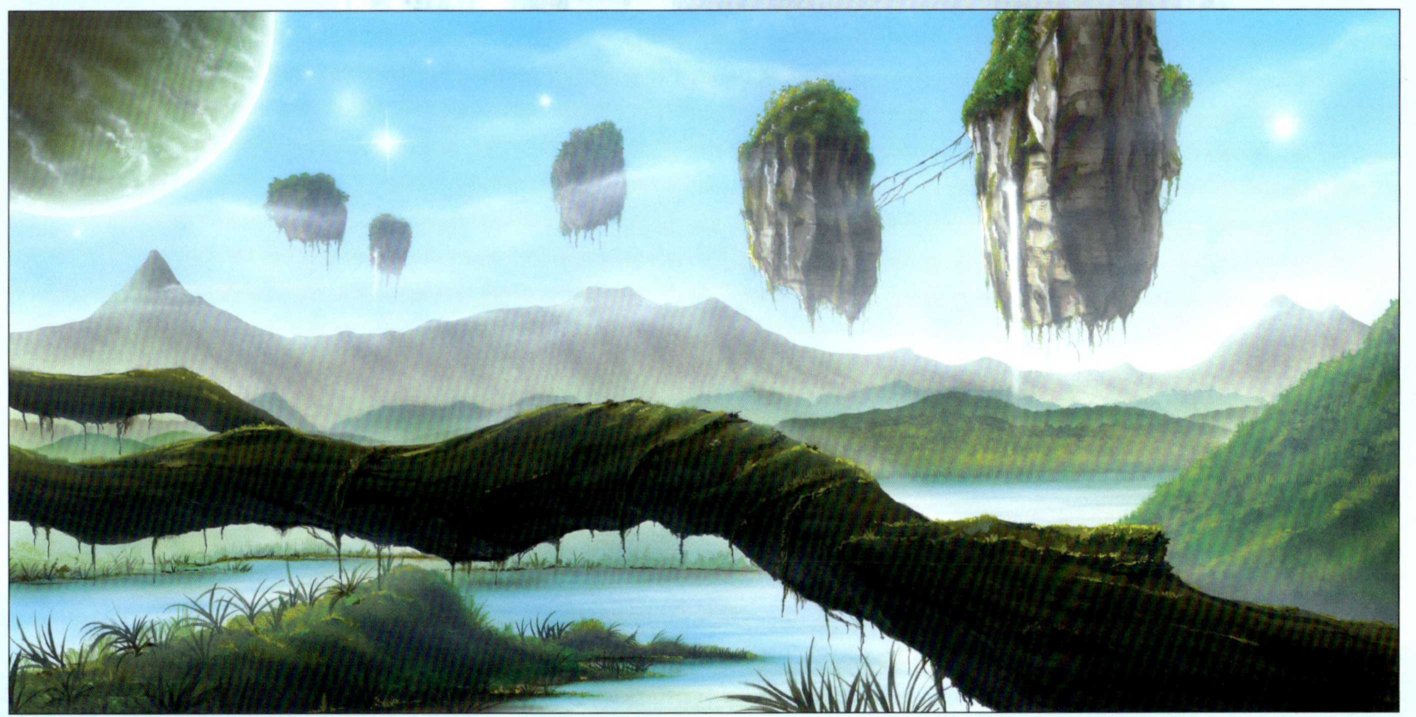

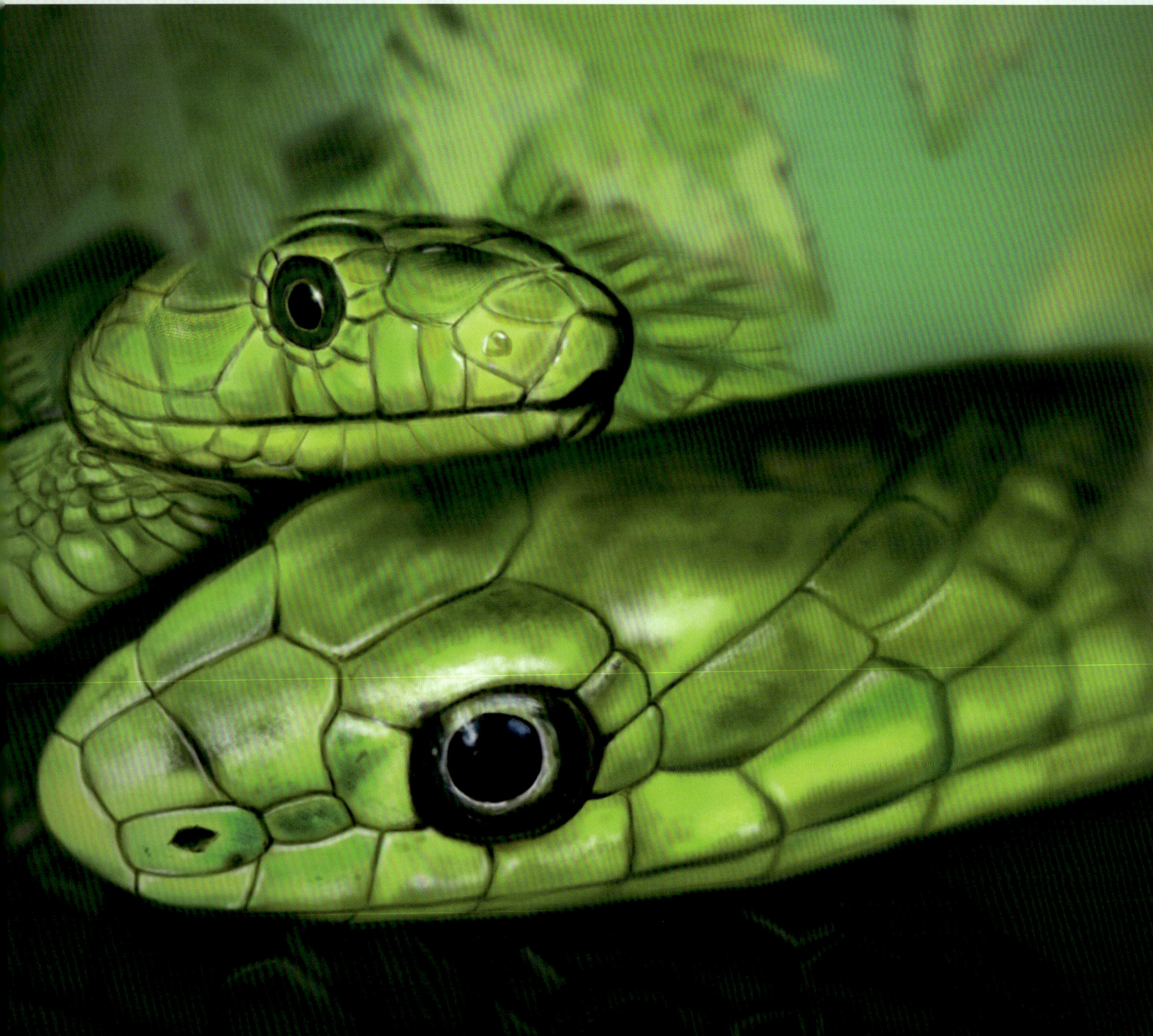

# SCHLANGE

## Schuppentextur und Arbeiten mit transparenten Farben

Ob Schlange, Leguan, Krokodil, Schildkröte oder Fisch – die Schuppentextur begegnet Ihnen bei einer Vielzahl von Reptilien und Meeresbewohnern. Nicht wirklich schwierig, aber eine echte Fleißarbeit, denn jede Schuppe wird hier einzeln ausgearbeitet. Die Arbeit mit transparenten Farben macht Ihnen jedoch zumindest die Farbgebung leicht, denn die Tonwerte erstellen Sie vorab nur mit Schwarz. Jegliche Farbtöne brauchen Sie dann nur noch „darüber zu nebeln".

## // GRUNDAUSSTATTUNG // Schlange

| | |
|---|---|
| Airbrushpistolen: | Gerät mit 0,2 mm Düse |
| Farben: | Gelb, Blau, Schwarz, Umbra |
| Untergrund: | Reinzeichenkarton, Schoellershammer 4 G dick (oder Airbrushpapier No.4) |
| Weitere Materialien: | Elektroradierer, Radierstift, Skalpell, Transparentpapier, Kreisschneider |

### Schritt 1: Vorzeichnung

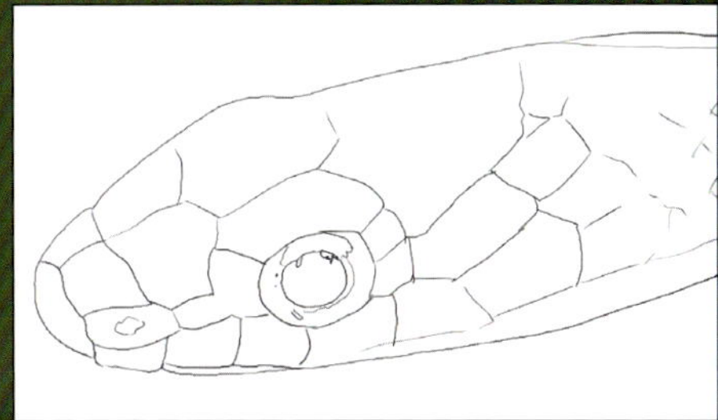

Das Motiv ist zwar nicht gerade sehr komplex, aber auch hier ist es sinnvoll, zunächst die Vorlage auf den Malgrund zu übertragen. Drucken Sie die Vorlage von unserer Website aus und übertragen Sie diese auf einen Reinzeichenkarton. Einige Schuppen im hinteren Bereich sind recht unscharf und werden später freihand integriert. Deshalb sind sie noch nicht in der Vorzeichnung enthalten. Wenn Sie vorsichtig arbeiten, ist eine Maskierung des Hintergrundes nicht nötig, da dieser später sowieso eingefärbt wird und Overspray ggf. damit übermalt wird.

### Schritt 2: Schuppen ausarbeiten

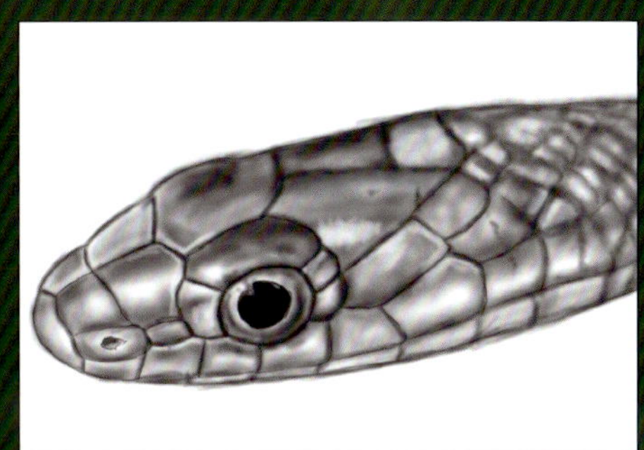

Für den ersten Farbauftrag mischen Sie sich aus Schwarz und viel Wasser einen stark transparenten Grauton an. Alternativ können Sie auch Neutralgrau verwenden. Mit diesem Farbgemisch haben Sie die Möglichkeit, sowohl Licht und Schatten, aber auch erste Strukturen bei dem gesamten Schlangenmotiv festzulegen. Durch die starke Verdünnung lässt sich diese Farbe ohne Verstopfen der Düse versprühen. Damit aber keine „Tausendfüßler" beim Brushen entstehen, ist es zu empfehlen, den Arbeitsdruck von normalerweise 2 bar auf 1-1,5 bar zu reduzieren. Arbeiten Sie sich vom Schuppenrand zur Schuppenfläche langsam vor. Durch das Overspray an der Schuppenumrandung landen automatisch schon einige Schattierungen innerhalb der Schuppenfläche. Durch den Abstand vom Malgrund variieren Sie die Intensität des Farbauftrags. Achten Sie darauf, dass die Lichter nicht zu stark übernebelt sind und die Schuppen nicht zu dunkel werden. Korrigieren Sie dieses gegebenenfalls mit einem Radierstift und Elektroradierer. Dieser erste Schritt des Schattierens dauert recht lange, definiert aber den Körper und das Volumen der Schlange. Das Einfärben der Schlange geht später umso schneller.

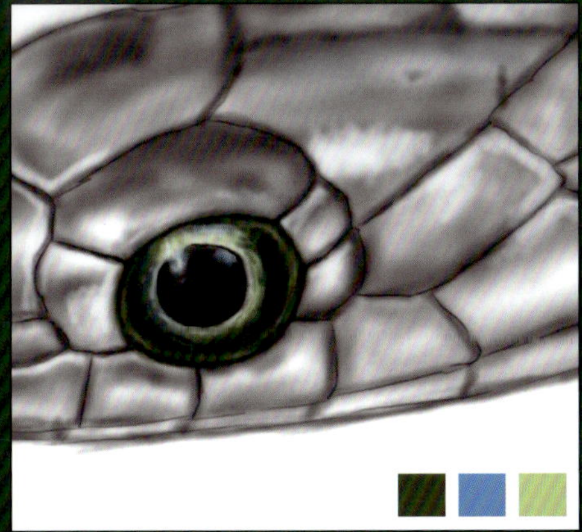

### Schritt 3: Das Auge

Das Auge der Schlange ist ein Punkt, der vom Betrachter sicherlich als einer der ersten wahrgenommen wird. Arbeiten Sie ihn demensprechend realistisch und detailliert nach. Die schwarze Pupille können Sie vorsichtig mit deckendem Schwarz und einem Pinsel auftragen. Bedenken Sie, dass einige Reflexionen weiß ausgespart werden sollten. Sprühen Sie danach mit einem transparenten Hellgrün (gemischt aus Gelb und Blau) die Iris vor. Radieren Sie dann wieder helle Reflexionen heraus. Mit transparentem Blau färben Sie die Reflexionen ein wenig ein. Mit einem dunkleren Grünton – also mehr Blauanteil – sprühen Sie vorsichtig mit geringem Abstand zum Malgrund die Schattierungen der Iris. Am Auge können Sie unterschiedliche Werkzeuge verwenden. Neben feinen Pinseln können Sie aber auch z. B. mit einem Skalpell die Lichter herauskratzen oder etwas weichere Lichter mit einem Radierstift betonen. Auch wasservermalbare Buntstifte kommen in Frage.

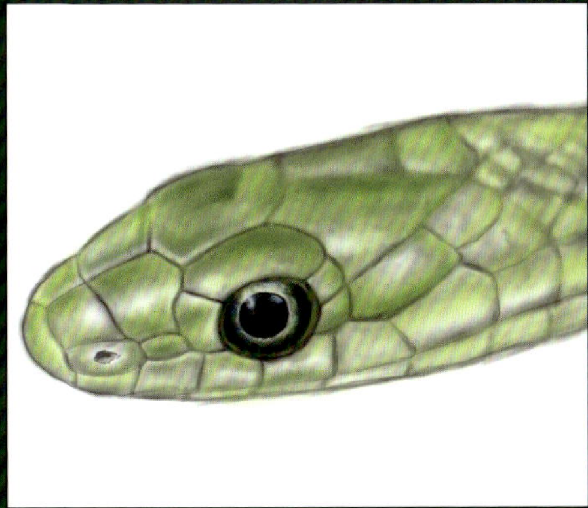

### Schritt 4: Färben und Radieren

Jetzt bekommt der ganze Körper die erste Farbschicht. Mischen Sie sich einen hellen transparenten Grünton mit Gelb, wenig Blau und viel Wasseranteil an. Sprühen Sie vorher den Farbton auf Papier zur Probe, um Farbton und Transparenz zu prüfen. Denn nur mit Wasser angemischte transparente Acrylfarbe lässt sich später wieder einigermaßen radieren. Analysieren Sie die Fotovorlage und sprühen Sie das helle Grün auf das Schuppenkleid. Achten Sie dabei darauf, dass einige Schuppen später sowieso kräftig Grün werden, aber helle Reflexionen und Lichter nicht komplett mit Farbe übernebelt werden. Radieren Sie anschließend helle Bereiche (vorderer Bereich der Nase oder über dem Auge) mit dem Radierstift wieder heraus. Es folgt anschließend ein etwas dunkleres Grün, mit dem Sie die Schattenpartien und Schuppenoberfläche sprühen.

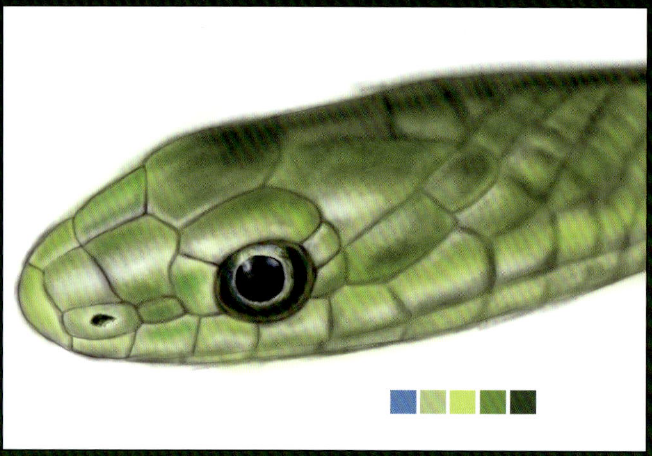

## Schritt 5: Tupftechnik

Ein wenig Struktur ist durch vorherige Radierarbeit schon entstanden. Damit die Schlange etwas natürlicher wirkt, bekommt das Schuppenkonstrukt aber zusätzliche Struktur. Mischen Sie einen dunklen Grünton z.B. mit Umbra und viel Wasser auf einem Teller zusammen. Mit einem zerknüllten Papiertuch saugen Sie anschließend die Farbe auf und tupfen auf einem separaten Bogen vorsichtig einmal zur Probe. Dann geht es ins Bild: Achten Sie darauf, dass es wirklich nur eine zarte Strukturierung wird. Lieber öfter tupfen, als das Bild mit einem zu satten Abdruck zu zerstören. Probieren Sie ruhig, mit unterschiedlichen Grüntönen je nach Bereich und Helligkeit des Bildes zu tupfen. Helle Bereiche und Reflexionen werden anschließend wieder heraus radiert.

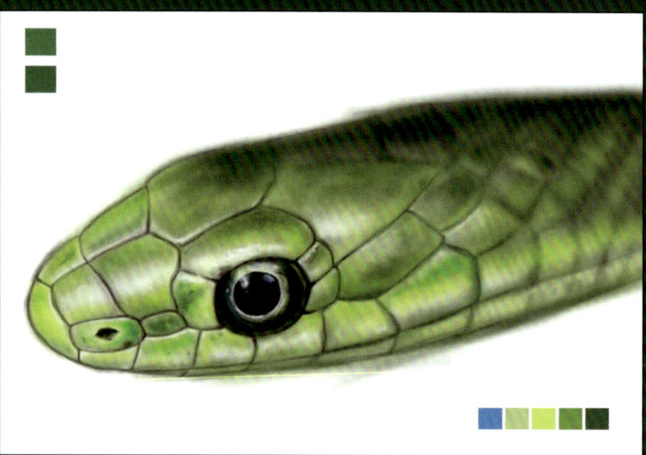

## Schritt 6: Licht und Schatten

Damit der Schlangenkopf mehr Tiefe und Volumen bekommt, werden nun die Schatten und Lichter nochmals bearbeitet. Benutzen Sie dunkle Grüntöne, natürlich wieder mit Wasser gemischt, für einen transparenten Farbauftrag. Nicht nur der Körper im oberen Bildteil, sondern auch die Schuppenumrandungen können damit herausgearbeitet werden. Mit einem Elektroradierer und einem Skalpell werden jetzt auch die Lichtkanten der Schuppen erzeugt. Überarbeiten Sie dabei auch evtl. noch einmal die Lichter im Auge und Strukturen auf den Schuppenoberflächen.

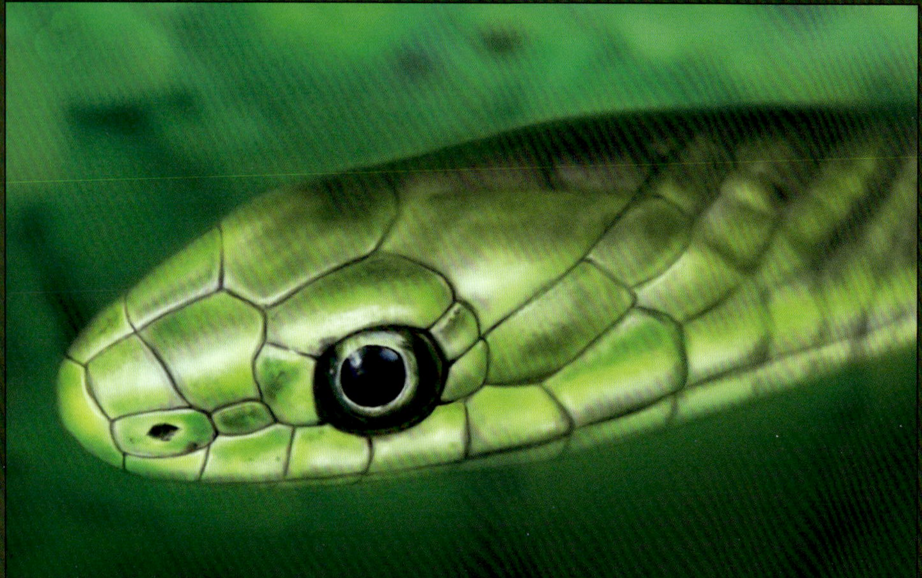

## Schritt 7: Hintergrund

Damit die Schlange beim Auftragen der Hintergrundfarben geschützt ist, können Sie die Außenkontur auf ein starkes Transparentpapier übertragen und anschließend ausschneiden. Sie erhalten somit recht zügig eine passende lose Schablone für den Schlangenkopf. Fixieren Sie die lose Schablone mit Gewichten. Mischen Sie sich zunächst einen hellen Grünton an und starten Sie Ihren Farbauftrag im oberen Bereich. Danach geht es mit etwas dunklerem Grün nach unten hin weiter. Beim Hintergrund sind Sie flexibel. Damit die Schlange recht realistisch wirkt, sollten auch unscharfe Strukturen eingearbeitet werden.

# GALAXIE

## Radier- und Strukturtechniken

Ein weiterer Blick in die Sterne eröffnet diesmal ein Spektrum unterschiedlichster Strukturen. Sehen Sie mal genau hin: Da gibt es felsige, schneebedeckte Bergspitzen, zerklüftete Planeten, feinen Sternenstaub, galaktische Nebel, sphärisches Leuchten und Milliarden von weitentfernten Sternen. Hier ist Ihr ganzes Repertoire an Airbrush-Grundfähigkeiten gefordert: Sprühen, sprenkeln, tupfen, radieren, kleben, pinseln und schablonieren Sie...

### // GRUNDAUSSTATTUNG // Galaxie

| | |
|---|---|
| Airbrushpistolen: | Gerät mit 0,2 mm Düse |
| Farben: | Weiß, Schwarz, Orange, Blau, Gelb, Umbra, Rot, Magenta |
| Untergrund: | Schoellershammer Reinzeichenkarton |
| Weitere Materialien: | Maskierfilm, Bleistift, Radierstift, Radiergummis, Kreisschneider, Lineal<br>Harder & Steenbeck Space Landscape Schablone, Iwata Artool Struktur Schablonen |

### Schritt 1: Skizze und erste Farbe

Erstellen Sie eine grobe Skizze. Schneiden Sie eine geeignete Bildgröße aus einem Reinzeichenkarton zurecht. Kleben Sie als erstes die Ränder ab, damit Sie später eine Art Passpartout erhalten. Skizzieren Sie anschließend grob die Weltraumformen, Planeten und Landschaften mit einem Bleistift vor. Der Weltraumbackground mit seinen Galaxien und Formen entsteht zunächst auf dem hellen Untergrund und wird von hell nach dunkel gearbeitet. Damit sich die Farben ggf. radieren lassen, Farbverläufe ineinandergreifen und nicht so pixelig im Farbauftrag erscheinen, ist es notwendig, im gesamten Ablauf immer Wasser zu der Farbe oder Farbmischung hinzuzufügen. Die erste Farbe ist ein transparentes Gelb. Sprühen Sie diese Farbe links und rechts vom hellsten Punkt der Illustration. Als Nächstes kommt ein transparentes Orange darüber, wobei das Gelb zum weißen Mittelpunkt hin noch ein wenig sichtbar bleiben soll.

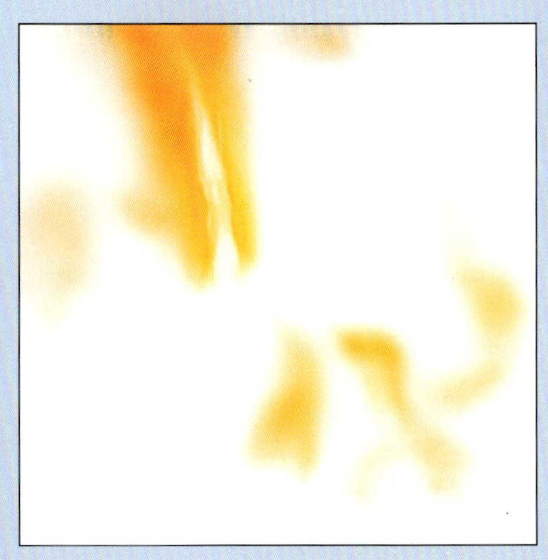

### Schritt 2: Radieren

Damit das Papierweiß wieder deutlich sichtbar wird, radieren Sie mit einem Radierstift die Lichtquelle (Galaxiemittelpunkt) wieder aus. Ein paar wolkige Strukturen dürfen dabei auch schon entstehen. Sprühen Sie das Orange auch schon fleckig als Grundlage für die weitere Farbgebung in den anderen Bereichen des Weltraums auf.

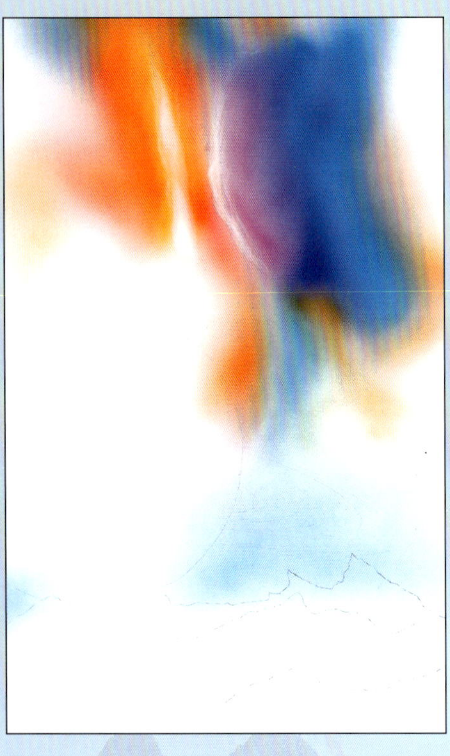

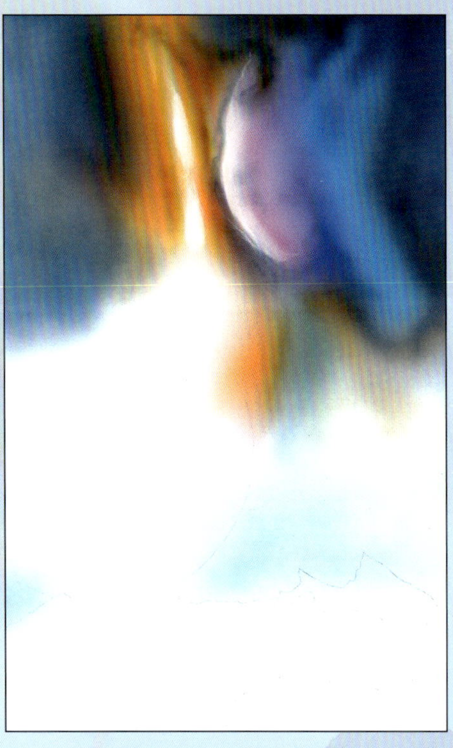

### Schritt 3: Weitere Farben

Sprühen Sie die weiteren Farbbereiche mit Rot, Magenta und Blau auf. In diesem Zustand ist auch deutlich die zweite Lichtspalte der Galaxie erkennbar. Auch hier wurde mit dem Radierstift gearbeitet. Jetzt wird der Hintergrund schon leicht abgedunkelt. Das Blau wird mit Umbra, Rot und etwas Schwarz und Wasser gemischt. Im oberen rechten Bereich des Motivs kann man erkennen, wie die Farbe leicht aufgezittert aufgetragen wurde, um einen wolkigen Charakter zu bekommen.

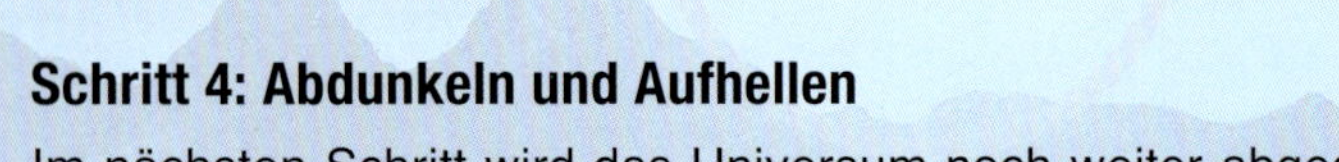

### Schritt 4: Abdunkeln und Aufhellen

Im nächsten Schritt wird das Universum noch weiter abgedunkelt. Mit einer Blau-Rot-Mischung kommt mehr Tiefenwirkung ins Bild. Die hellen Bereiche der Galaxie können Sie nun auch mit einem Weiß weiter ausarbeiten. Gezitterte Linien bringen weitere helle Strukturen ins Bild. Sind Bildbereiche zu dunkel geworden, können diese mit einem transparenten Weiß wieder etwas aufgehellt werden, um danach wieder mit einer transparenten Buntfarbe übernebelt zu werden. Das Blau läuft als Farbverlauf bis zur Planetenlandschaft nach unten hin hell aus.

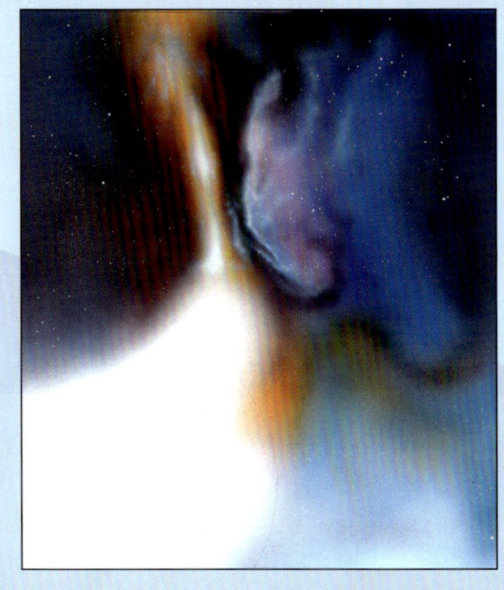

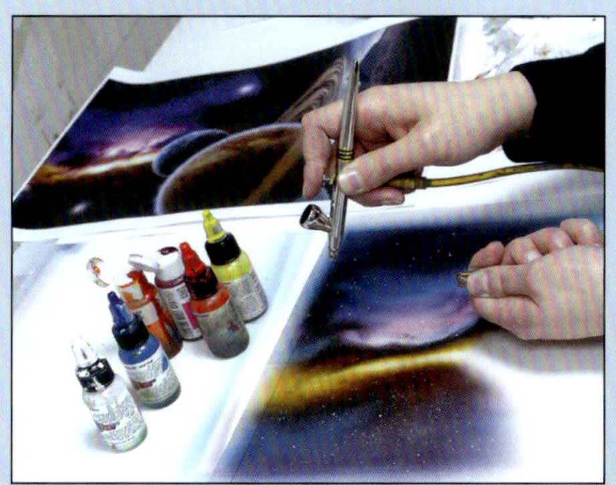

### Schritt 5: Sterne sprenkeln

In diesem Stadium ist es auch wichtig, die ersten Sternensprenkler in das Motiv zu integrieren. Es gibt viele Möglichkeiten, Sprenkel mit dem Airbrushgerät zu machen. In diesem Fall verwenden Sie die Schlauch-Abknickmethode. Knicken Sie dazu den Schlauch ab und drücken Sie den Airbrushhebel von vorn nach hinten schnell durch. Um immer ein wenig Luft zum Sprenkeln in das Gerät zu lassen, öffnen und schließen Sie den Schlauchknick durch Pumpen. Diese Methode erfordert ein wenig Übung, da gleichzeitig der Schlauch jeweils stark/weniger stark geknickt wird und dann noch der Hebel schnell gedrückt und nach hinten gezogen werden muss. Mit transparenten Farben werden die Sterne später übernebelt und bilden dann eine weitere Ebene im Universum.

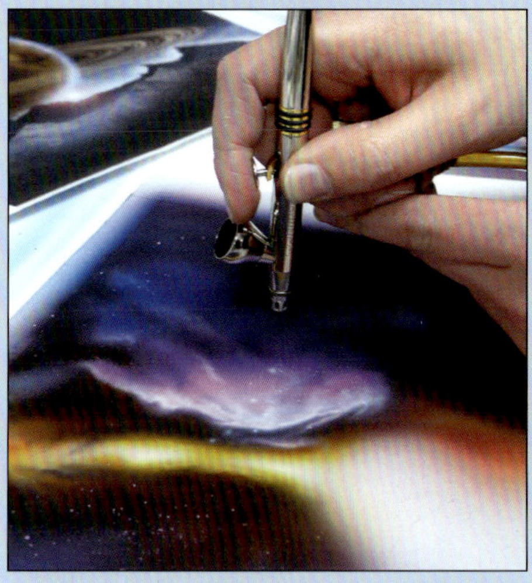

### Schritt 6: Sprühsterne

In diesem Bild sehen Sie, wie die Sterne durch Übernebeln mit transparenten Blau-, Rot- und Lilatönen etwas zurück genommen wurden und das Bild noch mehr Tiefe bekommt. Nun ist es an der Zeit, einige Sprühsterne in das Weltall zu integrieren. Nehmen Sie dazu die andere Hand zur Hilfe. Halten Sie das Airbrushgerät senkrecht und in einem Abstand von ca. 5 cm vom Malgrund entfernt. Drücken Sie dann den Hebel nach unten, um zunächst einmal nur Luft auszusprühen, und ziehen Sie dann ganz vorsichtig den Hebel nach hinten.

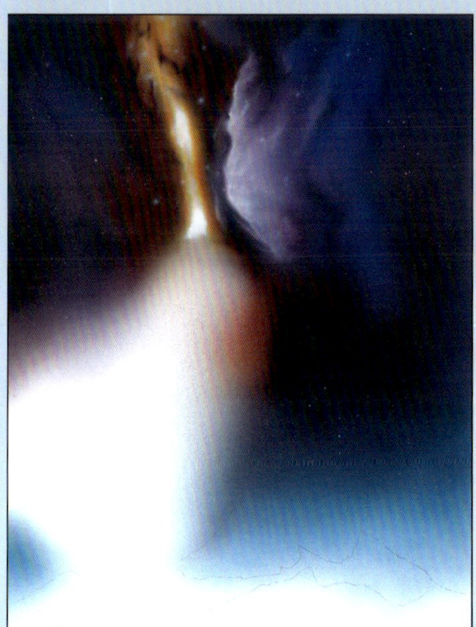

### Schritt 7: Licht und Schatten

Mit einem transparenten Schwarz-Umbra-Gemisch werden die dunklen Bereiche der Galaxie noch weiter abgedunkelt, um so die hellen Lichtbereiche hervorzuheben. Achten Sie darauf, dass kein Overspray in die hellen Bereiche gelangt. Sollte das passieren, können Sie mit Weiß gegenarbeiten und anschließend mit transparenten Gelb- und Orangetönen die Ränder wieder überarbeiten. Sprühen Sie ebenfalls mit der Mischung weitere gezitterte Linien auf, um den wolkigen Charakter der Licht- und Schattenspiele herauszuarbeiten. Die Flächen für die Planeten wurden weitgehend freigelassen, damit später nicht unbedingt alles mit Weiß vorgrundiert werden muss. Mit einem Blau-Weiß-Wassergemisch sprühen Sie den Farbübergang zwischen Planetenlandschaft und Weltraum.

### Schritt 8: Planet maskieren

Der große Planet wird als erstes gebrusht. Schneiden Sie dazu mit einem Kreisschneider eine für Ihre Illustration passende Kreisgröße aus Maskierfilm aus. Sie brauchen als erstes das äußere Stück der Schablone. Den inneren Bereich heben Sie für später auf. Schützen Sie auch den restlichen Bereich des Motivs, damit kein Overspray Ihr Werk zerstört.

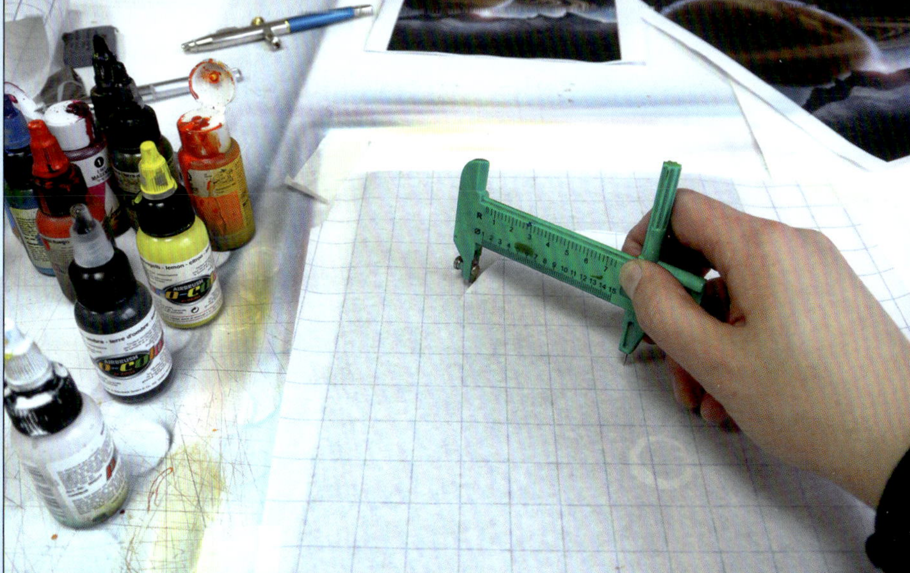

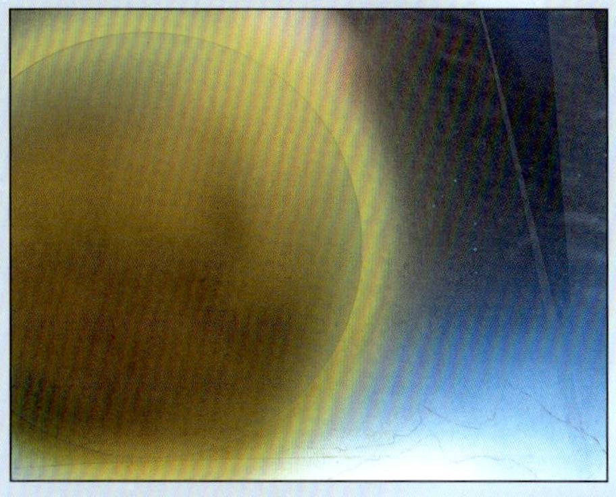

### Schritt 9: Planet einfärben

Der Planet bekommt eine bräunliche Grundfarbe. Im oberen Bereich (vor allem an der Lichtkante) mit ein wenig Weißanteil und im unteren Bereich etwas dunkler gehalten. Die dunklen Bereiche dürfen schon leicht wolkig aufgenebelt werden, da es keine glatte Kugel werden soll.

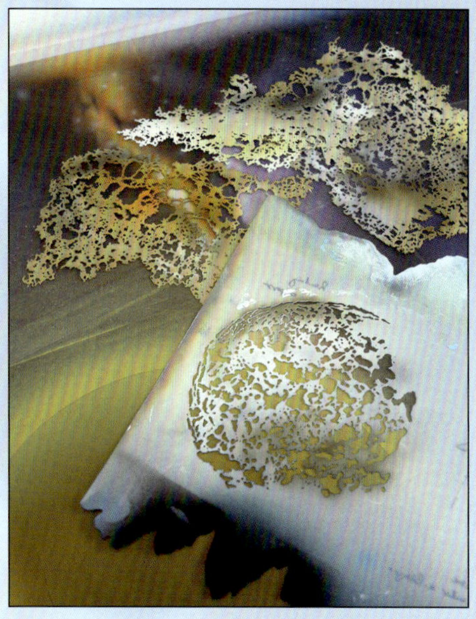

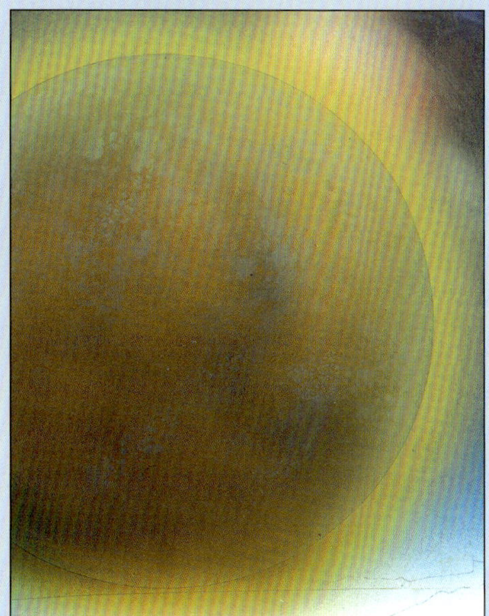

### Schritt 10: Planetstruktur

Für die Struktur des Planeten können Sie z. B. die „Space Landscape"-Schablone von Harder & Steenbeck oder die „Texture FX"-Schablone von Artool verwenden. Legen Sie die Schablone auf und sprühen Sie vorsichtig einige Schichten helles Braun darüber. Variieren Sie die Strukturen durch unterschiedliche Anordnung der Schablonen. Die meisten Strukturen entstehen zunächst im oberen Bereich des Planeten.

### Schritt 11

Sprühen Sie mit einem dunklen Braun (z.B. Umbra mit Schwarz und Wasser) ebenfalls Strukturen mit den Strukturschablonen auf. Diesmal allerdings eher im unteren oder in den dunkel gehaltenen Bereichen. Mit dieser dunklen Farbmischung können Sie auch gezitterte Linien auftragen, um noch zusätzliche Planetenstrukturen zu erhalten.

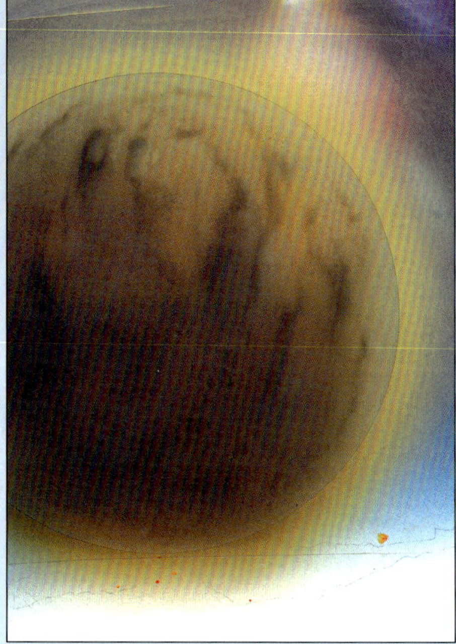

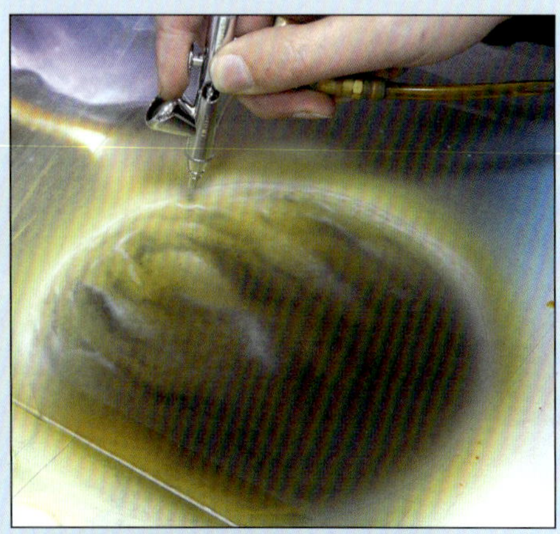

### Schritt 12: Lichtkanten

Die Lichtkante wird nochmal aufgehellt und helle Strukturen mit gezitterten Linien und Strukturschablone hervorgehoben. Der untere Bereich wird mit transparentem Braun-Schwarz-Gemisch weiter abgedunkelt, so dass optisch ein rundlicher Planet entsteht. Bevor der Planet demaskiert wird, sprühen Sie noch einige dünne Schichten mit transparentem Orange-Braun-Gemisch darüber, um den Planeten noch mehr Farbigkeit zu verleihen.

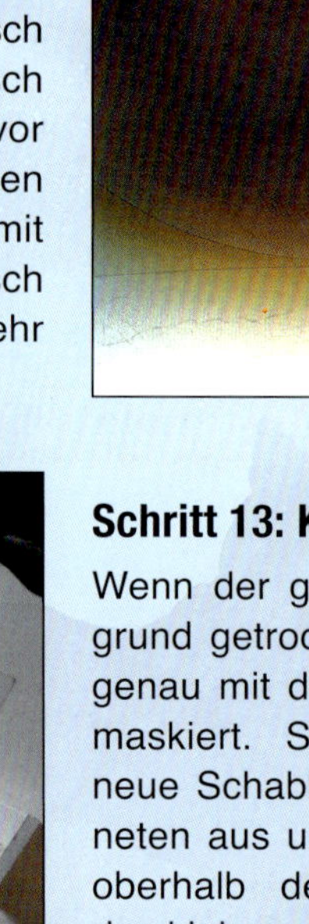

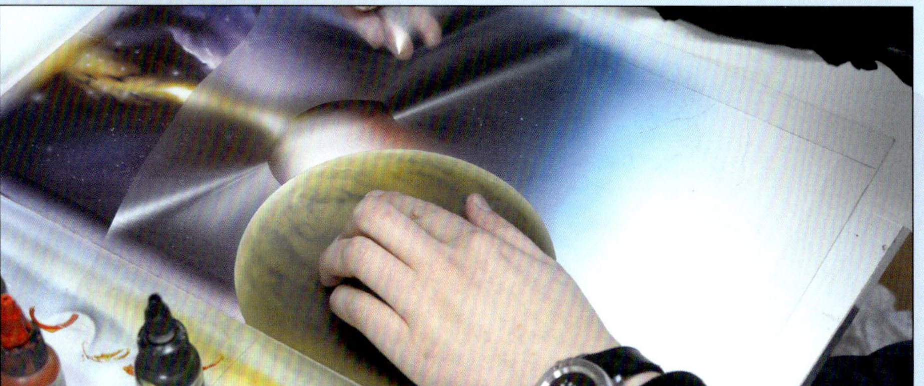

### Schritt 13: Kleiner Planet

Wenn der große Planet auf dem Malgrund getrocknet ist, wird dieser passgenau mit dem inneren Schablonenteil maskiert. Schneiden Sie dann eine neue Schablone für den kleineren Planeten aus und positionieren Sie rechts oberhalb des großen Planeten. Da der kleinere Planet hinter dem großen liegen soll, lassen Sie beide Kreisformen überlappen.

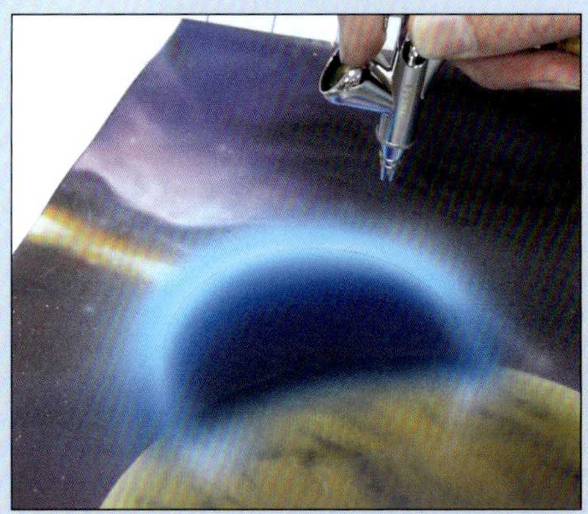

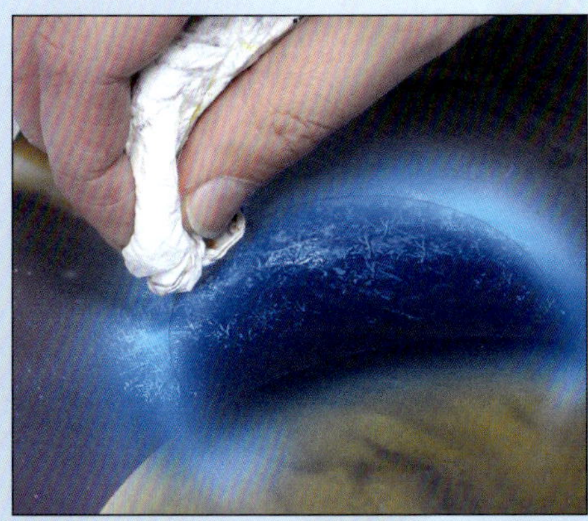

### Schritt 14: Ausarbeitung des Planeten

Grundieren Sie den kleinen Planeten nun mit einem Farbverlauf von außen nach innen: außen als Lichtkante hellblau und innen dunkelblau-schwarz. Um diesem Planeten eine Grundstruktur zu geben, können Sie mit einem zerknüllten Papiertuch Weiß aufsaugen und anschließend Strukturen auftupfen. Drehen Sie dabei aber das Tuch immer mal wieder, damit es nicht wie ein Stempel aussieht.

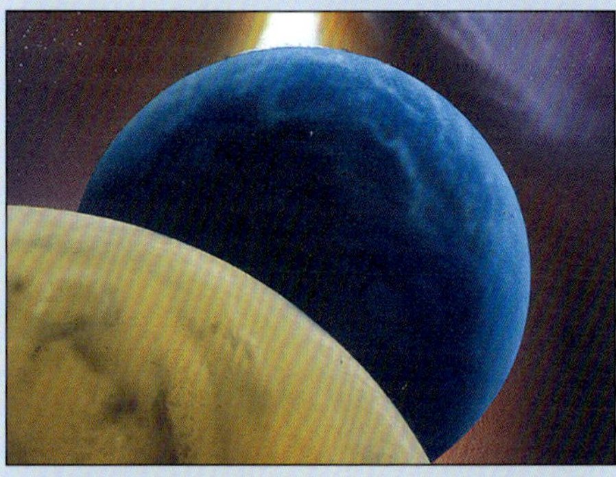

### Schritt 15: Highlights

Weitere Strukturen können Sie ebenfalls mit einer der Strukturschablonen erzeugen. Damit sich atmosphärische Wolken über den blauen Planeten ziehen, sprühen Sie einige gezitterte Linienformationen mit Weiß auf. Achten Sie darauf, das Gerät ganz dicht am Malgrund zu führen, die Farbzufuhr nur ganz wenig und vorsichtig zu öffnen und unterschiedlich lange und auslaufende Linien einzusprühen. Bevor Sie die Maskierung abziehen, sprühen Sie diesen Planeten ebenfalls mit transparentem Blau über, um diesen noch farbintensiver abzubilden.

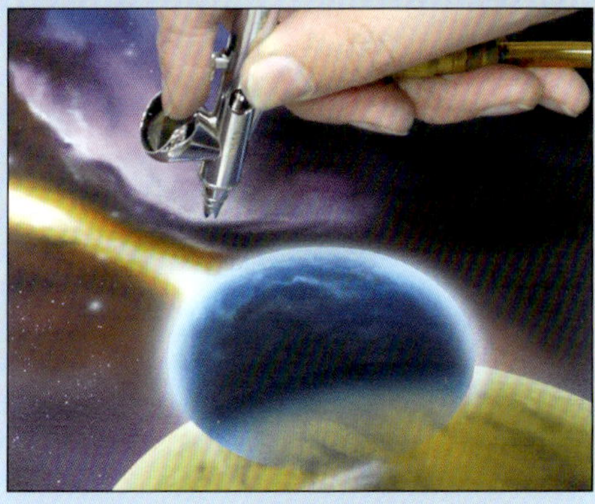

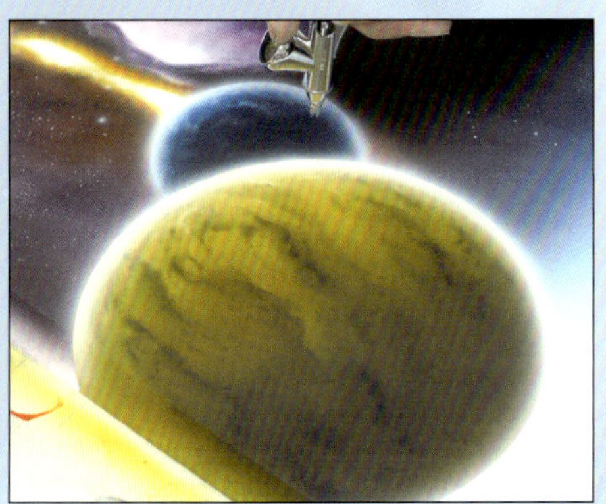

### Schritt 16

Lassen Sie den großen Planeten noch maskiert und sprühen Sie mit transparentem Weiß einen hellen Schein um den kleinen Planeten. Danach entfernen Sie auch die Maskierung des großen Planeten und sprühen ebenfalls einen Lichtschein herum. Wenn Sie möchten, können Sie kleine abgehende Strahlen einsprühen, damit der Lichtschein noch ein wenig pulsiert.

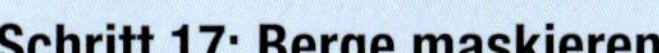

### Schritt 17: Berge maskieren

Maskieren Sie nun den unteren Bereich des Motivs. Anschließend zeichnen Sie Berge auf Ihrer Maskierung ein und schneiden den oberen Bereich aus, damit der Übergang zwischen Universum und Bergen gestaltet werden kann. Bearbeiten Sie jetzt den Bereich zwischen Bergen und Planeten mit einem Farbverlauf von Hellblau ins dunkle Universum hinein. Mischen Sie zu dem Blau-Weiß-Gemisch auch etwas Wasser, damit die Farbe transparent in dünnen Schichten gesprüht werden kann. So entsteht auch ein wenig Nebel unterhalb des großen Planeten. Sprühen Sie mit Weiß noch einige gezitterte Wolken in diesem Bereich ein.

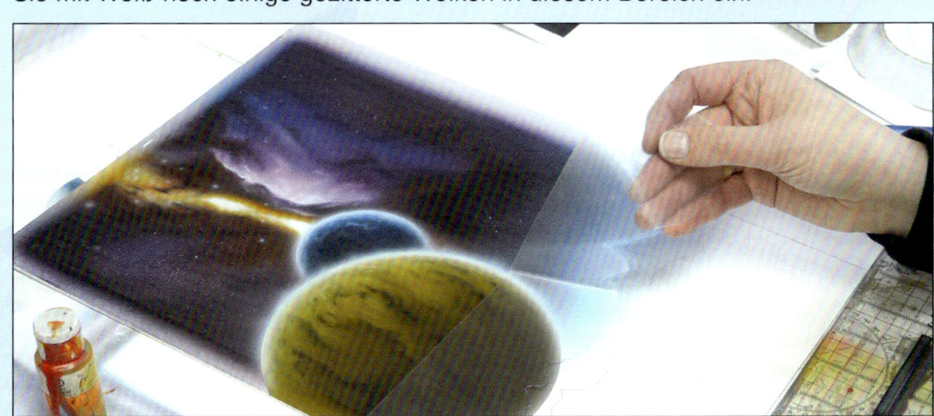

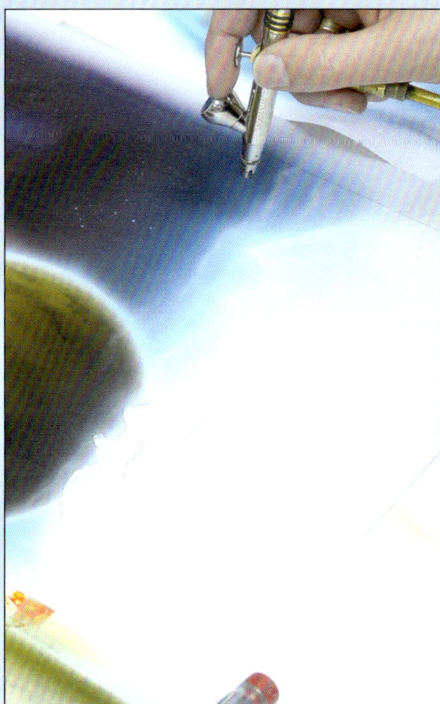

### Schritt 18: Bergstrukturen

Kleben Sie jetzt das Gegenstück der Bergschablone auf, um den oberen Bereich zu schützen und die erste Bergkette mit Farbe zu füllen. Grundieren Sie die Berge als Erstes mit einem

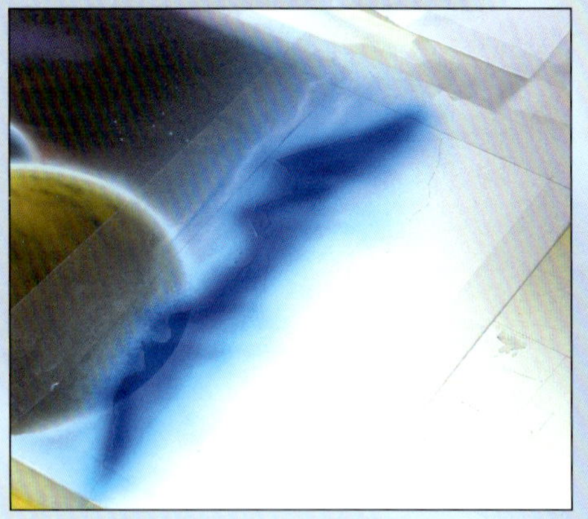

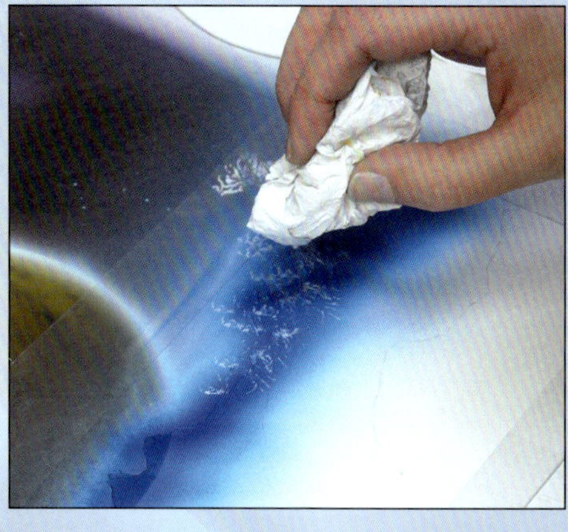

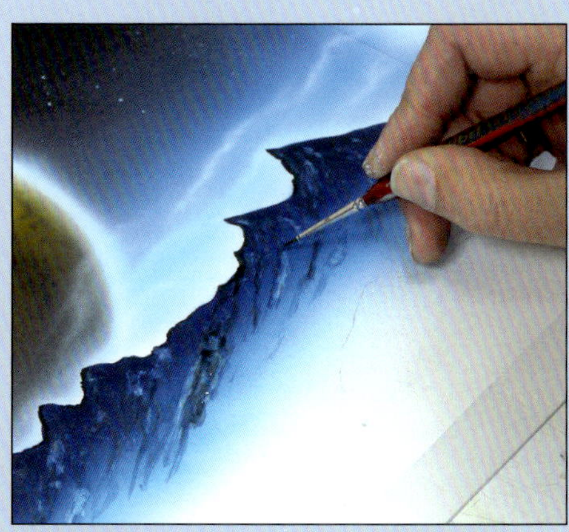

Blau-Weiß-Gemisch. Die Schattenbereiche werden mit einem Blau-Schwarz-Wasser-Gemisch gesprüht. Lassen Sie die Farben nach unten hin auslaufen. Mit der Tupftechnik und Weiß geben Sie den Bergen erste Strukturen und nebeln anschließend mit einem transparenten Blau-Wasser-Gemisch noch mal darüber, um diese einzubetten. Zusätzliche Details können Sie mit dem Pinsel und aquarellähnlicher Technik malen.

### Schritt 19: Weitere Bergebenen

Mit einem Blau-Weiß-Wasser-Gemisch sprühen Sie leicht über die erste Berglandschaft, damit diese im unteren Bereich etwas nebelig wird und im nächsten Schritt mehr Kontrast für die zweite Bergkette bietet. Kleben Sie dann wieder etwas Maskierfilm darüber, um die zweite Bergreihe auszuschneiden. Entfernen Sie den unteren Maskierungsteil und sprühen Sie links dunkle Schattierungen sowie rechts helle Lichter auf, damit die Berge dreidimensional wirken. Danach tupfen Sie wieder Strukturen mit Weiß und übernebeln diese farbig. Auch hier optimieren Sie die Strukturen mit einigen Pinselstrichen. Wenn Sie mögen, können Sie noch eine weitere Bergebene einbauen, die zum Vordergrund etwas dunklter gestaltet wird.

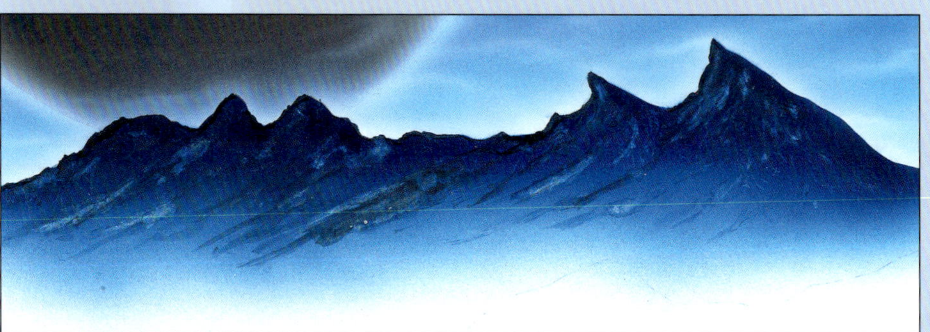

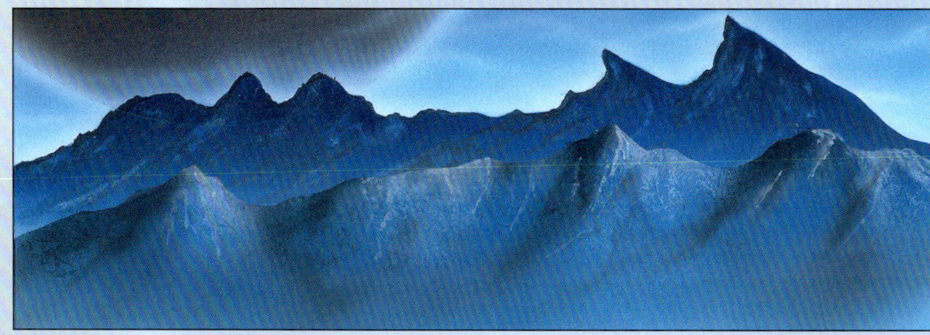

### Schritt 20: Blendeffekte

Weiter geht es mit den aufblitzenden Sternen und Blendenflecken. Schneiden Sie mit dem Kreisschneider eine dünne Outline aus, indem Sie zweimal einen Kreis vom selben Ausgangspunkt mit 1-2 mm Größenunterschied. Positionieren Sie dann das äußere Maskierfolienteil und kleben Sie den inneren Kreis mittig ein. Den entstandenen Ring sprühen Sie mit einem transparenten Weiß leicht aus. Einen weiteren Ring, der ein klein wenig größer ist, sprühen Sie im selben Verfahren überlappend positioniert über den ersten. Diesmal wird nach dem Weiß noch Rot übergenebelt. Im unteren Bereich werden ebenfalls zwei Ringe, diesmal zwischen Planet und Bergen, eingebaut.

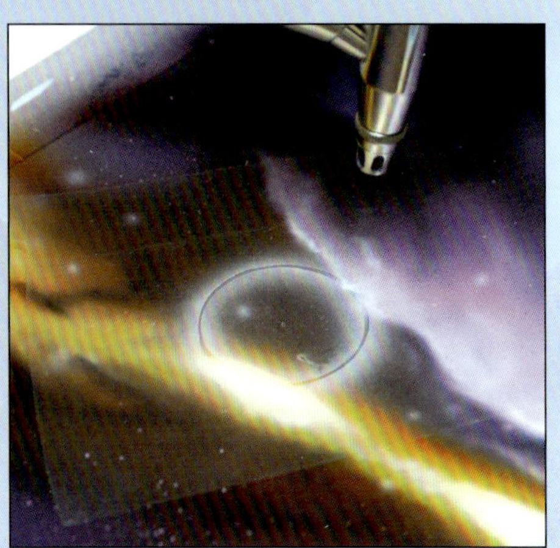

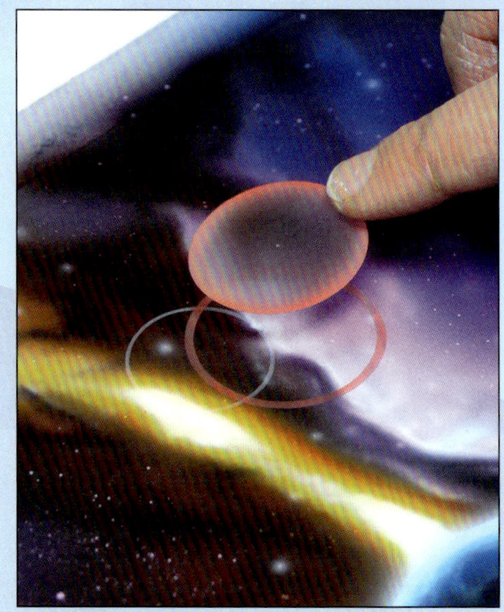

### Schritt 21: Funkelnde Sterne

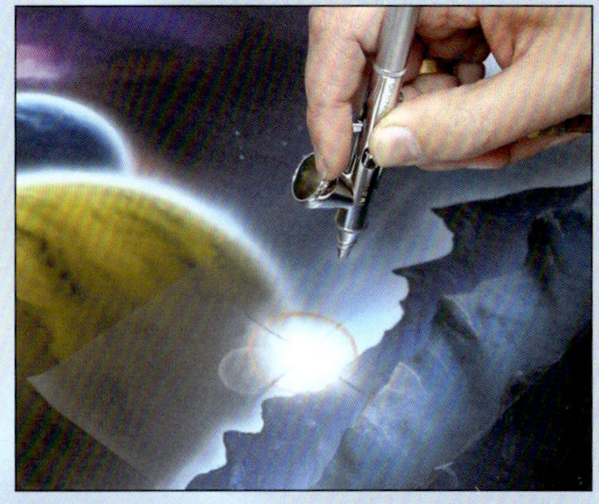

Um einen funkelnden Stern zu simulieren, schneiden Sie mit einem Lineal ein dünnes, aber gerades Kreuz aus. Setzen Sie dazu das Lineal an, schneiden Sie dann eine 5-6 cm lange Linie. Versetzen Sie das Lineal parallel um 1 bis 2 mm nach links und schneiden Sie dort ebenfalls ein. Drehen Sie jetzt das Lineal um 90 Grad und schneiden Sie dasselbe nochmal. Die letzten Ecken können dann freihändig herausgeschnitten werden. Wenn Sie eine klebende Maskierfolie verwenden, können Sie durch die Maskierung durchschauen und den Stern genau mittig in dem zuvor gemalten Kreis platzieren. Sprühen Sie dann in einem Abstand von 5-8 cm ganz vorsichtig ein wenig Weiß in die Mitte des Kreuzes. Achten Sie darauf, dass Sie auf keinen Fall die Maskierung komplett ausmalen, da sich die Farbe durch den Sprühkegel automatisch in den Balken verstreuen soll. Wenn Sie die klebende Schablone nochmal benutzen möchten um z.B. im 45 Grad Winkel versetzt noch weitere Strahlen hinzuzufügen, dann ziehen Sie diese vorsichtig ab. Damit es richtig leuchtet, sprühen Sie zum Schluss noch einen Sprühpunkt in die Sternmitte. Im ähnlichen Verfahren sprühen Sie weitere funkelnde Sterne in das Motiv ein.

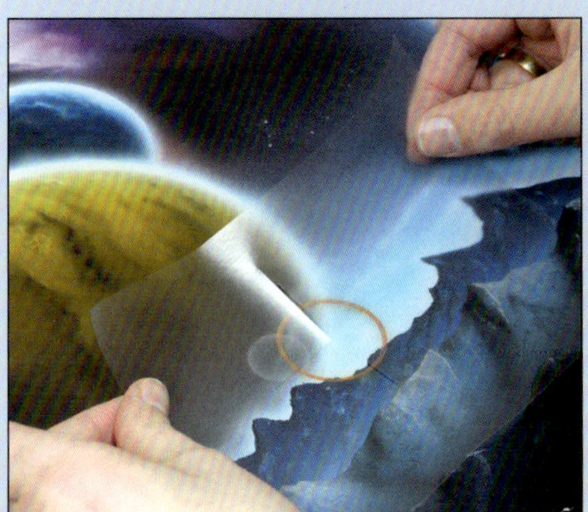

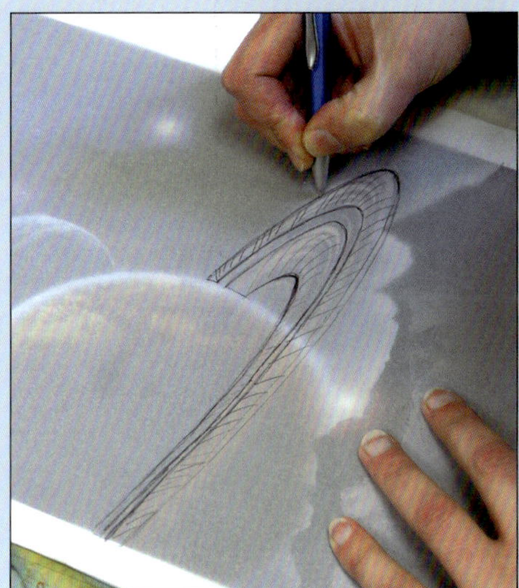

### Schritt 22: Saturnringe

Auf Transparentpapier skizzieren Sie jetzt die Saturnringe. Drehen Sie dann das Transparentpapier um und fahren Sie die Linien mit einem Bleistift ab. Danach können Sie die Bleistiftstriche auf einem separaten Bogen Papier aufreiben oder mit dem Kugelschreiber durchdrücken, um ein Abbild zu bekommen. Schneiden Sie dann die Ringe sauber aus und positionieren Sie diese auf Ihrem Malgrund. Sprühen Sie die Form erst mit wenig transparentem Weiß aus. Um Dynamik und weitere Linien in die Ringe zu bekommen, versetzen Sie mehrmals die Schablone und sprühen an den Kanten entlang. Hilfreich dabei ist auch ein normales Kurvenlineal. Färben Sie einige Bereiche des Saturnrings mit transparentem Umbra ein. Um die Gesteinsbrocken innerhalb der Saturnringe zu simulieren, sprenkeln Sie mit Weiß gezielt Punkte auf. Den einen oder anderen können Sie mit einem Sprühpunkt hervorheben.

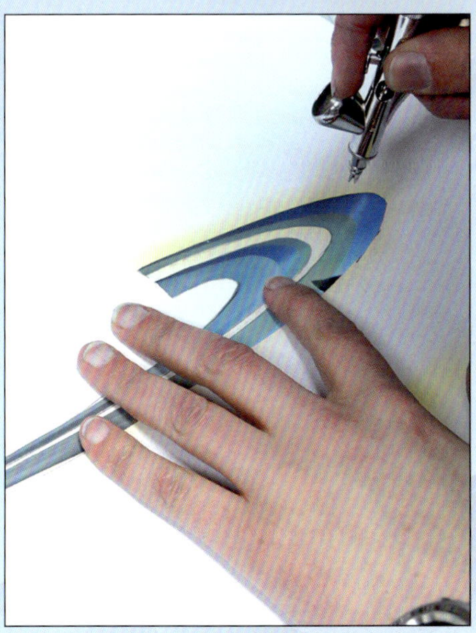

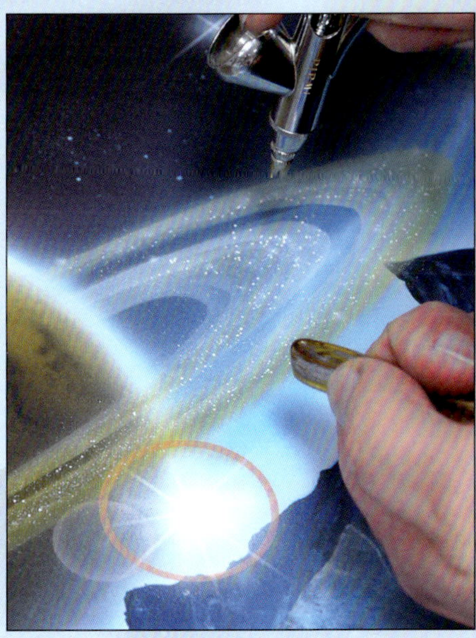

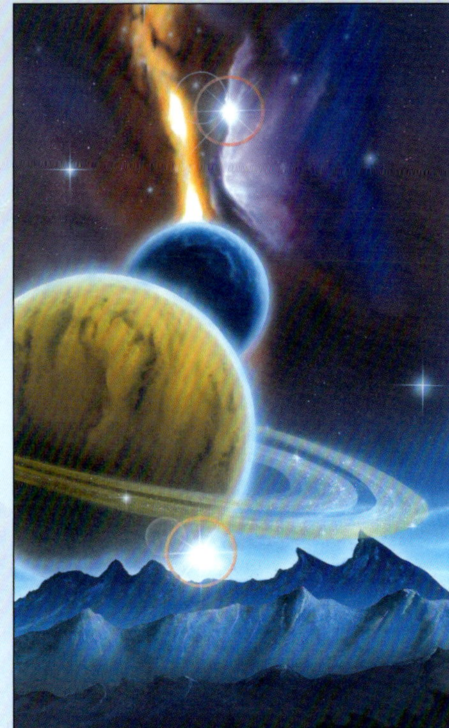

### Schritt 23: Fertig

Überprüfen Sie zum Schluss nochmal Ihr Motiv und sprühen Sie ggf. noch den einen oder anderen Stern ein.

# Paprika

## Radieren & Maskieren

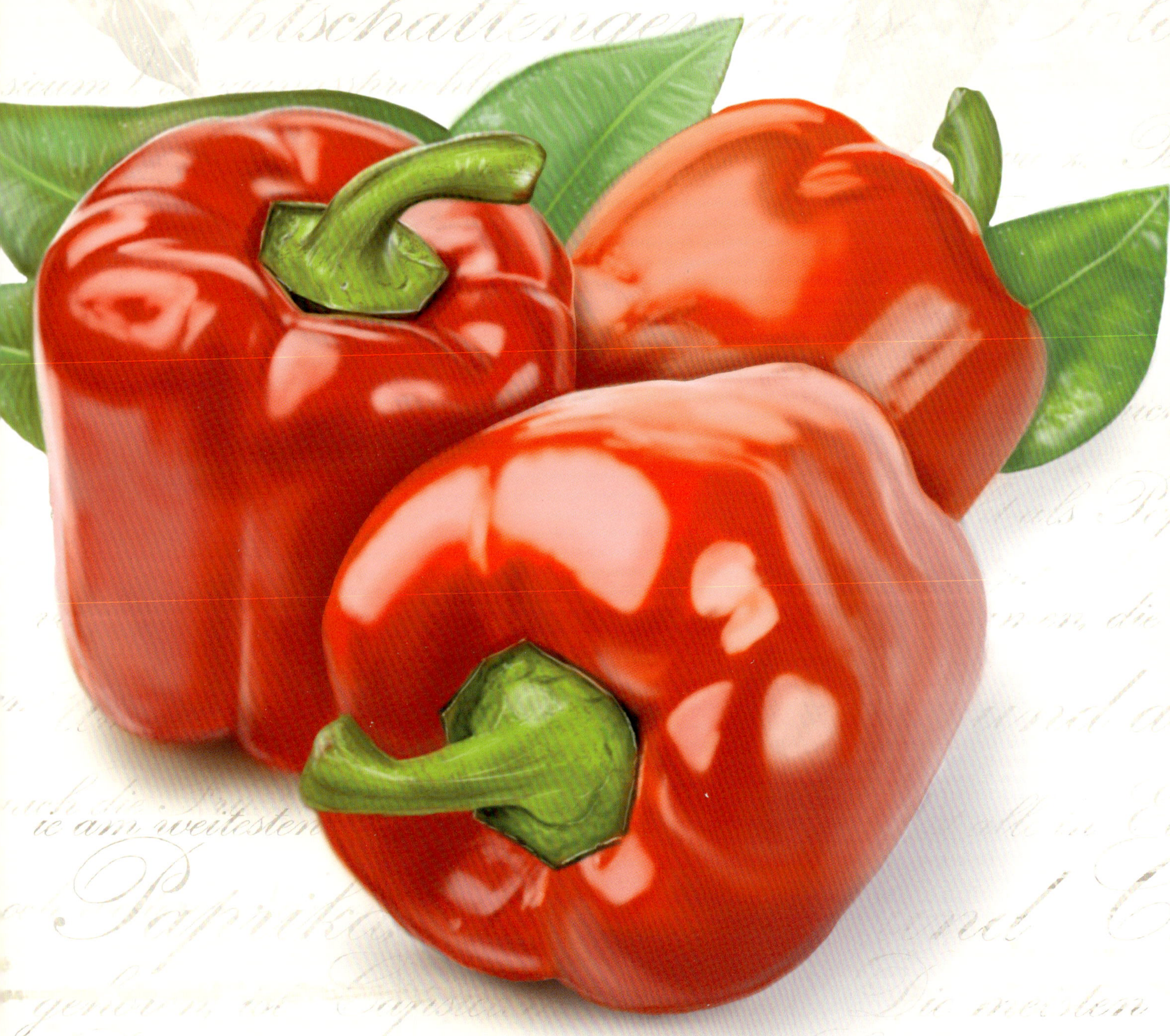

Sie sieht so einfach aus, doch die glänzende, knackige Oberfläche der Paprika hat es in sich: Begegnen Sie den feinen Farbverläufen, sanften Reflexionen und schimmernden Licht- und Schattenstellen am besten mit Airbrush, Radierer und Maskierfilm. Apropos: Kennen Sie Radiergranulat? Nein, das kann man nicht essen, aber Farbverläufe lassen sich damit großflächig und kantenlos radieren.

## // GRUNDAUSSTATTUNG // Paprika

| | |
|---|---|
| Airbrushpistolen: | Gerät mit 0,2 mm Düse |
| Farben: | Magenta, Gelb, Cyan, Schwarz, Brillantgrün |
| Untergrund: | Schoellershammer Reinzeichenkarton 4G dick |
| Weitere Materialien: | Skalpell, verschiedene Radiergummis, Radiergranulat von Meinrad Froschin, Radierstifte, Elektroradierer, Maskierfilm, Bleistift |

### Schritt 1: Skizzieren und Maskieren

Übertragen Sie die Paprika-Konturen auf einen Reinzeichenkarton. Streichen Sie dazu zum Beispiel mit einen Graphit-Stift die Rückseite Ihres Foto-Ausdrucks ein, um dann die Konturen durchzudrücken. Die Graphit-Schicht hinterlässt eine Bleistiftzeichnung auf dem Airbrush-Karton. Alternativ können Sie auch mit der Rastermethode, mit Saralpapier oder einer Freihandzeichnung die Paprika-Konturen übertragen. Zeichnen Sie dabei auch die Bereiche der Lichtreflexionen zur späteren Orientierung mit ein. Kleben Sie anschließend Maskierfilm über den Reinzeichenkarton und schneiden Sie die Außenkontur der linken aufrecht stehenden Paprika aus. Entfernen Sie die Innenmaskierung, den Stängel lassen Sie aber noch maskiert.

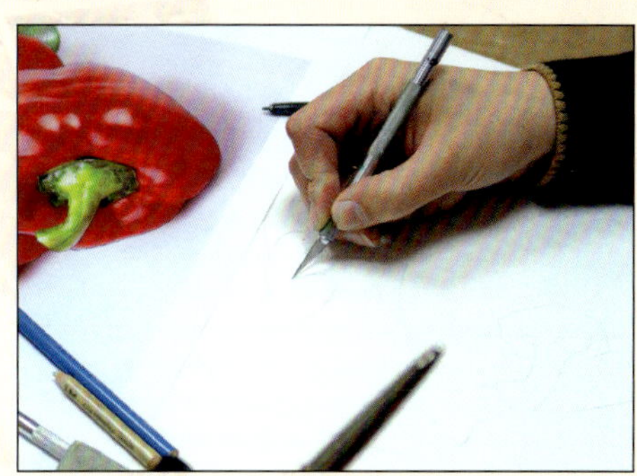

### Schritt 2: Erste Farbverläufe

Mit Magenta und Gelb mischen Sie sich einen mittleren roten Farbton. Mixen Sie zusätzlich ein paar Tropfen Wasser zu diesem Gemisch, damit Sie beim ersten Farbauftrag transparent feine Farbverläufe und Abstufungen sprühen können.

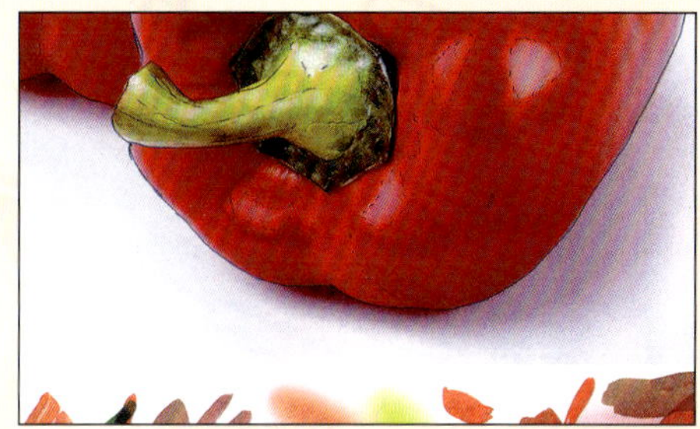

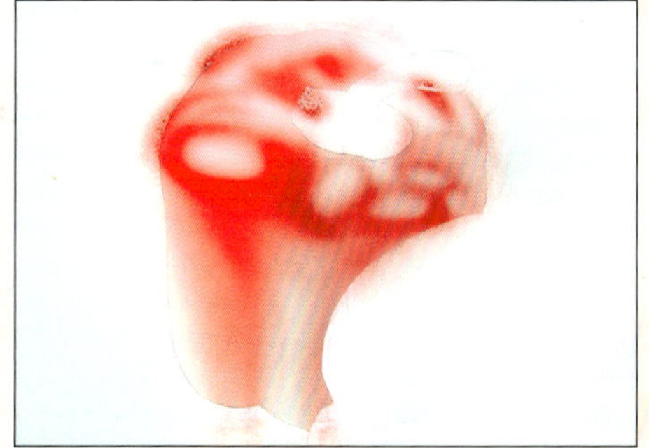

### Schritt 3: Lichtreflektion aussparen

Sprühen Sie vorsichtig in die roten Bereiche der Paprika, indem Sie erst leicht die aufgezeichneten Lichtstellen umkreisen und dann nach außen hin den Farbverlauf auffüllen. Sparen Sie die hellen Lichtreflexionen aus, da diese auch für die Formgebung zuständig sind. Sollen die Lichtformen etwas scharfkantig sein, dann sprühen Sie mit geringem Abstand zum Malgrund. Für weichere Verläufe arbeiten Sie dann mit größerem Abstand.

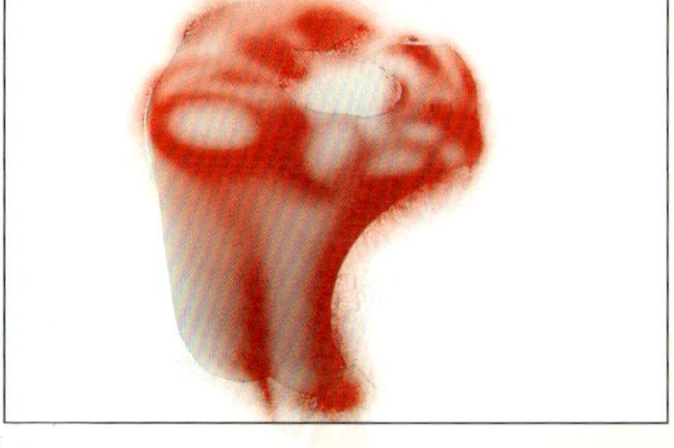

### Schritt 4: Schattierung

Mischen Sie ein wenig mehr Magenta zu Ihrem roten Farbton und sprühen Sie die tieferen Schattierungen und etwas härtere Kanten um die Lichtreflexionen. Ist der Farbauftrag durch den Wasseranteil in der Farbe einmal zu nass und es perlt ein wenig auf der Oberfläche, dann lassen Sie die Farbe an der Stelle erst trocknen, bevor Sie weiter sprühen.

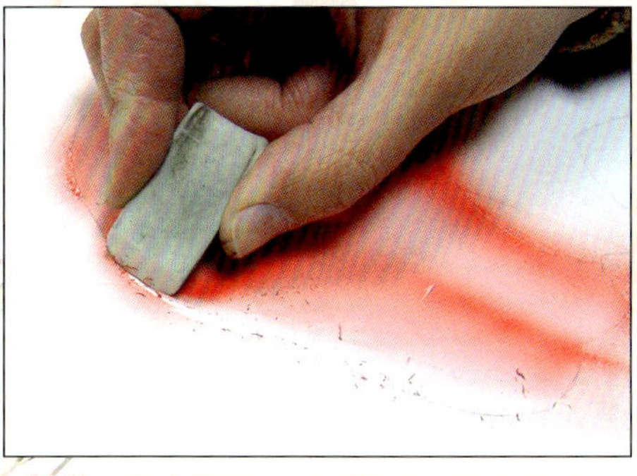

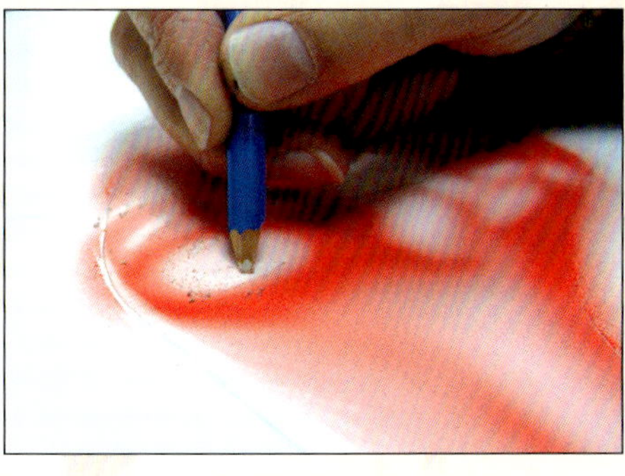

### Schritt 5: Lichter herausarbeiten

Um die Lichter bzw. „Dellen“ auf der Paprika herauszuarbeiten, wechseln Sie vom Airbrushgerät zu den Radierutensilien. Mit einem weichen Radiergummi, den Sie vorher mit einem Cutter in eine Keilform gebracht haben, können Sie größere Bereiche aufhellen. Für härtere Konturen sowie kleine Details greifen Sie zum Radierstift. Sind die Radierspuren zu hart geworden und die Reflexion soll weicher werden, können Sie z. B. mit dem Radiergranulat von Meinrad Froschin arbeiten. Einfach eine leichte Priese auf die aufzuhellende Stelle geben und mit dem Finger radieren. Es empfiehlt sich bei dem gesamten Radierprozess, einen Zeichenbesen zum Wegfegen der Radierspäne zu benutzen.

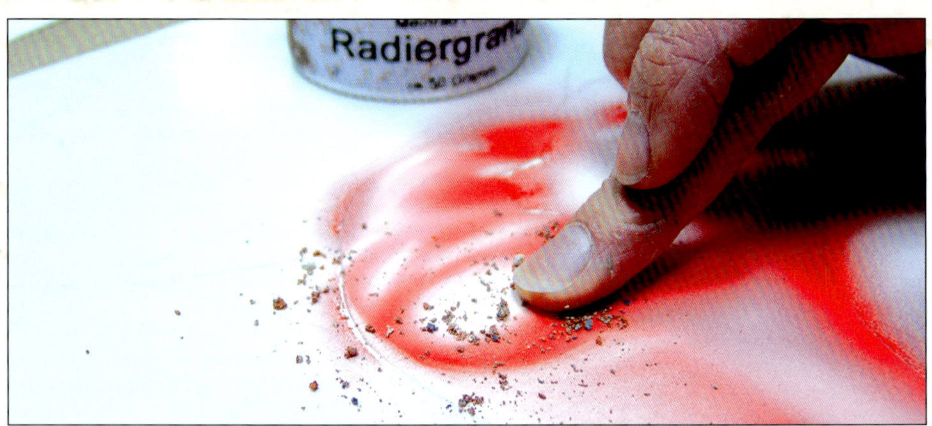


## Schritt 6: Kontraste schärfen

Benutzen Sie nun ein dunkleres Rot, indem Sie eine Nuance Grün dazu mischen. Sprühen Sie damit mehr Kontrast und Schatten auf die Paprika-Oberfläche. Auch zur visuellen Trennung der einzelnen Schoten ist dies notwendig. Damit die Lichter nicht nur vom Papierweiß dominiert werden, mischen Sie Magenta mit einem Bruchteil Gelb und etwas Wasser. Sprühen Sie diesen transparenten Magenta-Farbton dann leicht in die hellen Bereiche hinein. Ist es zu dunkel geworden, können Sie wieder mit den verschiedenen Radiermitteln entgegenwirken.

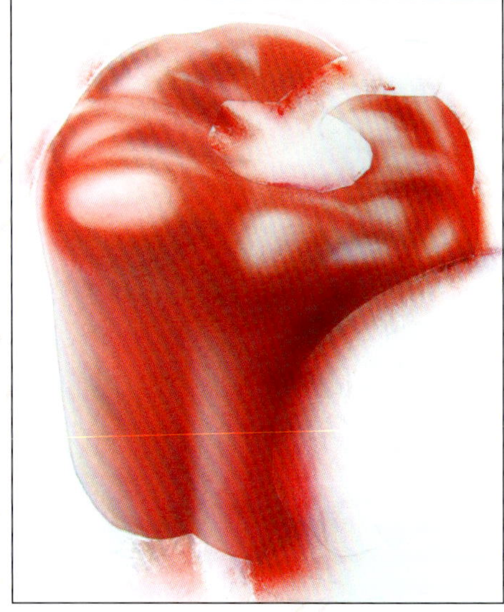

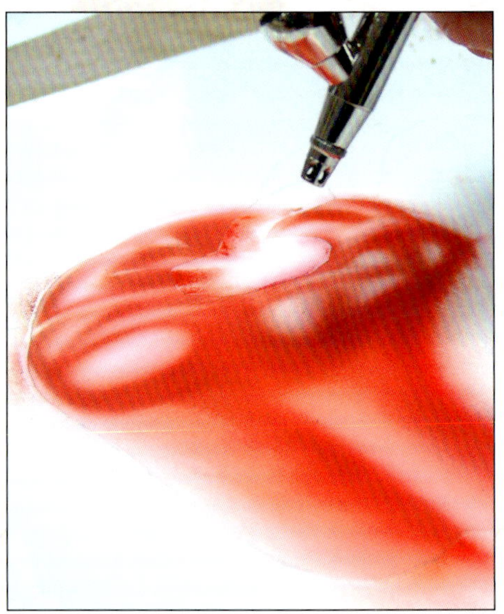

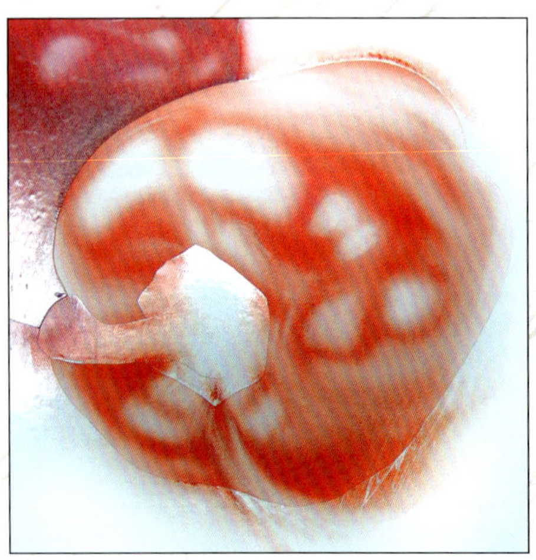

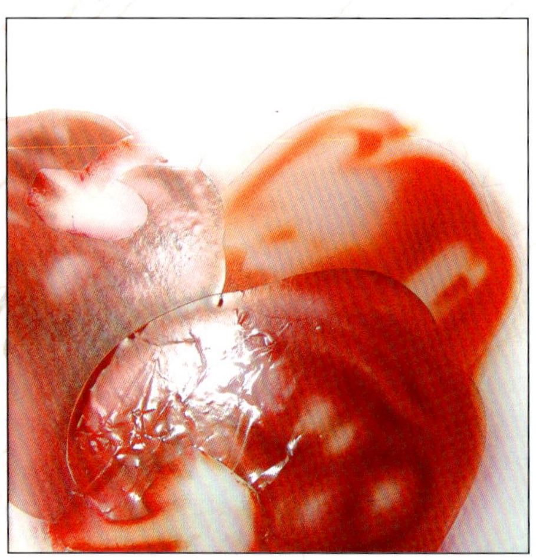

## Schritt 7: Weitere Schoten

Nachdem das rote Kleid der ersten Paprika fertig ist, arbeiten Sie jetzt die anderen beiden Schoten aus. Maskieren Sie dazu die erste wieder und legen Sie dann die vordere Schote frei. Zuletzt folgt dann die Hinterste. Bei allen Schoten lassen Sie jeweils die Stängel maskiert.

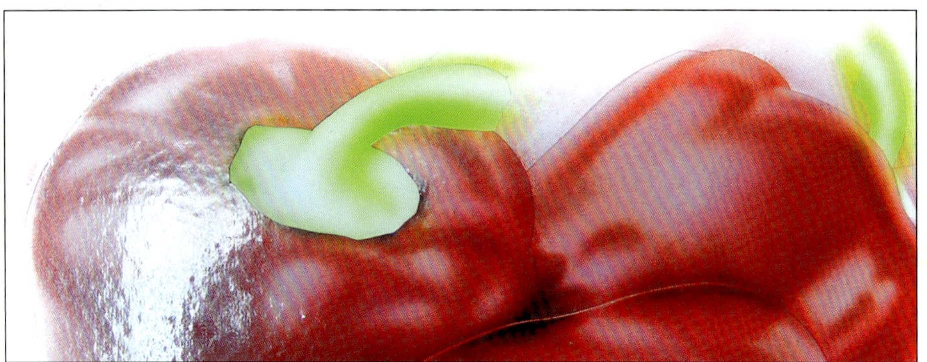

## Schritt 8: Stängel maskieren und brushen

Kleben Sie jetzt die Maskierungen wieder auf alle Schoten auf und entfernen Sie sie an allen Stängeln. Mischen Sie einen mittleren Grünton aus Brillantgrün und etwas Gelb. Formen Sie mit diesem Farbton die dunklen Bereiche und Schatten. Lichter sparen Sie beim Farbauftrag etwas aus.

## Schritt 9: Details ausarbeiten

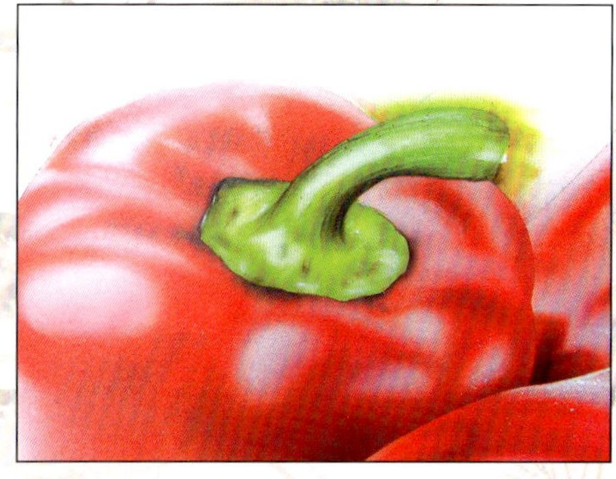

Mit einem dunkleren Grünton – also weniger Gelbanteil – verstärken Sie die Schatten am Stängel. Mit einem helleren Grünton färben Sie die Lichter ein. Mit dem Radierstift werden die Lichter sowie Strukturen herausradiert, die den Stängel später natürlicher aussehen lassen. Mit einem noch dunkleren Grün und dunklem Braun sprühen Sie weitere Flecken und tiefere Schatten ein. Durch Verwendung eines Skalpells können Sie auch Strukturen herauskratzen. Setzen Sie ebenfalls zur Verfeinerung Buntstifte ein. Gerade an den Kanten macht sich das sehr gut. Ist der Stängel fast abgeschlossen, ziehen Sie die Paprika-Maskierung ab, um auch die Schattierungen zwischen Stängel-Ansatz und Paprika zu sprühen sowie weitere Details mit dem Buntstift einzubauen.

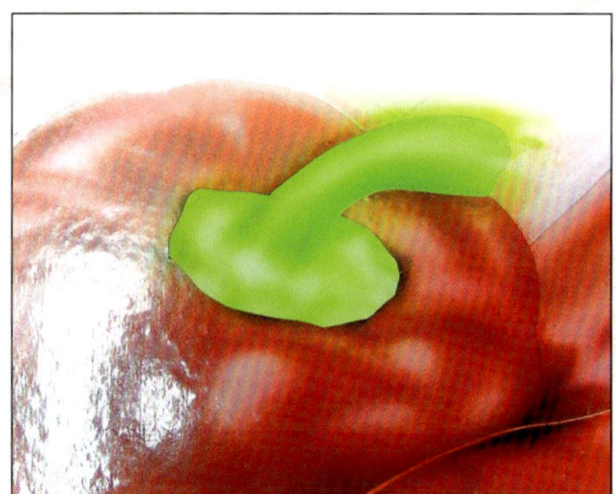

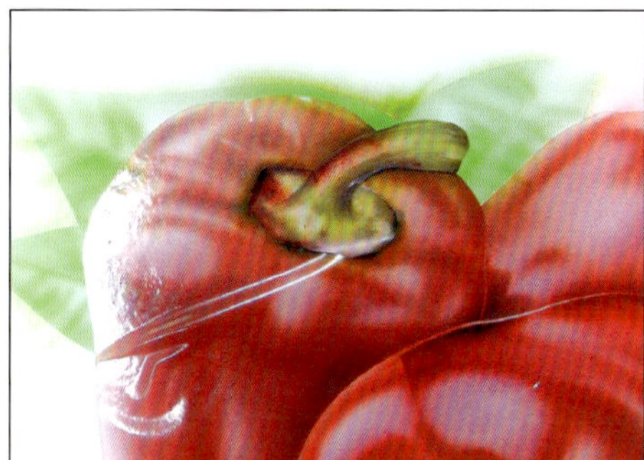

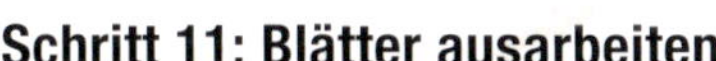

## Schritt 10: Blätter maskieren

Bearbeiten Sie alle drei Stängel wie beschrieben. Um danach die Blätter einzufärben und das bisherige Werk vor Oberspray zu schützen, kleben Sie die Paprikas wieder komplett ab und legen die Blätter frei. Sprühen Sie mit einem mittleren Grünton grob die erste Farbschicht, Schatten und Strukturen. Helle Bereiche sparen Sie grob aus.

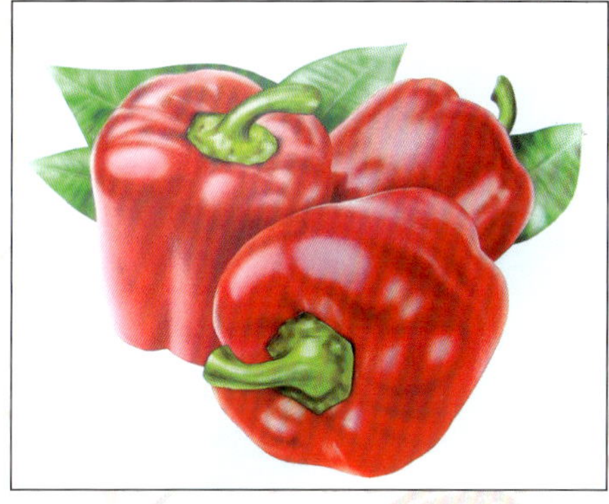

## Schritt 11: Blätter ausarbeiten

Die weitere Ausarbeitung der Blätter erfolgt mit Radierstift, Elektroradierer, Buntstift und Farbe. Mit dunklerem Grün sprühen Sie Schatten und Strukturen ein. Der Radierstift ist ideal, um die Seitenrippen und Mittelrippen anzudeuten. Für leichte Adern können Sie auch einen Buntstift benutzen, für kleine Lichtpunkte ist der Elektroradierer ideal. Mit einem hellen Grün – also mehr Gelbanteil – können Sie den Blättern anschließend auch noch eine etwas saftigere Optik geben.

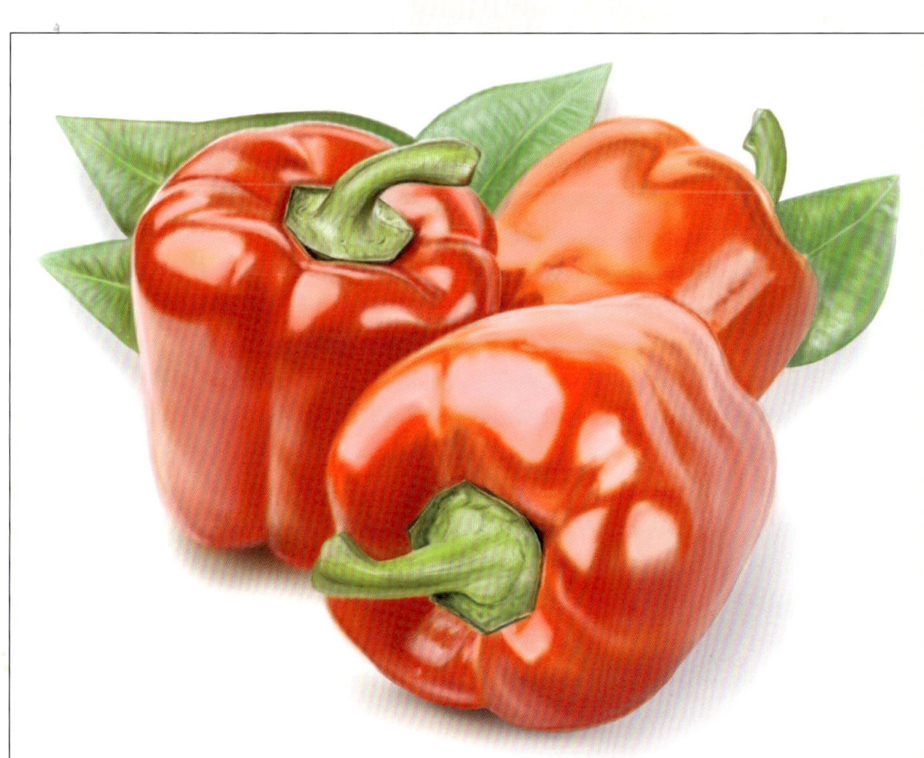

## Schritt 12: Schlagschatten

Maskieren Sie nun alle Objekte, so dass nur der Hintergrund frei liegt. Mischen Sie sich einen dreckigen Rotton mit einer Spur Grünanteil, einem Bruchteil Schwarz sowie Wasser an. Sprühen Sie vorsichtig unterhalb der Paprikas den Schatten ein. Zur Paprika hin dunkler und ins Weiß auslaufend. Auch ein wenig Schatten unterhalb der Blätter sowie seitlich der im Vordergrund liegenden Paprika kann nicht schaden. Ist alles trocken, ziehen Sie alle Maskierungen ab. Als letzte Aktion überarbeiten Sie noch die Lichter und Konturen der Paprikas mit einem Skalpell bzw. einem dunklen Buntstift. Fertig – einrahmen und in der Küche aufhängen!

# TOTENKOPF

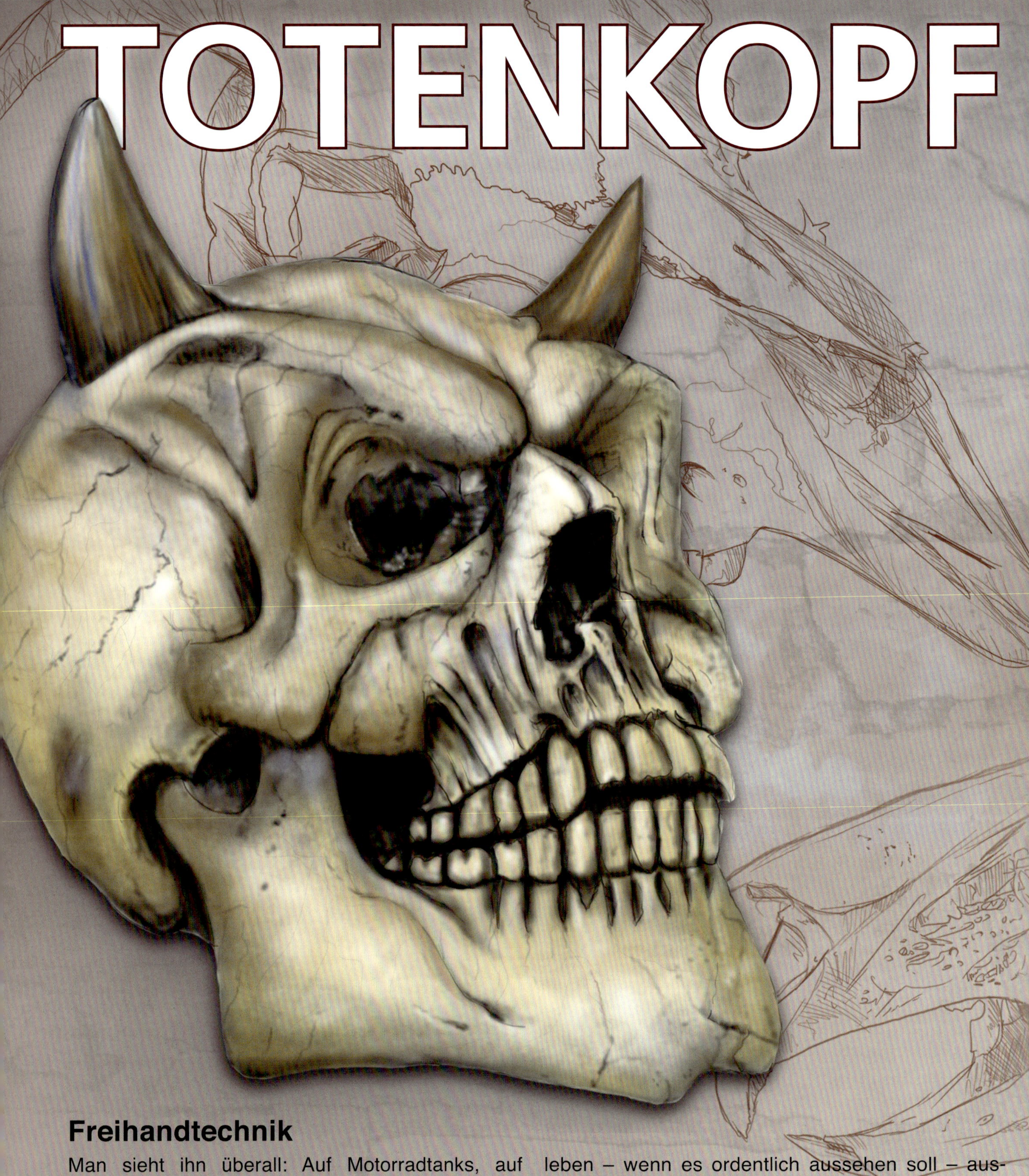

## Freihandtechnik

Man sieht ihn überall: Auf Motorradtanks, auf Helmen, Motorhauben und in vielen Illustrationen – jedes Mal in einer anderen Perspektive und Ausführung. Die Rede ist vom Totenschädel. Airbrushtechnisch betrachtet ist dieses Motiv eine reine Freihandarbeit. Zwar gibt es auch eine Vielzahl fertiger Totenkopfschablonen, doch auch die leben – wenn es ordentlich aussehen soll – ausschließlich von der Freihandausarbeitung der mithilfe der Schablone vorgezeichneten Schädelstruktur. Rundungen, Vertiefungen, Knochen und Knöchelchen definieren Sie ausschließlich mit hellen und dunklen Schattierungen.

## // GRUNDAUSSTATTUNG // Totenkopf

| | |
|---|---|
| Airbrushpistolen: | Gerät mit 0,2 mm Düse |
| Farben: | Neutralgrau, Schwarz, Weiß, Umbra, Gelb |
| Untergrund: | Reinzeichenkarton von Schoellershammer |
| Weitere Materialien: | Elektroradierer, Skalpell, Maskierfolie |

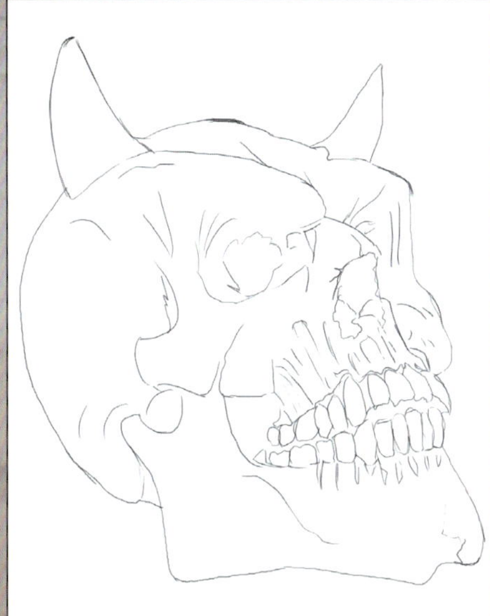

### Schritt 1: Zeichnen und Maskieren

Natürlich gibt es unterschiedliche Arten und Weisen, einen Schädel zu brushen. Für die schnelle Realisierung sind Schablonen in verschiedenen Ausführungen beliebt. Je nach Untergrund können Sie eine lose oder klebende Maskierung verwenden. Wenn Sie den Schädel selbst zeichnen, übertragen Sie zunächst Ihre Vorlage auf den Malgrund. Um eine scharfe Kante und eine klare Abgrenzung zum Hintergrund zu bekommen, kleben Sie eine Maskierfolie über die Vorzeichnung und schneiden Sie die Außenkonturen des Schädels ein. Entfernen Sie anschließend die Innenmaskierung, so dass nur der Hintergrund geschützt ist. Möchten Sie später den Schädel zur Erstellung des Hintergrundes schützen, ist es ratsam, die Maskierung des Schädels zur späteren Verwendung zurück auf die Trägerfolie zu kleben.

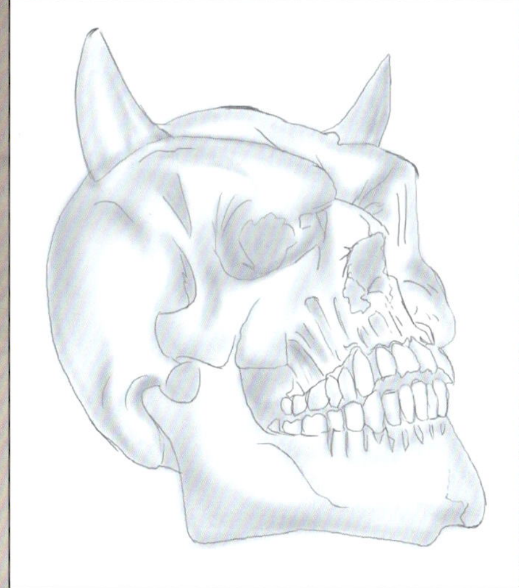

### Schritt 2: Licht und Schatten

Mischen Sie aus einem Tropfen Schwarz und vielen Tropfen Wasser ein stark verdünntes Schwarz an. Alternativ können Sie auch ein Neutralgrau verwenden. Mit diesem Farbton haben Sie die Möglichkeit, die erste Farbschicht, also Licht- und Schattengebung, auf dem Totenkopf anzulegen. Beachten Sie bitte dabei, dass bei ganz glatten Untergründen wie Metall und Plastik eine zu dünn gemischte Farbe eventuell abperlen kann. Benutzen Sie dann ggf. weniger Wasser, einen Verdünner des jeweiligen Farbenherstellers oder arbeiten Sie deckend mit Neutralgrau. Beginnen Sie am Rand des Schädels und arbeiten Sie sich nach innen vor. Durch den Abstand zum Malgrund variieren Sie die Intensität des Farbauftrags. Abhängig vom jeweiligen Malgrund und Farbauftrag können Sie z. B. mit einem Radierer helle Bereiche herausradieren, die zu dunkel geworden sind, oder mit Weiß (je nach Wunsch deckend oder transparent) wieder aufhellen. Gerade für die engeren Bereiche wie Zähne und Kieferknochen ist das Herausradieren auf einem Reinzeichenkarton eine prima Lösung.

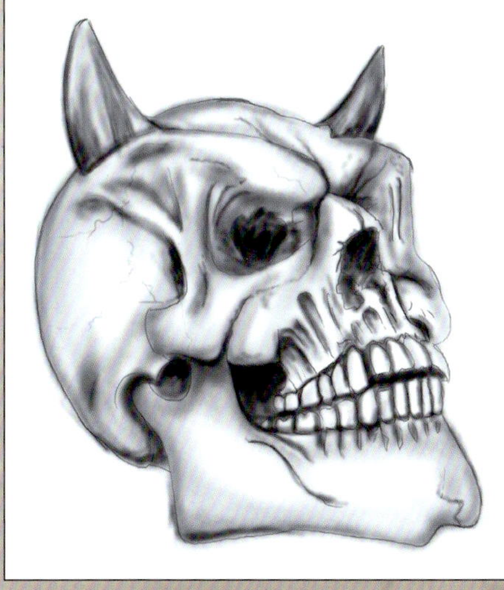

### Schritt 3: Details ausarbeiten

Benutzen Sie für die nächste dunklere Farbschicht ein Schwarz mit weniger Wasseranteil. Damit formen Sie die Schädelstruktur weiter aus. Arbeiten Sie für kleinere Verläufe und Details wie z. B. bei den Zahnzwischenräumen sehr dicht am Malgrund, um nicht so viel Overspray zu erhalten. Wenn Sie auf einem Reinzeichenkarton arbeiten, können Sie die lichten Stellen an den Zähnen oder dem Kiefer mit einem Radierstift oder Elektroradierer korrigieren/ausarbeiten. Vergleichen Sie Ihr Bild mit der Vorlage – Augen-, Mund- und Nasenhöhle sollten ausreichend Tiefe erlangen. Sollte die transparente Farbe aus Versehen einmal zu nass aufgetragen werden, einfach Ruhe bewahren und trocknen lassen bzw. vorsichtig auftupfen. Da später sowieso noch Strukturen aufgetupft werden, sollte das kein Problem sein.

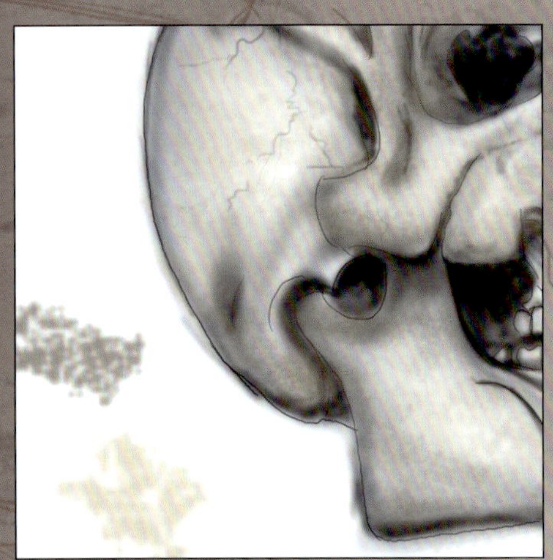

### Schritt 4: Farbe und Struktur

Das bisherige Schwarz-Weiß-Motiv bekommt nun Farbe und Struktur. Mischen Sie ein paar Tropfen Umbra, Gelb und viel Wasser zu einer transparenten Flüssigkeit zusammen. Das geht am besten auf einen kleinen Teller. Mit einem grob zerknautschten Zellstofftuch saugen Sie dann die Flüssigkeit auf und testen dann die Strukturfähigkeit des Tuchs erst einmal separat auf einem Stück Papier. Danach geht es dann direkt in die Illustration. Tupfen Sie mit dem Tuch vorsichtig auf das Motiv. Drehen Sie das leicht getränkte Tuch immer wieder, damit es nicht wie eine Stempel-Struktur aussieht. Der erste Auftrag erfolgt wie beschrieben mit einem sehr leichten und transparenten Braun/Beigeton – gefolgt von einem etwas dunkleren, aber ebenfalls transparenten Farbton (z. B. Umbra mit Wasser), den Sie an den dunkleren Schattenstellen einsetzen. Arbeiten Sie auf einem Reinzeichenkarton, können Sie kleine Fehler und zu dunkle Stellen mit einem Radiergummi ausgleichen. Bei glatten Untergründen können Sie mit dem Airbrushgerät und Weiß etwas gegensteuern.

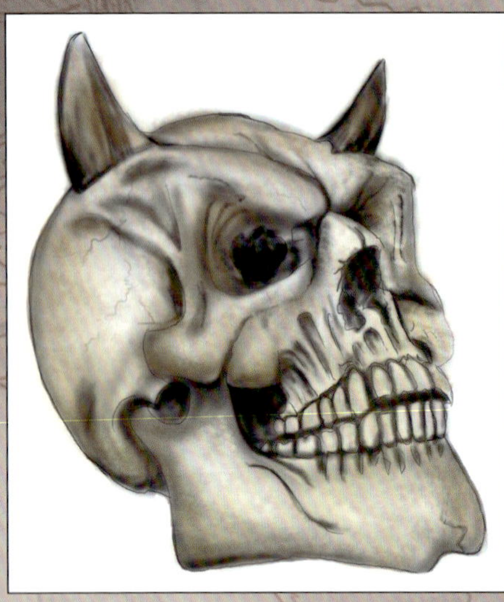

### Schritt 5: Weitere Details

Das Motiv benötigt nun noch weitere Details und Strukturen. Mit einem verdünnten Schwarz sprühen Sie gezitterte Knochennähte und Risse ein. Halten Sie dazu das Airbrushgerät senkrecht und sehr dicht am Malgrund. Zittern Sie nur ganz leicht im vorderen Bereich des Gerätes, um Zick-Zack-Linien zu vermeiden. Bemühen Sie sich, die Linien auslaufen zu lassen. Das sieht optisch besser und realistischer aus. Ebenfalls mit verdünntem Schwarz sprühen Sie Details, Strukturen und Schatten an den Hörnern, Augenhöhlen und im Nasenbereich. Aber auch bei den Zähnen und Kieferknochen erhöhen Sie mit weiteren detaillierten Linien und kleinen Verläufen den Kontrast. Um dem Schädel noch mehr Struktur zu verleihen, können Sie auch gerne mit einem Pinsel und stark wässrigem Schwarz bzw. Dunkelbraun in alter Aquarelltechnik Flecken mit harten Rändern erzeugen. Je nach Untergrund ist es auch möglich, mit Buntstiften zu arbeiten, um feine Risse und kontrastreiche Kanten damit zu erzielen. Kleinere, leichte Flecken machen Sie mit transparentem Schwarz und dem Airbrushgerät. Mehr Farbigkeit in den Schattenbereichen verleihen Sie dem gesamten Schädel mit einem Umbra-Wasser-Gemisch.

### Schritt 6: Farbintensität

Je nach vorhandener Farbintensität des Schädels können Sie mit stark transparentem Umbra und einem kleinen Anteil Gelb die Schädelfarbe nach Wunsch verändern. Lichter und Strukturen können abhängig vom Untergrund mit Radierer, Radierstift, Elektroradierer oder Skalpell optimiert werden. Ansonsten greifen Sie zum Airbrushgerät und hellen mit Weiß auf oder benutzen Sie einen Pinsel für kleine Highlights. Sollten während des Brushens einige größere Fehler passieren, kann auch nochmal mit Weiß nachgetupft werden, um Strukturen erneut zu formen. Entfernen Sie zum Schluss die Maskierung des Hintergrundes.

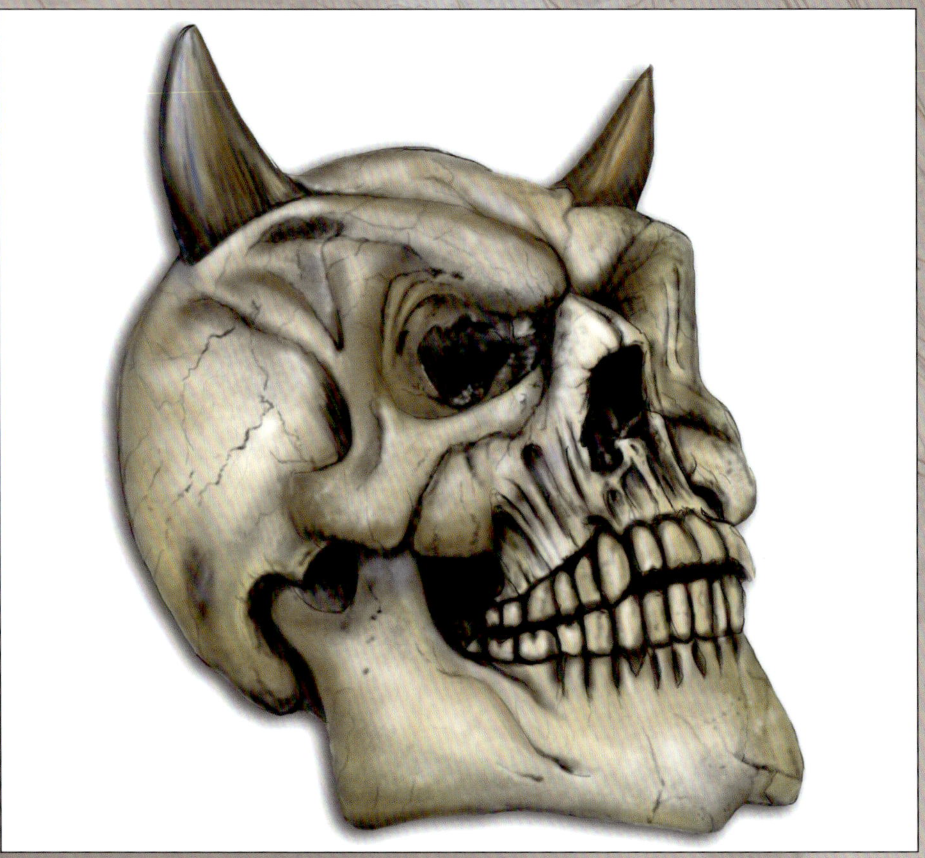

# FLUGZEUG

## Mischtechnik und Arbeiten mit deckenden Farben

Im Fotorealismus steht die Arbeit mit deckenden Farben ganz hoch im Kurs. Fehler lassen sich damit recht einfach wieder korrigieren, doch das Mischen des richtigen Farbtons will gut geplant sein und erfordert viel Geduld. Dieses Motiv umfasst zahlreiche Details, weswegen hier sowohl Maskier- als auch Pinseltechniken zum Einsatz kommen.

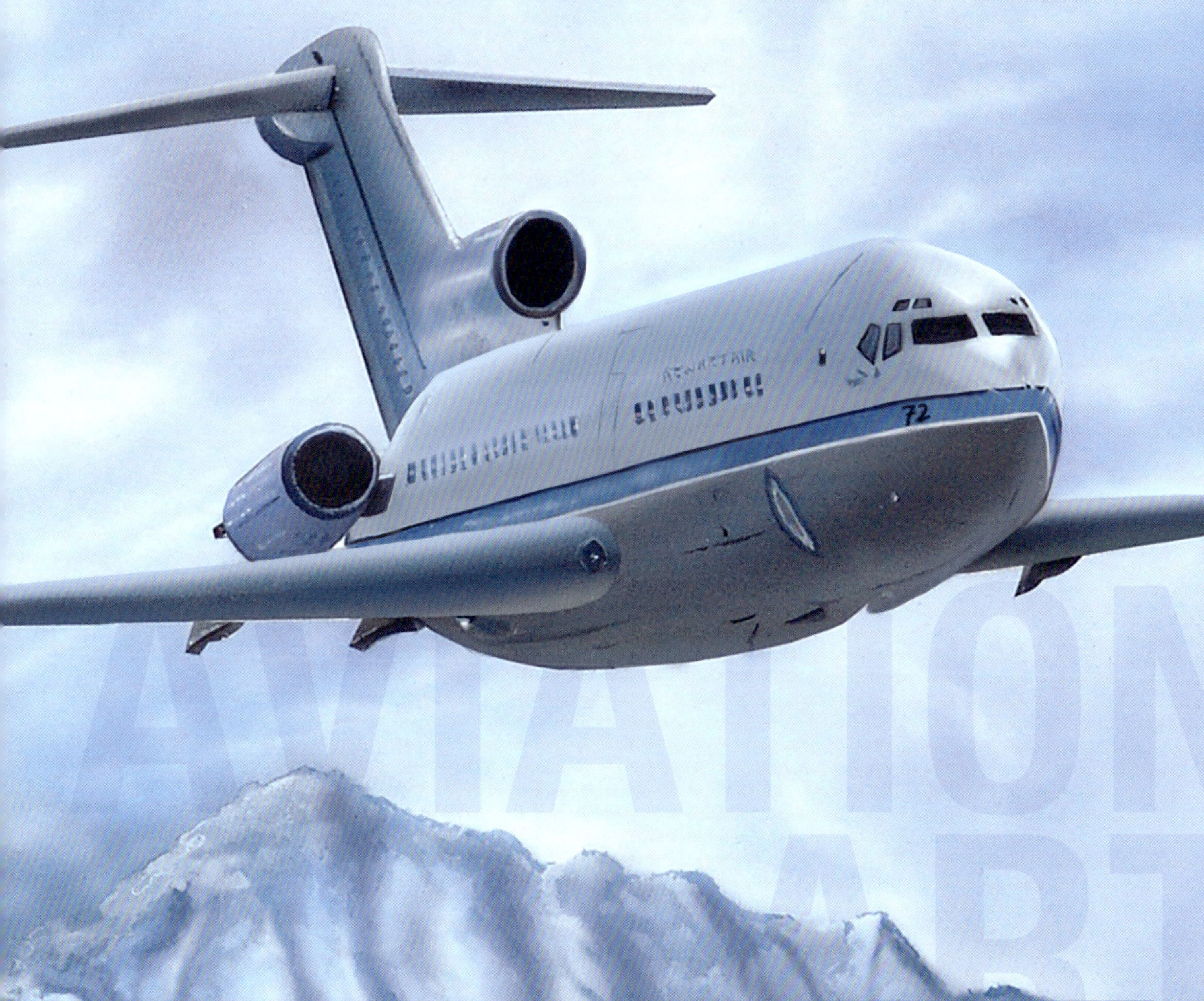


**// GRUNDAUSSTATTUNG // Flugzeug**

| | |
|---|---|
| Airbrushpistolen: | Gerät mit 0,15 oder 0,2 mm Düse |
| Farben: | Ultramarinblau, Weiß, Dunkelblau, Schwarz |
| Weitere Materialien: | Maskierfolie, Schoellershammer 4G dick (22 x 31 cm), 3/0er Pinsel |

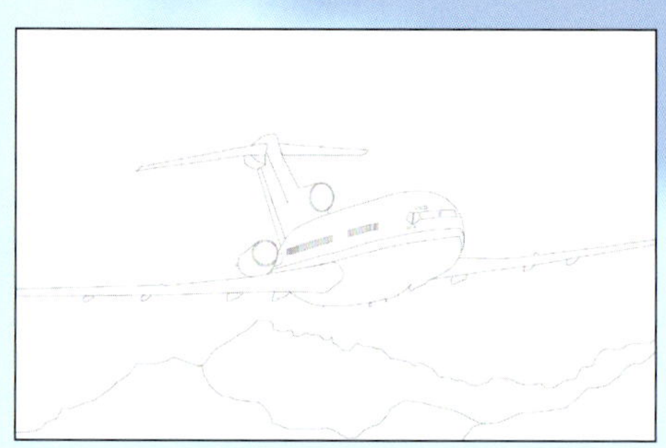

### Schritt 1: Konturzeichnung

Als erstes wird die Konturzeichnung des Motivs auf den Reinzeichenkarton übertragen. Verwenden Sie zum Beispiel einen Graphit-Stift, um die Rückseite des Ausdrucks oder der Kopie einzuschwärzen. Mit einem spitzen Stift drücken Sie dann die Konturlinien auf den Reinzeichenkarton durch. Die Graphitschicht hinterlässt die Vorzeichnung. Das geht recht zügig und garantiert, dass die Proportionen korrekt sind. Entfernen Sie überflüssige Graphitspuren mit einem weichen Radiergummi von Ihrer Vorzeichnung. Anschließend maskieren Sie das Flugzeug und legen den Hintergrund frei.

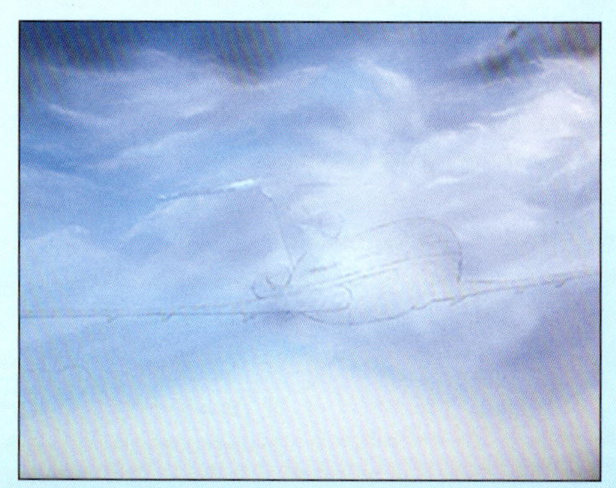

### Schritt 2: Himmel und Wolken

Den Hintergrund beginnen Sie mit einem von oben nach unten verlaufenden Farbverlauf von Blau bis Hellblau. Zur Verwendung kommt ein Ultramarinblau. Im oberen Bereich des Farbverlaufs wird das Ultramarin mit ein wenig Weiß und etwas Wassergemischt. Mit mehr deckendem Weiß wird der helle Farbton im unteren Bereich des Farbverlaufs gemischt. Danach werden mit Weiß gezitterte Linien als Wolkenkonturen aufgetragen. Unterhalb der gezitterten Konturlinien bekommen die Wolken dann mehr Volumen. Arbeiten Sie in diesem Bereich mit wasserverdünntem Weiß und ein wenig mehr Abstand zum Malgrund. Sind Sie mit Ihrer Wolkenkonstruktion nicht zufrieden, können Sie mit einem Blau-Weiß-Wasser-Gemisch wieder Schatten in den Wolken herausarbeiten.

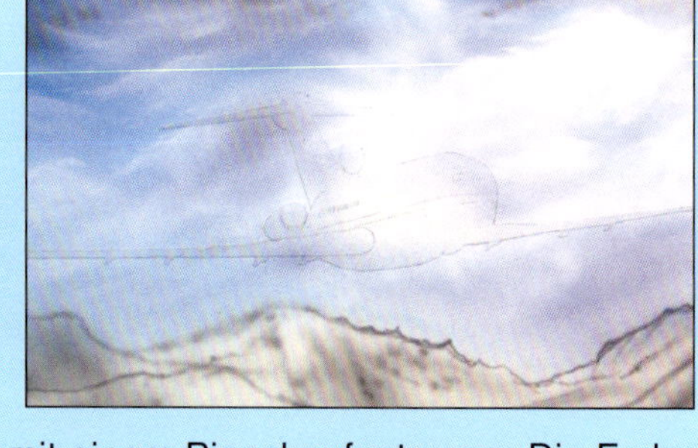

### Schritt 3: Licht und Schatten

Mit einem Blau-Dunkelgrau-Wassergemisch werden weitere Schattenbereiche der Wolken eingearbeitet, mit deckendem Weiß wiederum Strukturen und Lichter betont. Im gleichen Zuge können Sie die Konturen und Schatten der Berge brushen.

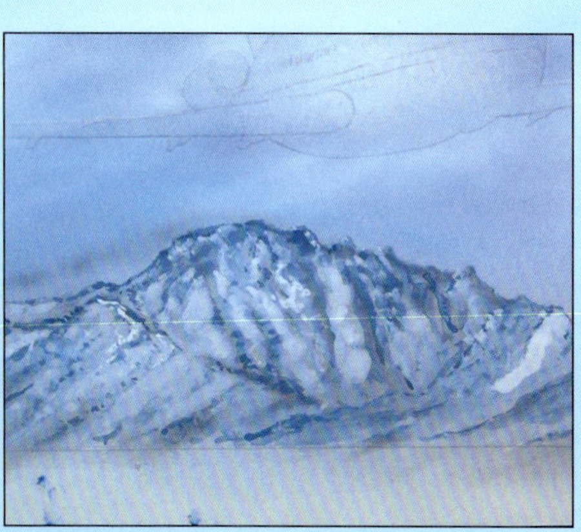

### Schritt 4: Berge

Als nächstes kümmern Sie sich um die Berge. Die Strukturen werden weiter detailliert. Mit verdünntem Dunkelblau werden die Strukturen in Aquarelltechnik mit einem Pinsel aufgetragen. Die Farbe wird relativ nass aufgetragen. Bevor die Farbe komplett angetrocknet ist, werden nur mit Wasser die Strukturen mit dem Pinsel herausgezogen. Durch die Auftrocknung der wässrigen Farbe entstehen interessante Strukturen auf dem Karton. Ein Reinzeichenkarton ist der ideale Untergrund, um Nass-in-Nass-Techniken zu benutzen, da dieser sich nicht wellt. Die Farbigkeiten werden variiert, im Bild zu sehen sind hellere und dunklere Strukturbereiche. Die Licht- und Schneekanten werden mit deckendem Weiß und mit transparentem Weiß gemalt.

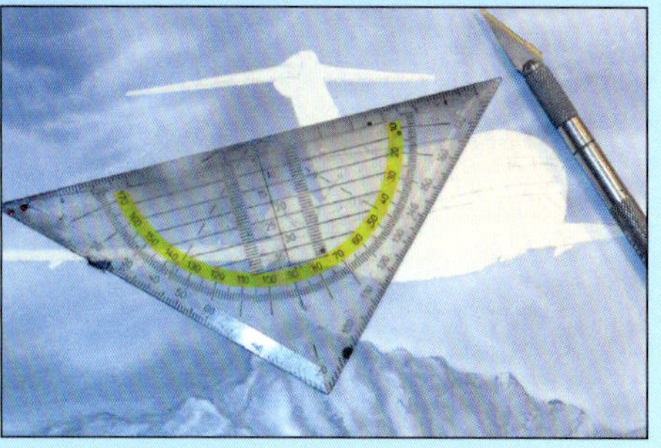

### Schritt 5: Atmosphäre

Nun werden die harten Pinselstrukturen mit dem Airbrushgerät wieder bearbeitet, übernebelt und somit ein wenig zurück genommen. Das machen Sie mit Weiß für die Lichter und mit einem Dunkelblaugemisch für die Schattenbereiche. Der komplette Bildhintergrund bekommt dann zusätzlich mehrere Schichten stark verdünntes Weiß übernebelt, um noch mehr Dunst, Nebel und einheitliche Atmosphäre zu erreichen.

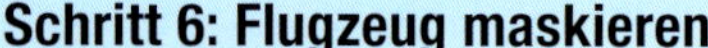

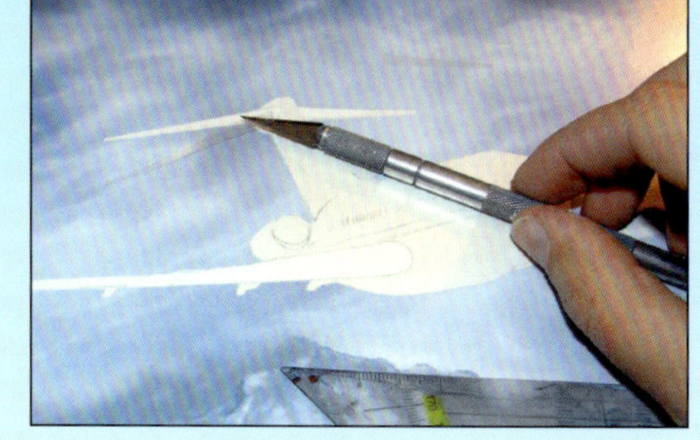

### Schritt 6: Flugzeug maskieren

Im nächsten Schritt entfernen Sie die Flugzeug-Maskierung und kleben einen neuen Bogen über die gesamte Illustrationsfläche. Legen Sie anschließend die Tragflächen und das Leitwerk frei. Diese beiden Objekte sind weit genug voneinander entfernt, um sie in einem Zuge ohne Overspray zu brushen.

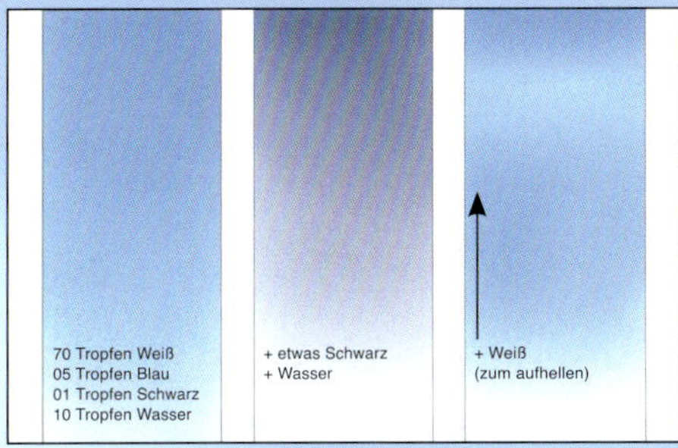


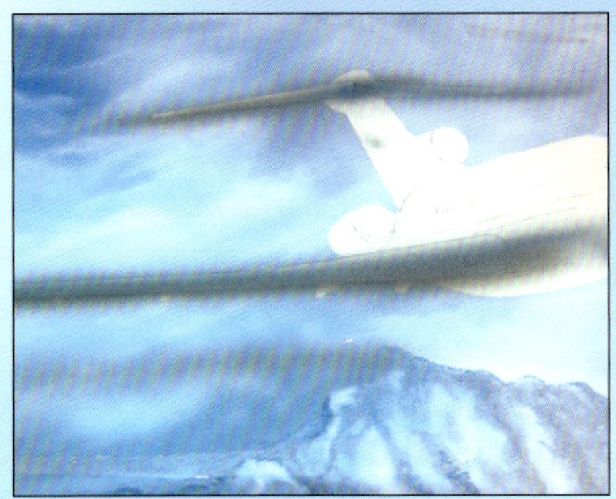

## Schritt 7: Farben mischen / Farbflächen anlegen

Jetzt ist es notwendig, eine Grundfarbe für die Tragflächen, Leitwerk und den Rumpf anzulegen. Mischen Sie einen Grau-Blauton mit Weiß, etwas Schwarz, wenig Blau und etwas Wasser. Analysieren Sie die Vorlage und die Schattierungen: Sie sehen einen Farbverlauf von Grau über Dunkelblaugrau (in der Mitte der Tragfläche) bis übergehend in ein helles Blaugrau. Benutzen Sie eine leere Farbflasche und zählen Sie die Farbtropfen genau ab. So haben Sie die Möglichkeit, die Farbmenge später nochmals neu anzumischen. In meinem Beispiel ist die Abmessung der ganzen Illustration in A4-Größe, dementsprechend werden keine großen Farbmengen benötigt. Um den etwas dunkleren Blau-Grau-Farbton zu mischen, arbeiten Sie aus der ersten Mischung einen weiteren Farbton aus. Addieren Sie etwas mehr Blau und evtl. eine Spur Schwarz mit Wasser. Sprühen Sie dann als erstes mit dem Graublau-Farbton die untere Kante der Tragflächen an. Legen Sie ebenfalls mit diesem Farbton die ersten Schattierungen im Leitwerk an. Der mittlere Bereich der Tragfläche wird dann mit dem etwas dunkleren und mit mehr Blauanteil vorbereiteten Farbton angelegt. Sprühen Sie horizontal der Formgebung entlang. Bei der kleinen Fläche kann es passieren, dass es nicht sofort beim ersten Mal klappt. Sie können jederzeit mit der etwas helleren Farbe die unteren Kanten neu übernebeln, bis sich der Farbverlauf ergibt. Die oberen Bereiche der Tragflächen bekommen einen helleren Farbton. Addieren Sie etwas Weiß direkt zu Ihrem Farbton im Gerät und nebeln Sie die oberen Kante an.

## Schritt 8: Tragflächen und Leitwerk

Um weitere Formgebung an Tragflächen und Leitwerk zu erreichen, benutzen Sie eine gerade lose Schablone. Damit erzeugen Sie eine Lichtkante an der Flügelvorderkante. Sie haben zwei Möglichkeiten: 1. Die untere Hälfte der Tragfläche abdecken und mit einer hellen wasserverdünnten Farbe die Kante annebeln. 2. Oben abdecken und die Kante mit einem dunklen wasser-verdünnten Farbton aufsprühen. Auch am Leitwerk entsteht in dieser Technik eine weitere gerade Lichtkante zur Formgebung.

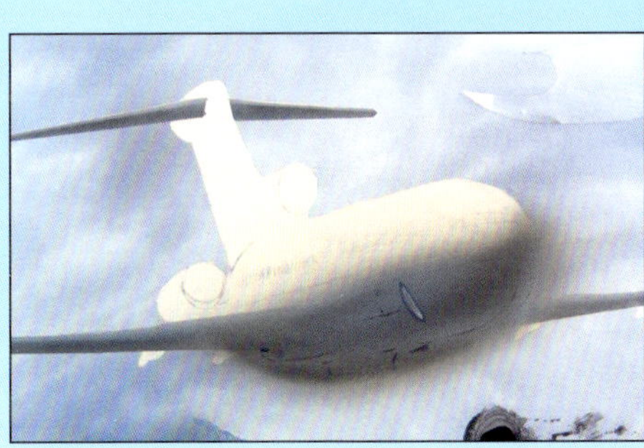

## Schritt 9: Rumpf

Mit einem Fineart-Pinsel z. B. in der Größe 3/0 können Sie nun einige Details und Dekors aufmalen. In der Größe sind diese Objekte zu klein, um sie mit einer Maskierfolie zu realisieren. Die Details verstärken die Formgebung des Rumpfes und machen das Motiv realistischer.

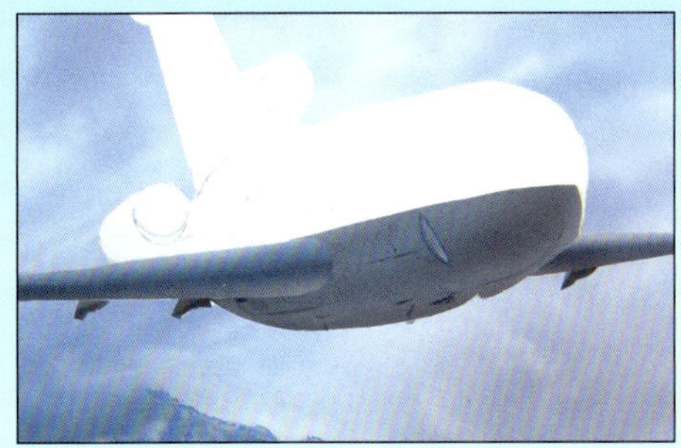

## Schritt 10: Tragflächendetails

Im nächsten Schritt werden die weiteren Details an den Tragflächen gebrusht. Legen Sie dazu die kleinen Bereiche unterhalb der Tragflächen frei und verwenden Sie den vorher angemischten grauen Farbton. Eine gerade lose Schablone mit einem Stück Papier hilft auch hier, um zügig Licht, Schatten und Formgebung zu simulieren. Falls nach dem Abziehen ein wenig Farbe unter den Maskierfilm gelaufen ist (wie im Bild zu sehen), können diese Flecken später ohne Probleme noch korrigiert werden. Für einen besseren Überblick maskieren Sie das Flugzeug mit einer neuen Maskierfolie.

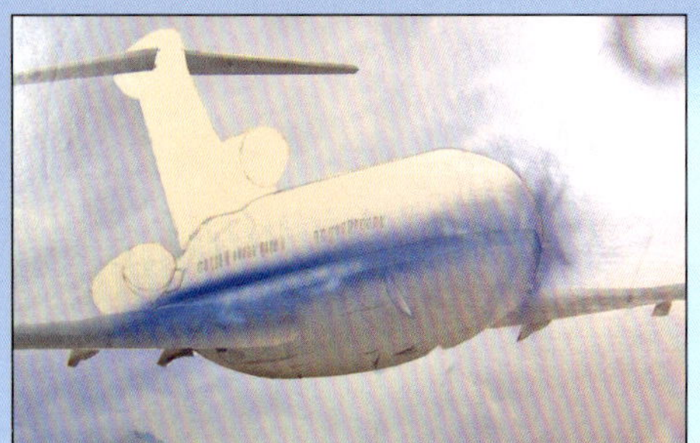

### Schritt 11: Dekorstreifen und Details

Als nächstes schneiden Sie den blauen Dekorstreifen des Flugzeugs aus. Füllen Sie diese Fläche dann mit einem blauen Farbton, bestehend aus Weiß, etwas Blau und etwas Grau. Addieren Sie für den kleinen Farbverlauf der Flugzeugnase etwas Weiß. Benutzen Sie den gleichen Farbton für die Witterungsflecken im hinteren Bereich des Dekors. Benutzen Sie dazu das Airbrushgerät und zusätzlich einen mit etwas Wasser und Farbe benetzten kleinen Pinsel.

### Schritt 12: Fenster

Der obere Bereich des Rumpfes wird nun freigelegt, der Rest ist maskiert. Zum besseren Überblick für die nachfolgenden Schritte markieren Sie die Fenster kurz mit einem Pinsel.

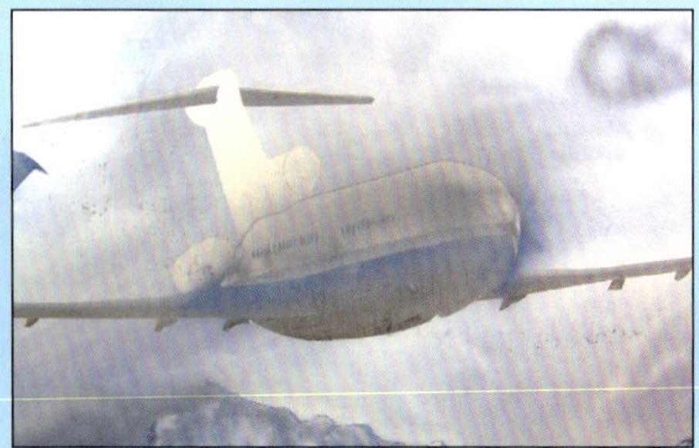

### Schritt 13: Rumpf einfärben

Mit einem hellen Grauton, den Sie an den Tragflächen schon mal eingesetzt haben, wird der obere Bereich des Rumpfes mit Farbe versehen. Beachten Sie bitte den feinen Farbverlauf zur oberen Kante des Rumpfes und die etwas dunkleren Witterungsflecken. Die helleren Reflektionen an der Nase des Rumpfes bleiben zunächst frei.

### Schritt 14: Fenster

Zur weiteren Orientierung sprühen Sie nun mit einer separaten Schablone die Fenster des Flugzeuges ein. Beachten Sie dabei, dass die Fensterschablone für die weitere Ausarbeitung noch benötigt wird.

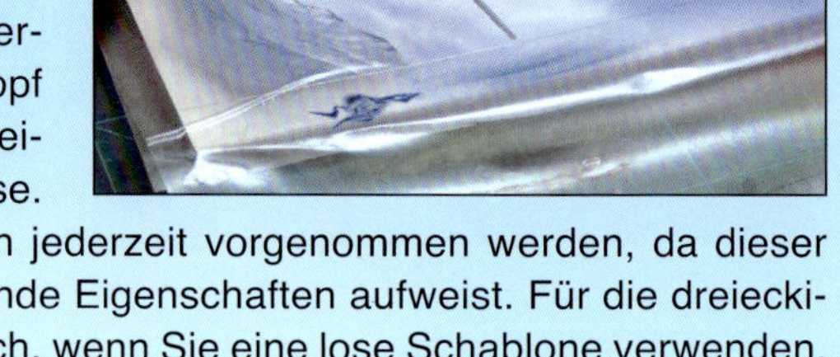

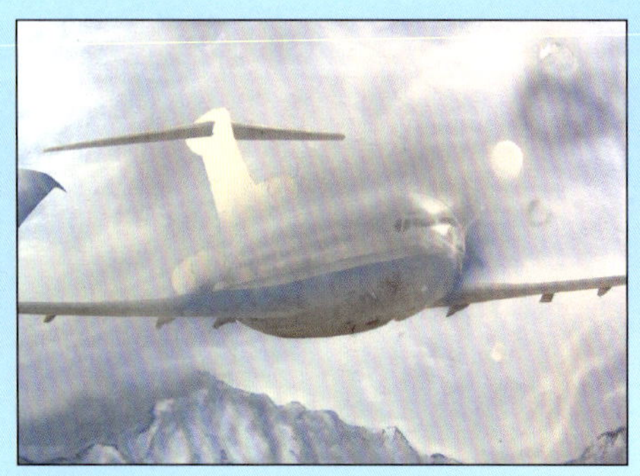

### Schritt 15: Lichtkante und Reflexionen

Jetzt kümmern Sie sich um die Reflextionen und Lichtkanten. Mit einem verdünnten Weiß können diese am Kopf der Maschine detailliert werden. Arbeiten Sie dabei mit einer feinen Düse. Korrekturen können mit dem Grauton jederzeit vorgenommen werden, da dieser durch die weißen Bestandteile deckende Eigenschaften aufweist. Für die dreieckige Reflexion an der Nase ist es hilfreich, wenn Sie eine lose Schablone verwenden. Anschließend können Sie freihand die Kanten wieder absoften.

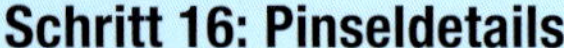

### Schritt 16: Pinseldetails

Arbeiten Sie mit der Fensterschablone nun die weiteren Details der Fenster aus. Beachten Sie die kleinen Farbwechsel und Details. Mit einem feinen Pinsel erzeugen Sie mehr Details; Linien und angedeutete Schriftzüge lassen den Rumpf noch realistischer wirken.

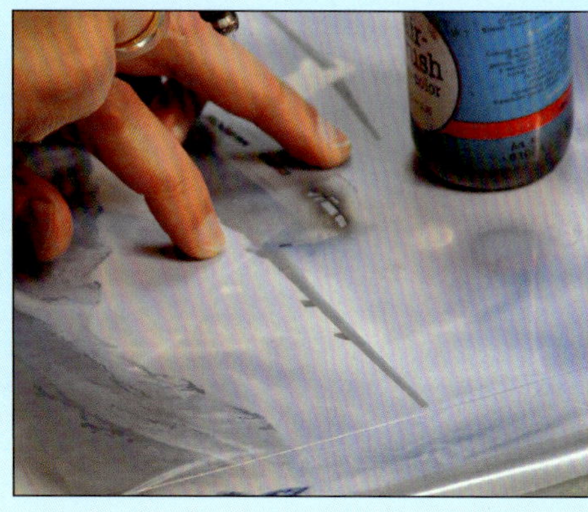

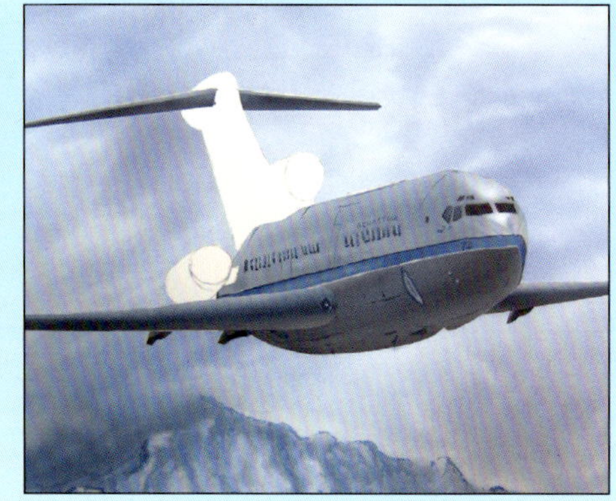

## Schritt 17: Leit- und Trienwerk

Das Leitwerk mit eingebautem Triebwerk wird demaskiert. Die Öffnung des Triebwerks bleibt zunächst maskiert – wie auch der Rest des Flugzeugs. Sprühen Sie als erstes wieder einen kleinen Farbverlauf – zur Leitwerkkante etwas heller werdend. Weitere Details und Schattierungen addieren Sie auch hier mit losen, aber geraden Schablonen. Mit einem aufgehellten Grau bringen Sie Form und Verwitterungseffekt in das eingebaute Triebwerk.

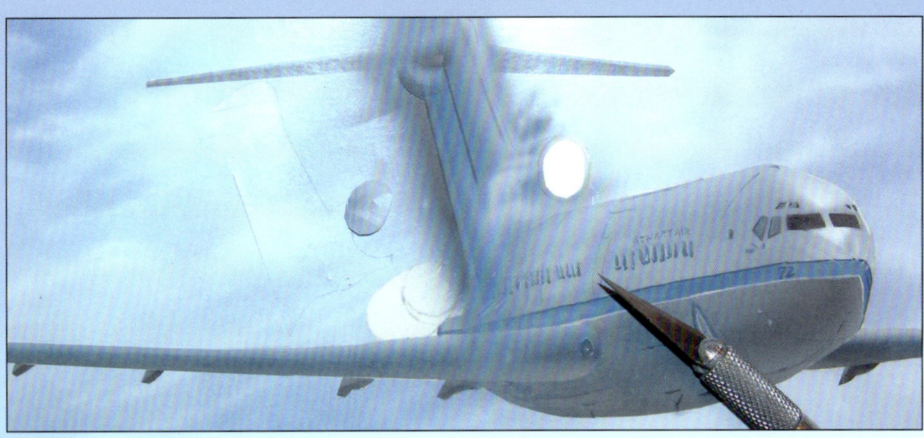

## Schritt 18

Demaskieren Sie das weitere Triebwerk. Die Triebwerksöffnung bleibt maskiert und gehen Sie in mehreren Schritten vor. Erst den Farbverlauf am Triebwerksrumpf sprühen, dann später die Öffnung und den äußeren Ring ausarbeiten. Mit einem feinen Pinsel arbeiten Sie weitere Details am Leitwerk und an den Triebwerken aus. Benutzen Sie die im Bild vorkommenden Farbtöne und kombinieren Sie diese mit mehr Weiß und Wasser oder Blau und Wasser.

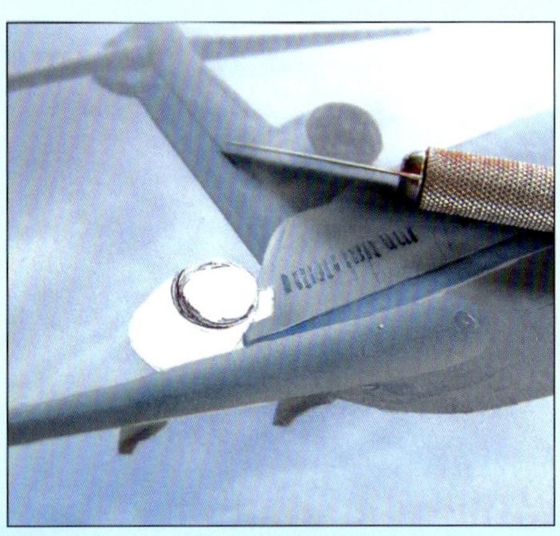

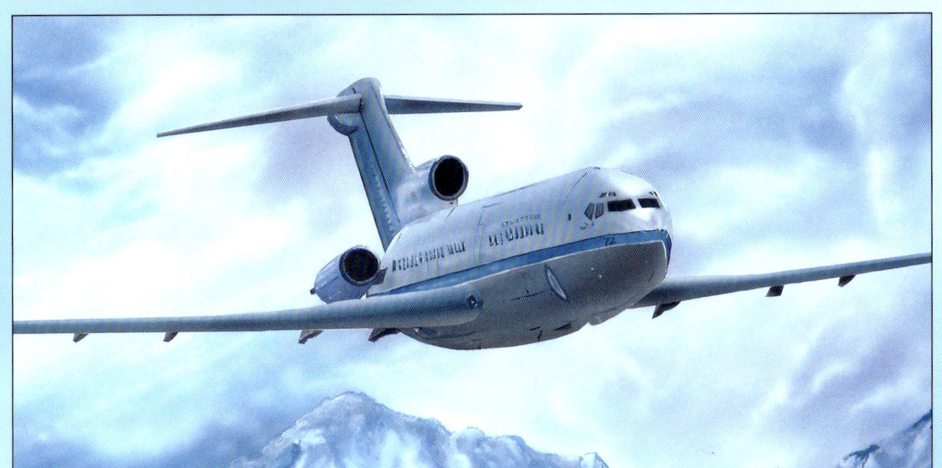

## Schritt 19: Korrigieren

Kümmern Sie sich am Schluss um die Korrekturarbeiten. Maskieren Sie zum Beispiel das gesamte Flugzeug neu, um gegebenenfalls untergelaufene Farbe, die im Hintergrund stört, zu entfernen. Mit deckendem Weiß können Sie zum Beispiel die Wasserflecken wegnebeln. Für die Illustration in A4-Größe sollten Sie 6-8 Stunden einkalkulieren.

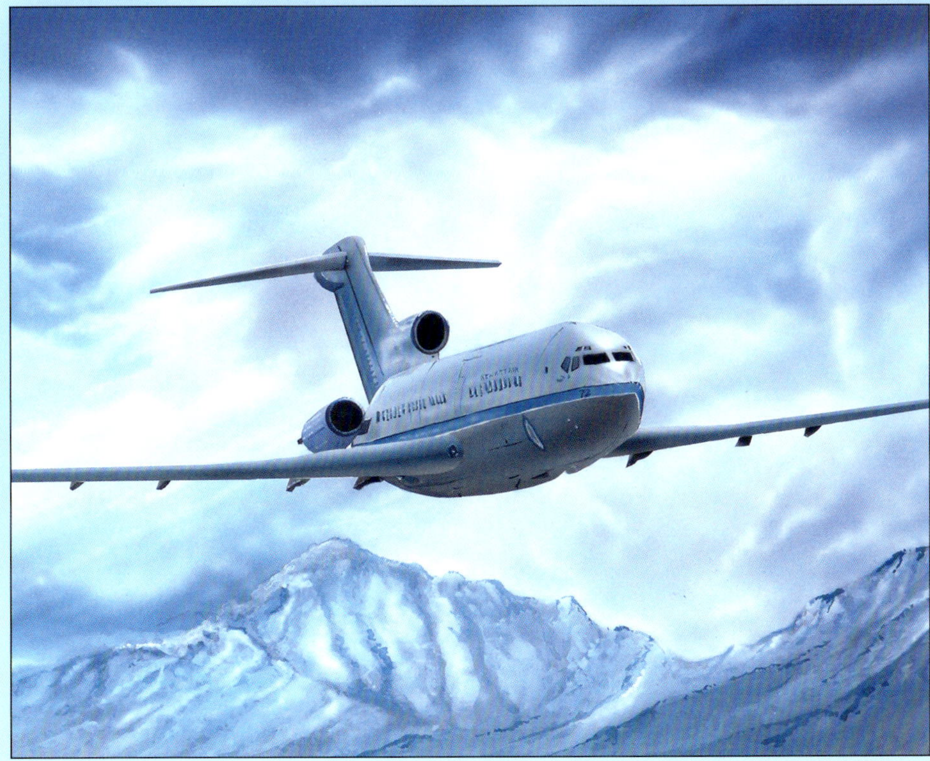

# FANTASY MÖNCH

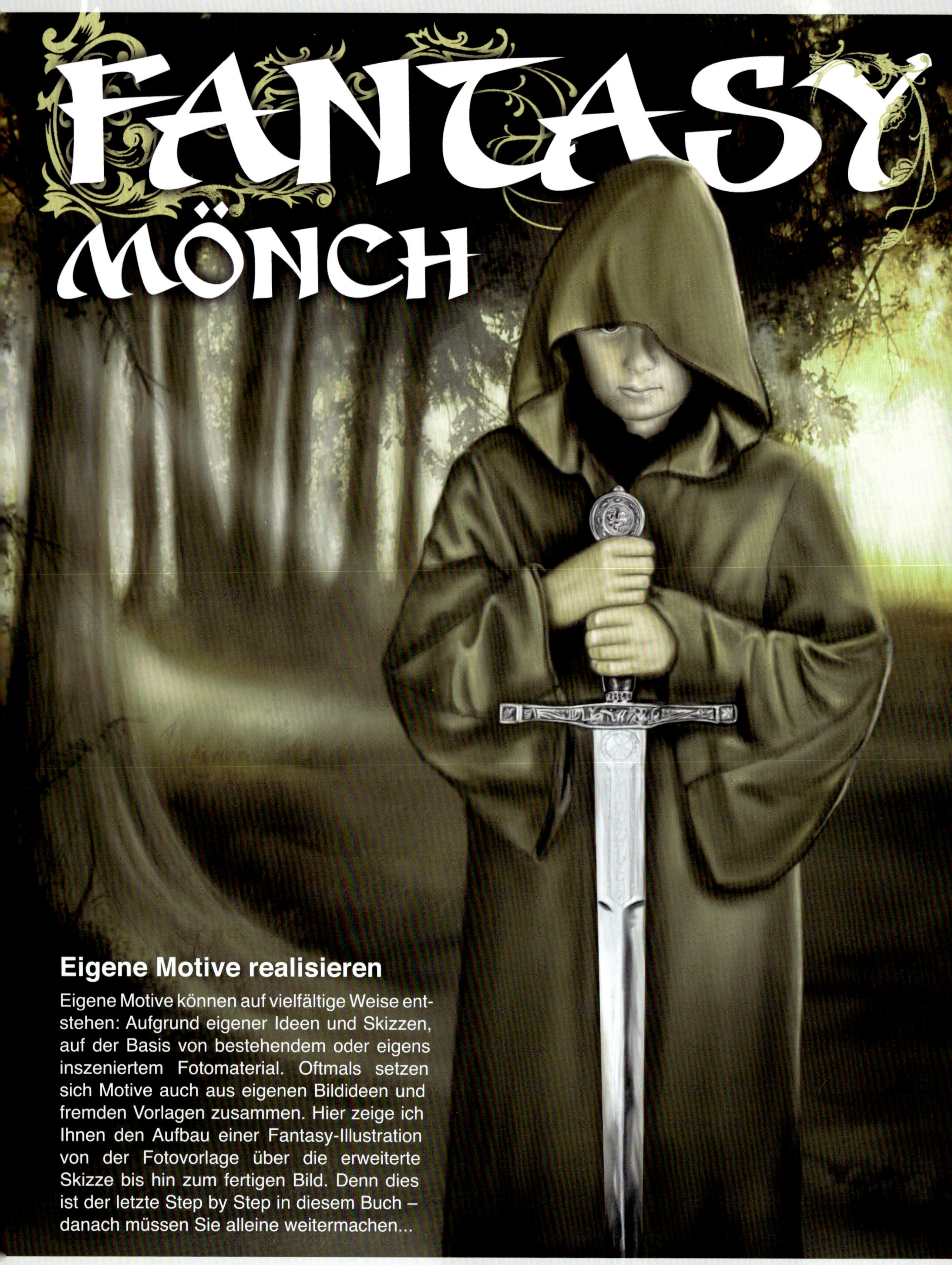

## Eigene Motive realisieren

Eigene Motive können auf vielfältige Weise entstehen: Aufgrund eigener Ideen und Skizzen, auf der Basis von bestehendem oder eigens inszeniertem Fotomaterial. Oftmals setzen sich Motive auch aus eigenen Bildideen und fremden Vorlagen zusammen. Hier zeige ich Ihnen den Aufbau einer Fantasy-Illustration von der Fotovorlage über die erweiterte Skizze bis hin zum fertigen Bild. Denn dies ist der letzte Step by Step in diesem Buch – danach müssen Sie alleine weitermachen...

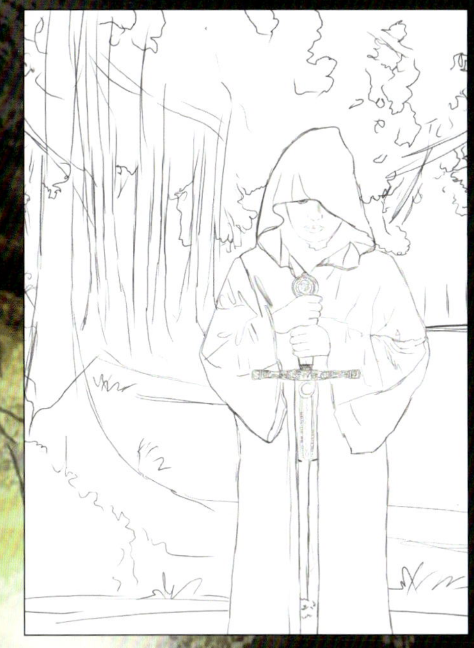

## // GRUNDAUSSTATTUNG // Wächter der Wälder

| | |
|---|---|
| Airbrushpistolen: | Geräte mit 0,15 mm Düse, 0,2-0,3 mm Düse |
| Farben: | Umbra, Gelb, Orange, Weiß, Schwarz |
| Untergrund: | Schoellershammer 4G dick 50 x 70 cm |
| Weitere Materialien: | Maskierfilm, Skalpell, verschiedene feine Pinsel, Borstenpinsel, Vario-Pinsel |

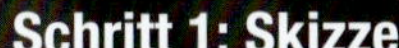

### Schritt 1: Skizze

Starten Sie mit einer detaillierten Bleistiftskizze des Jungen auf dem Reinzeichenkarton. Danach arbeiten Sie grob die Skizze für den Wald im Hintergrund ein.

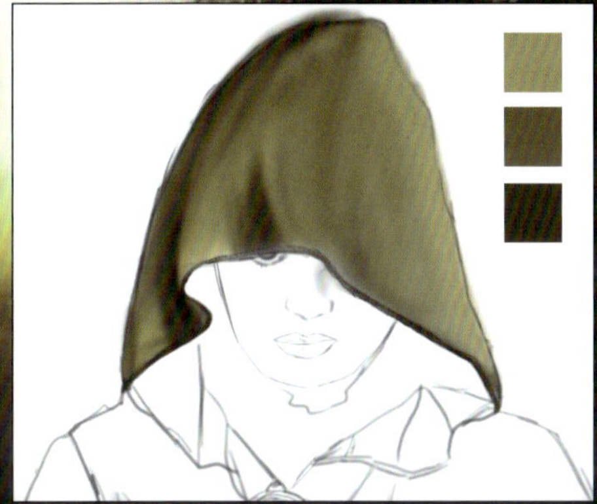

### Schritt 2: Kapuze

Maskieren Sie die komplette Illustration mit einem Maskierfilm. Legen Sie anschließend nur den oberen Kapuzenteil des Jungen frei. Die Gesichtsfläche und der untere, innere Bereich der Kapuze bleibt maskiert. Starten Sie beim Farbauftrag mit einer Mischung aus Umbra, etwas Gelb, etwas Weiß und Wasser. Sprühen Sie mit dieser hellen Farbe die ersten Schattierungen und Formgebungen. Mit Umbra und etwas Wasser dunkeln Sie dann die Schatten der Faltenwürfe ab. Für die ganz dunklen Schatten benutzen Sie Umbra mit etwas Schwarz und Wasser. Die Mischung von Wasser und Schwarz ist ganz wichtig, damit der Farbauftrag nicht zu körnig wird. Sollen die Lichtkanten der Faltenwürfe wieder etwas heller werden, benutzen Sie eine Umbra-Gelb-Weiß-Mischung. Für flächige Übergänge oder um Schatten etwas zu mildern, können Sie reines, transparentes Umbra versprühen.

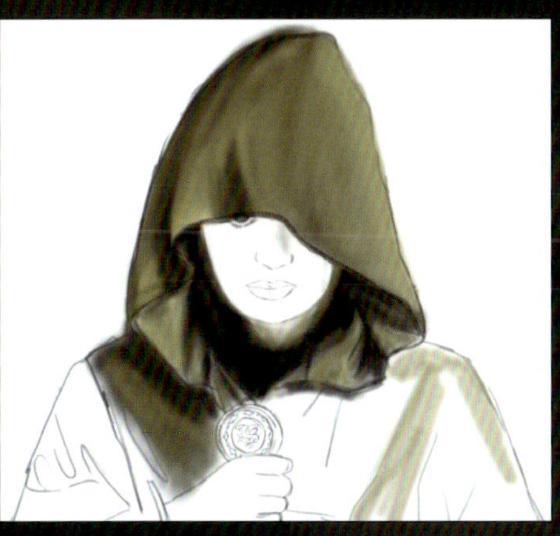

### Schritt 3: Halsbereich

Ist der obere Kapuzen-Teil fertig, kleben Sie nach ausreichender Trocknungsphase vorsichtig den Schablonenteil wieder drauf. Entfernen Sie nun den unteren Kapuzen-Teil mit Hals. Sprühen Sie auch hier erst mal mit einer helleren Braunmischung, bevor dann bei dem nächsten Farbauftrag die Schattierungen für die Falten folgen. Bauen Sie Kontrast um den Gesichtsbereich auf, damit Sie später die Gesichtsfarbe gut beurteilen können.

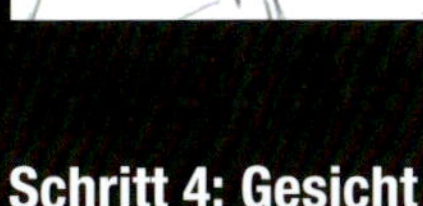

### Schritt 4: Gesicht

Kleben Sie nun auch wieder die Maskierung des unteren Kapuzenteils ein. Für das Gesicht benutzen Sie eine Mischung aus Umbra, Orange, Weiß und Wasser, um den hellsten Gesichtston zu deklarieren. Hilfreich bei der Arbeit im Gesicht ist ein Gerät mit kleiner Düsengröße, um auch Details einfacher zu brushen. Sprühen Sie erst an den Kanten des Gesichtsausschnitts entlang. Formen Sie dann ein wenig die Schattierung der Nasenflügel. Fügen Sie anschließend mehr Umbra-Anteil zu Ihrer Farbmischung, um den Farbton dunkler zu machen. Haben Sie sich vermalt, benutzen Sie zum Korrigieren wieder Ihre erste Farbmischung.

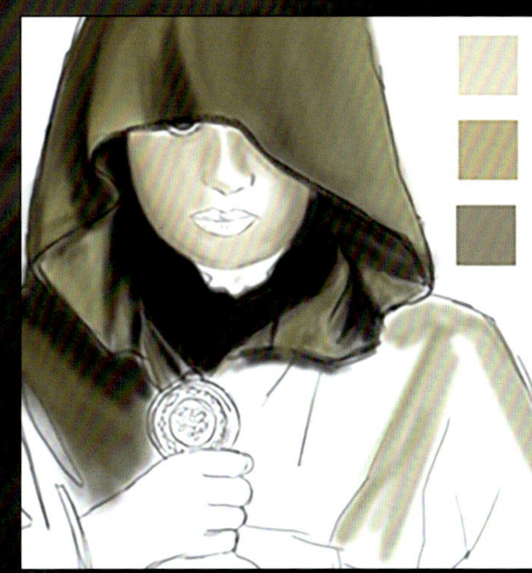

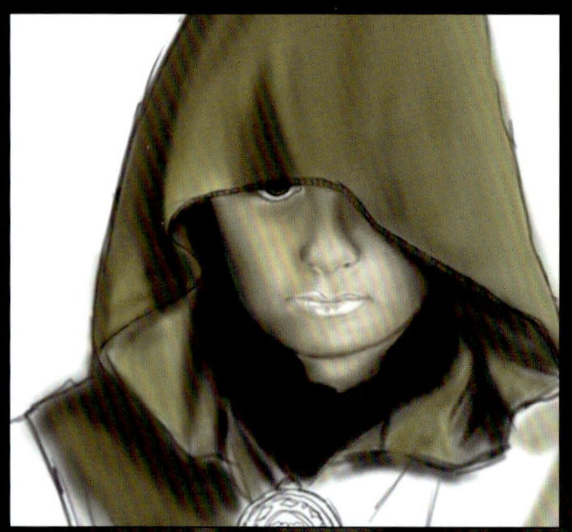

### Schritt 5: Gesichtsmerkmale

Jetzt bekommt das Gesicht mehr Details. Sprühen Sie zusätzliche Schattierung zwischen Nasenflügel und Auge auf. Hinzu kommt der Schattenwurf der Kapuze, die Schatten zwischen Nase und Oberlippe, unter der Unterlippe, Mundwinkel und Kinn. Das Auge können Sie ebenfalls vorsichtig bearbeiten: Die Pupille wird Schwarz gestaltet, die Iris in Braun und der Irisrand wieder dunkler. Der helle Augapfel bringt den Kontrast und zusätzlichen Ausdruck für das ganze Gesicht. Je nach Motivgröße ist es angebracht, für Details auch einen feinen Pinsel oder Buntstift zu benutzen. Deuten Sie leichte Schattierungen in den Lippen sowie Nasenlöcher an. Entfernen Sie die untere Kapuzen-Schablone, um den Hals sowie das Kapuzen-Innere an das Gesicht anzupassen. Sprühen Sie dafür z. B. mit einer Schwarz-Umbra-Wasser-Mischung an den Gesichtskanten entlang, um die Schnittkanten weich zu machen.

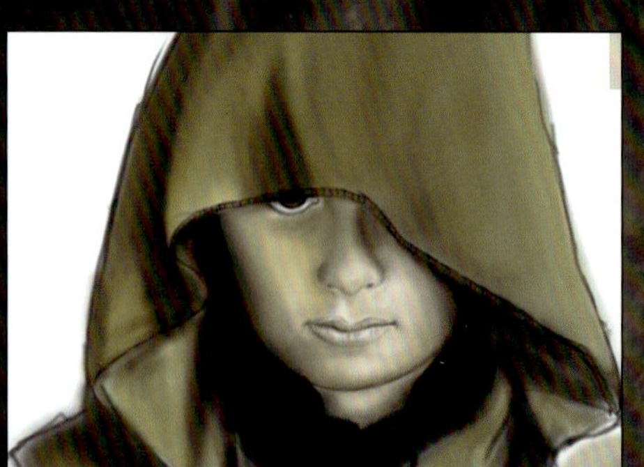

Um der Nase eine konkrete Form zu geben, ist eine lose oder klebende Mini-Schablone ideal. Schneiden Sie separat aus einem Bogen Transparentpapier oder aus der Gesichtsschablone die Form der Nase aus. Sprühen Sie nur ganz wenig Farbe im unteren Bereich der Nasenmaskierung, um die Kante zu verdeutlichen. Die Nasenflügel sollten weich mit dem Airbrushgerät angedeutet auslaufen. Auch für den Mund ist eine Maskierung ganz hilfreich, so können die Schattierungen der Lippen leicht angesprüht und die Formgebung sichtbar gemacht werden. Für Lichtreflexionen an Nase und Mund verwenden Sie einen feinen Pinsel oder Buntstift.

### Schritt 6: Die Kutte

Wenn Sie mit der Kutte weitermachen, schneiden Sie ihre Kontur aus dem Maskierfilm aus und decken Sie sie auf. Das Gesicht sollten Sie wieder komplett maskieren, damit sich dort kein unnötiger Farbnebel niederlässt. Lassen Sie auch die Hände und das Schwert komplett maskiert. Arbeiten Sie zunächst mit der hellen Kuttenfarbe vor, um eine leichte Grundierung zu erreichen. Dann malen Sie mit der nächst dunkleren Farbe die ersten Andeutungen der Faltenschattierungen ein. Um den Falten Tiefe zu geben, greifen Sie wieder zu einem Umbra-Schwarz-Wasser-Gemisch. Mit der helleren Farbe – die wieder etwas Weiß enthält – setzen Sie die Lichtkanten der Falten nach Bedarf. Tasten Sie sich bei den dunklen Schattierungen vorsichtig heran, damit nicht zu viel korrigiert werden muss. In dieser Phase können Sie auch die Ränder und Säume der Kutte mit Pinsel oder Buntstift optimieren. Die Kutte läuft im unteren Bereich dunkler aus. Legen Sie daher einen Farbverlauf von unten nach oben an. Das geht relativ zügig und bringt später das Schwert kontrastreich in den Vordergrund. Vergessen Sie nicht die Schattierungen unterhalb der Ärmel, die auf die Kutte fallen.

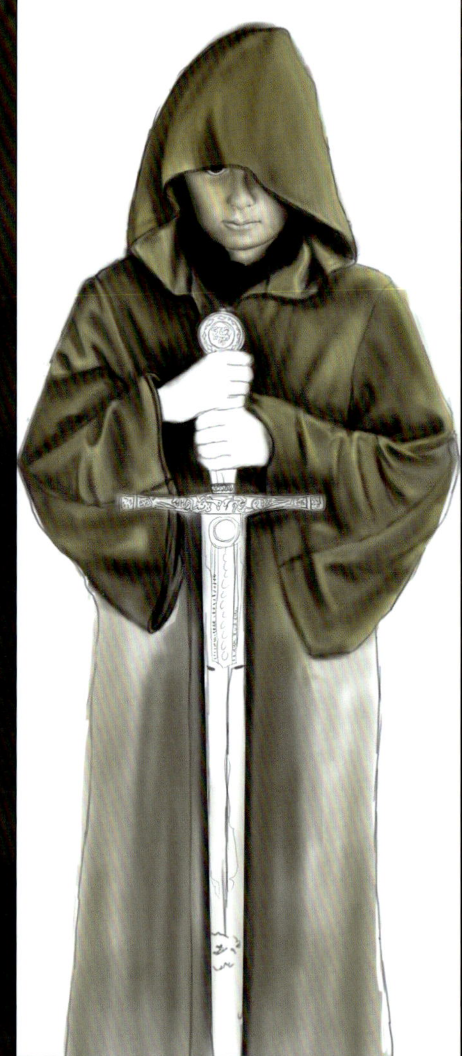

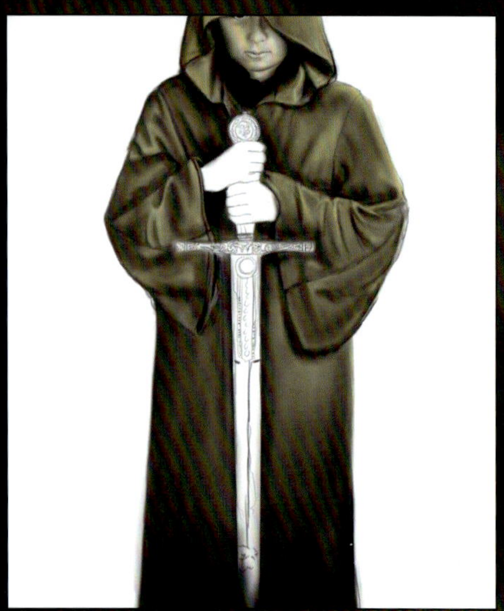

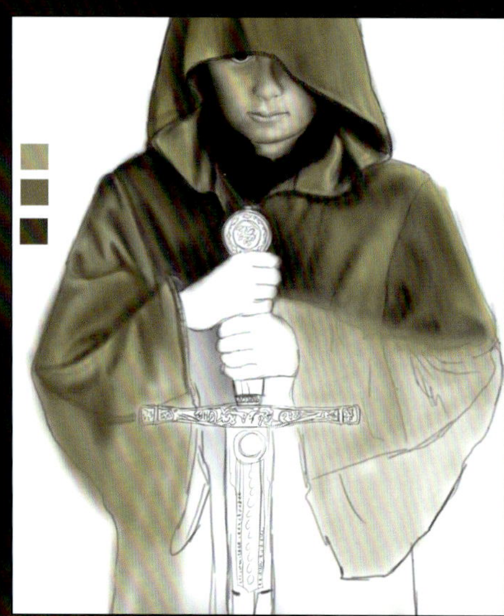

## Schritt 7: Die Hände

Bevor Sie mit den Händen weitermachen, lassen Sie alles gut trocknen und maskieren Sie die komplette Kutte. Nur die Hände bleiben frei. Benutzen Sie die selbe helle Hauttonmischung für die erste Grundierung. Fügen Sie dann wieder ein wenig Umbra hinzu, um diese eine Nuance abzudunkeln. Sprühen Sie dann an den Handkonturen sowie ganz dünn an den Fingerzwischenräumen entlang. Der Handrücken ist minimal dunkler schattiert als die Finger. Kleine Lichter und Schattenlinien verdeutlichen die Fingerkonstruktion und machen den Handgriff realistischer.

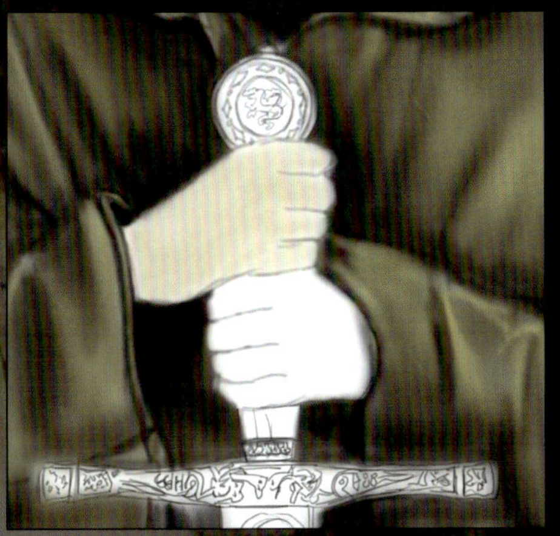

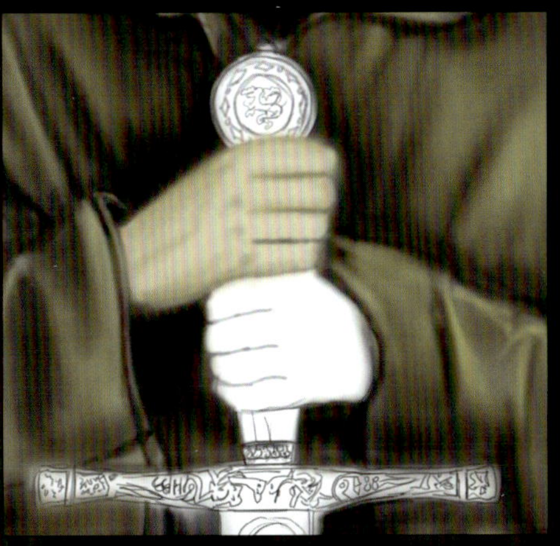

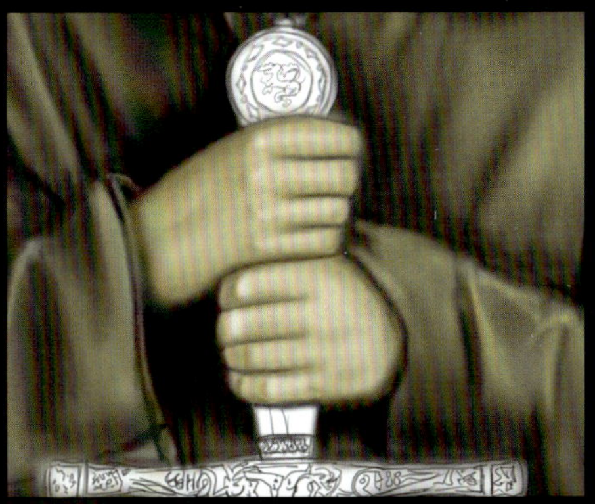

## Schritt 8: Das Schwert

Maskieren Sie die komplette Illustration und lassen Sie nur das Schwert mit Knauf, Griff und Klinge frei. Das Schwert wird in Grautönen gehalten, um den silber-metallenen Look zu erreichen. Verwenden Sie hierfür ein stark transparentes Schwarz, um die verschiedenen Graustufen aufzubauen. Alternativ können Sie auch ein Neutralgrau verwenden. Aber auch dabei müssen einige Tropfen Wasser hinzu gemischt werden. Benutzen Sie ein mittleres Grau für die Zwischenräume und dunkles Grau für die reliefartigen Konturen. Für die Reflexionen können Sie entweder Weiß mit einem Pinsel auftragen, aber auch mit einer Klinge die Farbe herauskratzen bzw. mit einem Radierstift radieren. Arbeiten Sie feine Details ggf. mit Pinsel oder Buntstift aus. Um den unteren Teil der Klinge optisch darzustellen, können Sie die Kante eines Papierbogens leicht mit Grau annebeln. Das geht schnell und hinterlässt den gewünschten scharfen Klingeneffekt.

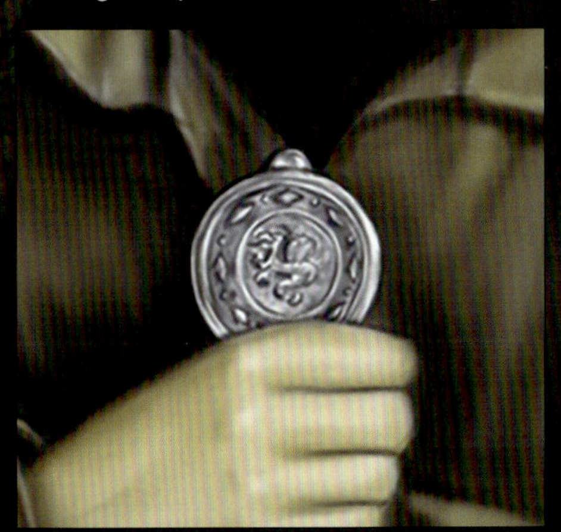

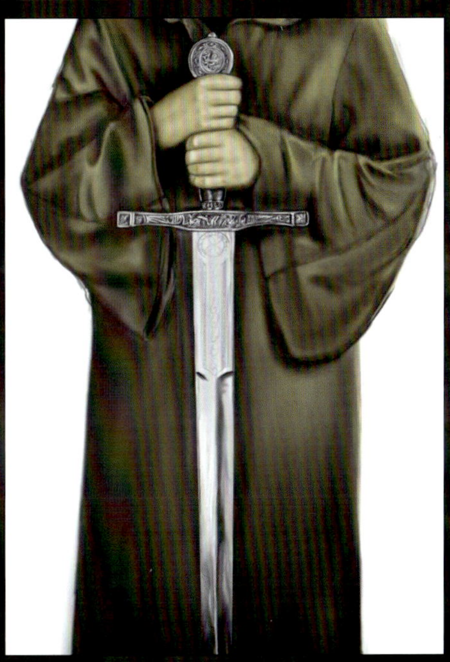

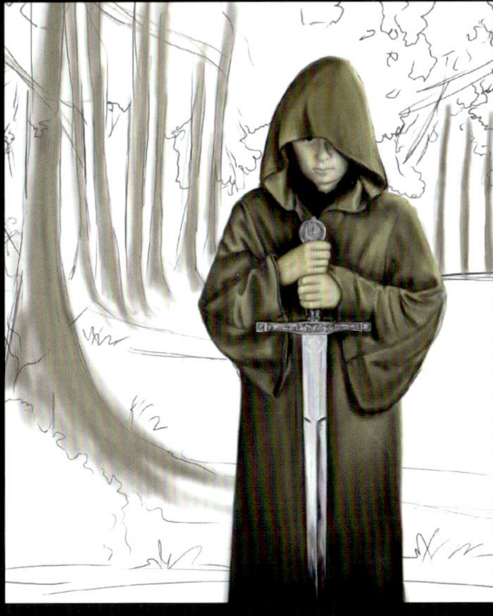

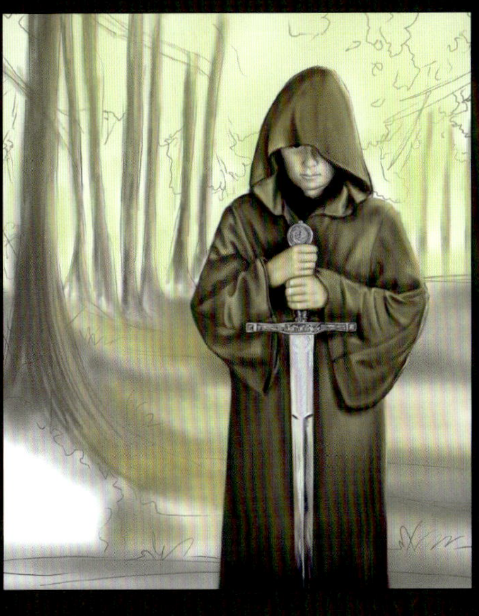

## Schritt 9: Bäume und Hintergrund

Maskieren Sie den Jungen komplett neu und lassen Sie nur den Hintergrund frei. Mit transparentem Umbra definieren Sie die ersten Licht- und Schattengebungen der Baumstämme. Da eine große Lichtquelle rechts von der Lichtung ausgeht, sind die Baumstämme auf der linken Seite dunkler und rechts heller. Deuten Sie ebenfalls schon einige Äste an. Mit dünnen Linien erzeugen Sie erste Strukturen und Rinde bei den Baumstämmen. Benutzen Sie dann einen Gelb-Brauntton mit Wasser, um den Hintergrund einzufärben. Sparen Sie den hellen Bereich der Lichtung dabei zunächst etwas aus.

### Schritt 10: Blätter und Büsche

Um mehr Details in den Hintergrund einzufügen und Blätter und Büsche zu simulieren, greifen Sie auf die Tupftechnik zurück. Mit einem geknüllten Papiertuch getränkt mit Umbra und Wasser tupfen Sie erste Farbschichten in den Baumkronen auf. Verstärken Sie anschließend die Schattierungen der Baumstämme und fügen Sie mehr Äste mit einem Umbra-Schwarz-Gemisch hinzu. Um den Bäumen mehr Tiefe zu geben und den Hintergrund im oberen Bereich der Kapuze noch mehr abzudunkeln, mischen Sie Umbra, Schwarz und etwas Wasser. Für die groben Strukturen greifen Sie wieder zu einem geknüllten Papiertuch. Für feineres Blattwerk benutzen Sie einen Borstenpinsel zum Tupfen.

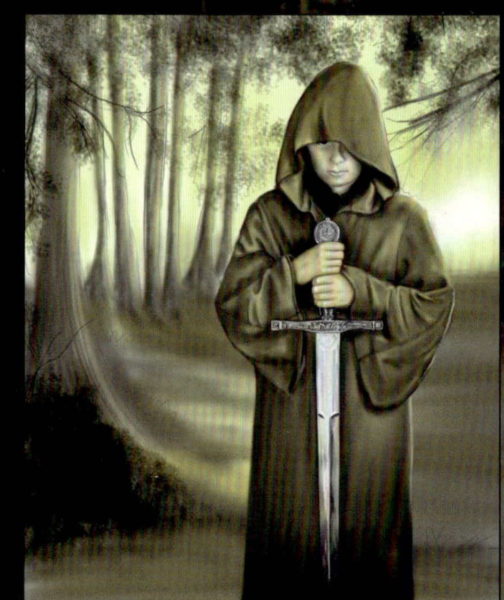

### Schritt 11: Äste und Gräser

Zusätzliche Details wie kleine Äste und größere Gräser im Vordergrund können Sie mit dem Airbrushgerät sprühen. Für feine kleine Gräser benutzen Sie einen kleinen Pinsel, Borsten- oder Effektpinsel. Etwas hellere Grashalme können Sie auch mit einem Skalpell aus dem Reinzeichenkarton schaben. Je nach bisherigem Farbauftrag kann es an dieser Stelle auch nochmal nötig sein, dass Sie mit einer Mischung aus Weiß, Gelb, wenig Umbra und viel Wasser den Hintergrund komplett etwas milchig überneben. Das gibt eine zusätzliche mystisch, nebelige Atmosphäre. Achten Sie auch darauf, dass die Lichtung hell erleuchtet ist. Hier ggf. mit Weiß und Gelb noch etwas nachhelfen.

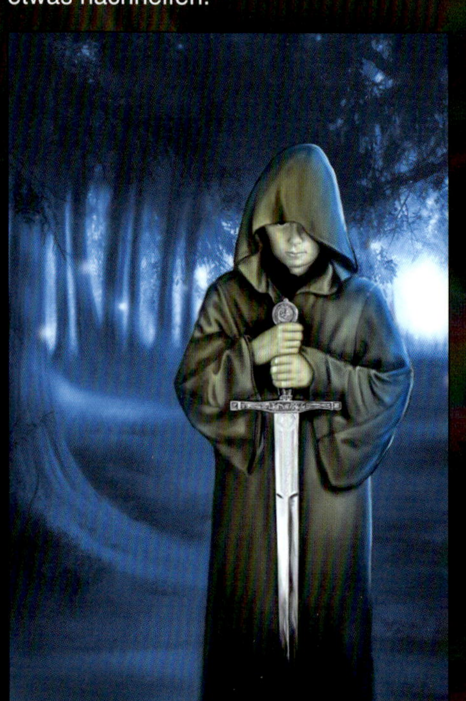

### Schritt 12: Farbvariationen

Natürlich sind Sie nicht an die Hintergrundfarbigkeit gebunden und können eigene Experimente mit anderen Farben machen. An den meisten Stellen wie Gesicht und Kutte wurde durch Hinzufügen mit Weiß eher deckend gearbeitet. Selbstverständlich besteht auch die Möglichkeit, mit transparenten Farben zu arbeiten und Lichter mit Radiergummi und Skalpell herauszuarbeiten. Wir wünschen viel Spaß beim Nachmachen – egal, für welche Technik Sie sich auch entscheiden.